天公不语对枯棋

晚清的政局和人物

姜 鸣 著

三联书店

Copyright ⓒ 2015 by SDX Joint Publishing Company.
All Rights Reserved.
本作品版权由生活·读书·新知三联书店所有。
未经许可，不得翻印。

图书在版编目（CIP）数据

天公不语对枯棋：晚清的政局和人物 ／姜鸣著．—2 版．—北京：生活·读书·新知三联书店，2015.8 （2023.4 重印）
ISBN 978-7-108-05309-1

Ⅰ.①天… Ⅱ.①姜… Ⅲ.①中国历史－研究－清后期 Ⅳ.① K252.07

中国版本图书馆 CIP 数据核字（2015）第 073928 号

责任编辑	孙晓林
装帧设计	蔡立国
责任印制	董　欢
出版发行	生活·讀書·新知 三联书店
	（北京市东城区美术馆东街 22 号 100010）
网　　址	www.sdxjpc.com
经　　销	新华书店
印　　刷	河北鹏润印刷有限公司
版　　次	2006 年 1 月北京第 1 版
	2015 年 8 月北京第 2 版
	2023 年 4 月北京第 12 次印刷
开　　本	880 毫米 × 1230 毫米 1/32 印张 11.875
字　　数	176 千字 图 191 幅
印　　数	59,001－62,000 册
定　　价	52.00 元

（印装查询：01064002715；邮购查询：01084010542）

目 录

自　序……… 1
新版说明……… 5

难与运相争
　　奕䜣其人……… 1
半生名节
　　贤良寺·李鸿章……… 15
秋风宝剑孤臣泪
　　访李鸿章墓地……… 40
失鹤零丁
　　寻访两代帝师翁同龢故居……… 51
清流·淮戚
　　关于张佩纶二三事……… 77

昔时金阶白玉堂
　　漫游军机处……… 98
坤宁宫前
　　关于故宫室内装潢陈设及其他……… 111

哀蝉落叶
　　宁寿宫凭吊珍妃……………… 123
莫谈时事逞英雄
　　康有为"公车上书"的真相……………… 141
阅世空有后死身
　　访宣南重话"戊戌政变"……………… 161
落尽夭桃又秾李
　　从八大胡同想到赛金花……………… 191
人言是丹青
　　詹天佑铜像前的遐想……………… 210

万仞宫墙
　　孔庙·孔学……………… 228
随处欢席
　　吃"仿膳"……………… 241
岁月山河
　　站在圆明园废墟前……………… 255
祈天忧人
　　关于"丁戊奇荒"……………… 282
四年寻觅，重考大克鼎的出土时间……………… 301
西堤漫步……………… 314
说"塔"……………… 328

图片征引书目……………… 342

自 序

从1989年初开始,应当时上海《解放日报》文艺部主任吴芝麟兄之约,我在该报《朝花》副刊上开设了一个名曰"京华胜迹"的专栏,大抵每月一篇,写北京的游记。在那以前,我虽然从未在北京一次逗留超过十天,却非常喜欢这座古老的城市;总是利用出差的机会在北京漫游,寻找烹煮文字的灵感和素材。加上后来我供职的公司,总部设在北京,更给我的创作提供了机会。我在那个专栏上前后发表了大约二十来篇文字。

利用公务之余,我在北京踟躞,搜索宫廷、园林、胡同。无论是人头攒动的名胜古迹,还是无人知晓的犄角旮旯,我都喜欢一次又一次地探访。加上阅读史料,考证辨析,将原先的文章不断修改丰富,渐渐形成了以游记为载体,重新探讨晚清历史与人物的一批历史散文。1996年,上海人民出版社将其结集出版,名曰《被调整的目光》。

书评家小宝曾概括说:"北京固然有许多风景绝佳的去处,但姜鸣笔下的'胜迹',大多是地以人名,'胜迹'之'胜',在人事而非风物。使作者挥之不去的,是在北京扬名养名,曾经风华绝代的历史亡灵。"这同我自己的想法是一致的。这些文章,其实并不是单纯的风花雪月的游记,而是倾注着我对于发生在彼时彼地历史旧事和历史人物的追索,反映着我在思索中形成的一些新鲜片段。我当时曾说过，自从转入金融业后，我很难再进行纯学术的研究了，所以用游记的体裁写一些史学杂感，既自由，也适合我这样一个史学票友的身份。

我所探索的历史事件和历史人物，大多集中在晚清。19世纪下半叶，是中国由盛转衰的关键年代，也蛰伏着再次崛起的各种准备。处在历史的重大转折期，晚清到民国的发展脉络波澜壮阔，起伏跌宕，宫廷和官场斗争激烈诡异，充满复杂的情节和不为人知的秘密，这里面，有太多太多的题目，需要后人调整目光，重新省视。作为一个受过专业训练的业余学者，我研究清史，一是广泛搜集和阅读原始史料，通过重新考证，建立自己的观点，尽量不被传统陈说束缚住思维翱翔的翅膀；二是注重历史细节的积累，力图再现昔日的氛围，并把研究的人物和事件放到整体的环境中去推敲。这两点，说起来平淡无奇，但真要做到，却极为困难。历史研究的迷人之处，也正在于此。每当夜深人静，我坐在书房里与历史对话，从故纸堆里翻检出许多不为人们所知的真相和细节的时候，总有着悄悄的喜悦——比如我考证出康有为自我吹嘘的所谓"公车上书"历史事件并不存在的时候；比如我证明了张爱玲自称老家在河北丰润"比三家村只多四家的荒村七家坨"，其实应该是"齐家陀"的时候；比如我通过四年的追踪寻觅，从北京琉璃厂旧书店的一卷挂轴上的题款，纠正了上海博物馆镇馆之宝大克鼎的出土年份的时候。无论成果大小，都使我陶醉，这是驱使我继续投身历史研究的动力。历史研究的进步总是这样，点点滴滴，从具体的细枝末节积累起来，然后慢慢地恢复出事情本来的面目。

转瞬十年过去。这次三联书店出版我的历史散文，是以《被调整的目光》为基础，增加了一些篇目和图片，也抽出若干篇。所有保留下的文章，都有多少不等的修订或附记，在此特作说明，以免给读者"新瓶旧酒"的误解。《被调整的目光》出版后，受到诸多好评，我感谢读者的厚爱。我相信，这本新书，也一定不会使你失望。"天公不语对枯棋"，典出沧趣老人陈宝琛的诗作"感春四首"，那是诗人对甲午战争失败后国事危机的浓缩概括，我移作本书书名，因为本书描写的诸多事件，正是发生在那个艰难的年代。

最后，我要向一向关心指导我的沈渭滨老师致谢。向协助本书出版的潘振平先生和本书的责任编辑孙晓林女士致谢。向为我提供各种学术支持的翁飞、马忠文、傅林祥、许敏、宋晓军、许华、李光羽诸先生致谢。向为本书扫描和修改照片的焦宏亮、绘制北京街坊简图的孙吉明先生致谢。

我还要借此机会再次感谢当初鼓励我开始写作并一直热情发表我文章的吴芝麟先生，感谢帮助我出版《被调整的目光》的朱金元先生和苏贻鸣先生。感谢为本书撰写推荐评语的老领导赵启正部长。启正部长十几年前读到我的游记文字后，在上海高安路19号8楼机关的走廊里，曾背诵了一段他小时候听到的北京民谣："吃面不搁酱，炮打交民巷；吃面不搁卤，炮打西什库"，鼓动我写一篇重评义和团的文字，可惜这篇文章我迄今还未写成。

我要特别感谢我的母亲，是她安排我1968年前往北京作第一次旅行。从而使我11岁的心灵里开始记下对首都的最初印象。在那个年代，三年级的小学生很难有旅游机会。这次北京之行，对于我后来研究晚清北京，埋下最初的种子。我要感谢我的妻子，一直是她的理解和支持，使我得以在繁忙的工作之余，依然能够不间断地从事写作和研究。

姜 鸣

2005年12月1日

新版说明

本书以游记形式展现近代社会的变迁和人物命运的沉浮。大部分篇什，起自于二三十年前的初次探访，和以后持续不断的追踪考察，是一份作者的思考和记录。这次重版，我对部分文字和图片做了修订和调整。但主体部分，依然保留原貌。

晚清的政局人物，北京的城市发展，是萦绕我心头的持久课题，常写常新。许多在当时人们习以为常的共识，到了后来，却成为需要考证寻觅的疑问，这也正是史家的乐趣和使命。比如北海大桥东西两侧，从清末到1950年代，人们记忆中的两座牌坊，"玉蝀"在东，"金鳌"在西。但是，《清乾隆内府绘制京城全图》所刊载的牌楼位置恰好相反，这使得本书在修订插图的时候颇费思量。又如，我在1988年初次到贤良寺西跨院探访李鸿章旧居时，金鱼胡同、校尉胡同一带还是连绵的旧城老院子，而现在，除了校尉胡同小学还继续存在之外，四周都耸起现代化的商场、写字楼、公寓、酒店，毫不理会环境保护主义者的抗议。回想2005年本书交稿之时，我曾同责任编辑孙晓林女士在宣外菜市口一带，走访正在拆除的老旧胡同，这里是曾国藩、龚自珍、李鸿藻、张佩纶、康有为、谭嗣同曾经居住和活动的地区。而现在，仅过去十年，新的商业活动和利润追求，早已将历史的遗存全面抹去了。在这样的情况下，持续的文字、图片和视频记录就显得尤为宝贵。

对于历史细节的考证和复原，是史学研究永无尽头的任务和挑战。"江湖夜雨十年灯"，一切甘苦和乐趣，我与读者共同分享。

感谢袁俊为我重新绘制了书中的地图。

2015 年 6 月 18 日

难与运相争

奕䜣其人

第一次游览恭王府花园，是在 1991 年初。

那会儿，上海证券交易所成立未久，我正在为中国农村发展信托投资公司筹建上海证券业务部奔忙，进京汇报工作。天寒地冻时节，本来人就慵懒，干完正事，并不想在户外闲逛。但听朋友告知恭王府花园已经对外开放，马上按捺不住，急急赶去。因为我向来将恭亲王奕䜣看作晚清最重要的政治家而抱有景仰的心情，很愿意到他府邸旧址去怀古，寻找一种支离破碎、自己也难以说清道明的复杂感觉；同时，这花园也是北京市目前保存得最为完善的一处王府花园，名声极大，自然是值得一游的胜地。

从北海公园静心斋出北门，隔街便是一片冰封的什刹海。什刹海分作前海、后海及后海西北的积水潭（亦称西海）三部分，加上前海之南的北、中、南三海，统称"六海"，是镶嵌在北京城中央的漂亮闪光的宝石。《辞海》上称，"海"字可作"大湖"解，并举"青海"、"里海"为例。我不研究训诂，也不懂地名学，讲不出北京市内的这些湖泊命名的原则。若按面积论，中、南二海为 0.52 平方公里，北海为 0.38 平方公里，什刹海为 0.34 平方公里，都算不上大湖。联想到四川九寨沟风景区内叫做"长海"、"五花海"、"树正群海"的湖泊，揣想若将"海"解作"湖"，字义才更确切。

什刹海据说得名于元代后海附近的十座古刹。或说"什刹海"原来只是一座古庙的名字，后来延伸为湖名。湖水来自城外的高梁河。旧时，海边高柳芦苇间，飘荡着暮鼓晨钟的悠扬回声。每至夏日，荷花盛放，湖水初平，很有点儿情趣。海边又有许多酒肆茶馆，文人士大夫常常在此作文酒之会，确实引人流连忘返。如今，庙宇早已不存，但海边依然有古老的垂柳，成片的小院平房，安静整洁的街道，透着一番渐渐远去的古意。

顺着前海西街北行，过郭沫若故居（原先是恭王府的马厩）拐到柳荫街，恭王府就在眼前了。从地势上看，王府的东部和北部被什刹海环抱，向西望去，隐隐约约地现出西山的轮廓，确是建府建园的风水宝地。晚清的另外两座著名王府——醇王府和庆王府也都在附近。时下，王府旧址为中国艺术研究院、中国音乐学院等单位占用，花园单独辟出修复，以供游览。恭王府花园又名"萃锦园"，从前是高宗宠臣和珅的宅第。乾隆年间，门前冠盖如云，极一时之盛。嘉庆四年和珅籍没后，花园被仁宗赏赐给了他的四弟庆王永璘。道光二十九年（1849年），永璘孙奕劻继承王府时，他的身份是辅国将军。两年后，朝廷便把庆王府改派给恭亲王奕䜣居住，奕劻搬到因擅签《穿鼻草约》，割让香港，被革职的大学士琦善宅第（定阜街3号，后来随着奕劻的地位提升，该处又改造成新的庆王府），从此，恭王的新居和花园便在近代史上留下了它的声名。

19世纪下半叶，清王朝帝祚世系中共有三位皇帝——文宗奕詝（咸丰）、穆宗载淳（同治）、德宗载湉（光绪）。与此同时，朝野间还有三位潜在的可能君临天下的人物——一位是太平天国天王洪秀全，一位是湘军统帅、晚清最重要的汉族大臣曾国藩，另一位则较为特殊，他就是皇家玉牒中人，宣宗旻宁（道光）第六个皇子奕䜣。

洪秀全是清廷的反叛者，自打定都天京后，已在南面称朕，但毕竟没有夺取全国政权。虽说提出了颇为后世历史学家推崇的《天朝田亩制度》及其他富有平均平等禁欲色彩的理论构想，但并未实行之，也不准备实行之；并且在刚刚夺得半壁江山之时，已沉湎于自我陶醉的宗教幻想和骄奢淫逸的物欲享受，言不由衷，一派土豪暴发户的气象。加之极为血腥的内部猜忌、倾轧和屠杀，神经也似乎有点儿不正常，终于难成大事。

曾国藩以镇压太平天国起家，建立湘军武装，平定农民起义，挽救清王朝于倒悬危亡之时。他以理学带兵，以引荐提携科场和官场不得意而有经世之才者为己任，因他保举而出将入相、官至总督巡抚尚书侍郎提督者达数十人之多。其中著名者，包括胡林翼、李鸿章、左宗棠、郭嵩焘、沈葆桢、丁日昌、曾国荃、彭玉麟、杨岳斌、刘蓉、李瀚章、李续宜、刘坤一、李宗羲、钱应溥、梅启照、倪文蔚，皆在历史的车道上碾下了自己的辙痕。其他政坛学界著名人士，如薛福成、吴汝纶、李善兰、徐寿、华蘅芳、黎庶昌、王闿运、俞樾、赵烈文、容闳、陈兰彬等，也都出入过他的幕府。曾国藩手握兵权，门生故旧遍布要津。王闿运曾劝他称帝，夺爱新觉罗天下而代之，却为他拒绝。时人认为他是大清忠臣，他死后，朝廷谥他"文正"。与他极不相得且自视极高的左宗棠也不得不承认："谋国之忠、知人之明，自愧不如元辅。"

奕䜣曾与他的四哥奕詝同是皇位的竞争者。就文才武略而论，他都大大超过乃兄，野史上称其"天资颖异，宣宗极钟爱之，恩宠为皇子冠，几夺嫡者数"。他之所以最后未能继承皇位，据说是才华过于展示；而庸碌无能的奕詝，则受老师杜受田密计，"藏拙示孝"，博得道光帝的好感，由此可见道光的昏聩。清史学者认为，道光朝是清王朝由盛转衰的转折点，拿后来历史发展的结果反观道光立储的得失，确实也可看出此点。假如奕䜣在1851年继承皇位，中国同样面临西方资本主义列强汹涌东来的滔滔波澜，太平天国起义也照样爆发，但奕䜣的眼光及处理方式肯定是完全不一样的，这可由1861年咸丰帝去世后，奕䜣以议政王身份，辅佐两宫太后平定太平天国起义和发动洋务运动为证。

奕䜣当政的枢机，是与慈安、慈禧太后联手发动北京政变，捕杀咸丰帝安排的以肃顺为首的八位"顾命大臣"。但他秉政时，"阴行肃顺政策，亲用汉臣"（刘体智《异辞录》语）。同治年以前，清廷对汉族官员一直控制很严，各省督抚，满人居十之六七。据薛福成记载，当曾国藩率湘军攻克武昌后，咸丰喜形于色地说："不意曾国藩一书生，乃能建此奇功。"军机大臣祁寯藻即说："曾国藩以侍郎在籍，犹匹夫耳，匹夫居闾里，一呼，蹶起从之者万余人，恐非国家福也。"闻此，"文宗默然变色者久之。由是曾公不获大行其志者七八年"。而肃顺是在满族大员中，最早看出要挽救大清，必须起用汉人者。曾国藩、胡林翼、左宗棠皆受过他的保荐。曾国藩在咸丰驾崩后评论说："八君子辅政，枪法尚不甚错，为从古之所难，卜中兴之有日。"他听到北京政变的消息后，忧惧异常，在家书中含蓄地称之为"中外悚然"。然而，是奕䜣给了曾国藩更大的信任，以朝廷名义命曾国藩管辖江苏、安徽、江西、浙江四省军务，大胆地将军政大权交给汉族官员，为最后平定起义创造了条件。

如果说在镇压太平天国的方略上，奕䜣阴行了肃顺路线的话，在应对西方殖民势力东来的方略上，奕䜣的做法正好相反。肃顺在对外政策上，还是以天朝大国自居，盲目排外；奕䜣则能看清世界大势，发起近代化运动：从建立总理衙门、设立驻外使馆、兴办近代学校、派遣学生留洋，到引进外国武器、创办近代工业、建设新式海军、开设电报矿务。这场大陆学界称作"洋务运动"、台湾学界称作"自强运动"的新政,给中国近代社会带来了十分巨大的冲击和变化,奕䜣的历史地位也因此得以奠定。

台湾作家高阳在《清朝的皇帝》一书末尾,对清朝的九位皇帝作了很有趣的打分评价(见下表)。

	资质	本性	体格	教育	责任感	统驭	应变	私生活	机遇	得分	名次
顺治	上	中	中	中	中	中	下	下	中	83	8
康熙	上	上	上	中	上	上	上	上	上	117	1
雍正	中	下	中	上	上	上	上	上	中	107	3
乾隆	上	中	上	上	上	上	上	中	上	110	2
嘉庆	中	上	中	中	中	中	中	上	中	95	4
道光	下	中	中	中	上	下	中	上	下	85	7
咸丰	上	中	下	中	中	中	上	中	下	93	5
同治	中	中	下	下	下	下	中	中	下	68	9
光绪	中	中	下	中	中	中	下	上	下	87	6

以上各项,上等为15分,中等为10分,下等为5分。私生活及机遇两项另有加减分,私生活上等加2分,下等减2分;机遇上等减15分,下等加5分。"本性"指仁厚,"机遇"指国运及个人得位之机会。又,台湾远景出版事业公司版《清朝的皇帝》所刊之表,按评分标准,所有得分皆多10分,现减去。

若恭王得承帝位,放在咸丰的位置上,按照我的看法,其资质、教育、统驭皆不相差,均可同样得"上"。机遇则同样为"下"。享年65岁,体格可得"中"。以其待咸丰、待两宫太后的态度,本性亦当在"中"之上。以其在同光年间取得的政绩,责任感可评为"上"(至少不低于道光),应变则可评"中"。他的私生活也无可指摘,可得"上"(同样不低于道光)。则其总得分为115分,可在总名次中超过乾隆而位居第二。如此,慈禧太后就没有机会在历史上崭露头角,当然也就不会有同治和光绪。

以上三人,洪秀全是有机会当皇帝,当不了;曾国藩是有可能当皇帝,不愿当;奕䜣是极想当皇帝,没当成。对前二位在历史舞台上的表演,已毋庸多说。但奕䜣当皇帝,倒确实是可以让人丰富地想象一番。中国会不会有一个如同日本明治维新一样的机会呢?历史的偶然性在这里是否使中国与近代化失之交臂?读大学时,老师总是严肃地告诫我们,历史学只能按照已经发生的事实去研究,不能对没有发生的情况去想象,因为这种想象实际上是没有意义的。这话自然有道理,可是如果把一切想象都剥夺了,历史研究岂不太乏味了吗?

如今在恭王府花园,看不到变幻莫测的政治风雨,只能看到满族王公优雅恬适生活的痕迹。严冬腊月,林木萧瑟,几无游人,这也正合我的心意。我在园子里慢慢地走着,心中在追寻恭王的足迹。

花园很大,按东、中、西三路,设有二十余个景点,当年曾被称作"邸园精华"。东路的主体建筑是大戏房,一座三卷勾连搭全封闭的剧场。面积685平方米,场中仅用四根柱子,托起庞大的屋顶。这种样式,在古建筑中是很少见的。南面为一米高的戏台,北面是王爷和贵宾的包厢,中间置十几张八仙桌,为一般来宾听戏的座位。整个戏房十分高敞,戏台上悬挂着书写有"赏心乐事"四字篆书的匾额。四壁和梁枋间,涂刷成淡淡的粉绿底色上,绘满藤萝和紫藤花,给人在花架下观戏的奇妙感觉。如此豪奢而又典雅的私人室内剧场,当时在国内堪称首屈一指,连皇宫和颐和园中也是没有的。著名京剧演员谭鑫培、王瑶卿、梅兰芳、程继先都曾在这里演出过。野史传说,清末著名彩旦刘赶三在某王府唱堂会,恰见道光皇帝的五子惇亲王、六子恭亲王、七子醇亲王在座,便学着妓院老鸨的腔调插科打诨:"老五、老六、老七,出来见客——"不知是否就发生在这里?

西路的"诗画舫"也很别致，它建在一泓湖水正中，上舫必须登舟，而舫中是观鱼的佳处。曾在西城区政府工作的彭君后来向我透露，某位气功大师告诉他，这个看来清幽的园子，其实充满了浊气，绝不能在此练功。因为他测出，就在舫下，和珅埋下了大批财宝。这说法使我想起，和珅抄家后，共查出家藏黄金33551两，白银3014095两，以及大量珠宝器玩和土地房产。副都统萨彬图上奏，认为和珅财产还大有隐匿，建议进一步审讯挖掘。当时民谚曰："和珅跌倒，嘉庆吃饱。"然而嘉庆硃批说，这些宝物，纵有隐寄，亦不过天之下地之上，何以辗转探求，近于搜刮耶？和宅已赏庆郡王居住，王府中再令番役多人遍行掘视，也是断无此事的。因此嗣后大小臣工，不得再对和珅资产妄行渎奏。嘉庆诛和珅，以除巨蠹、平民愤、肃朝纲为宗旨，不求在枝节上纠缠不休。薛福成在《庸盦笔记》中评价这一谕旨时说："大哉皇言，洵昭垂万世。"和珅之财，从此也就成为一个巨大的谜，有的笔记上甚至说这个数字达到8亿两，足以使武侠小说家敷衍出连篇累牍、动人心魄的故事。不过仔细再想，舫下若真有财物，和珅倒台后的近两百年里，居然没被人发现，也不可信。尤其在前些年，这里曾改为某单位家属宿舍，要想探宝，还是很容易的。

中路有座假山，层层叠叠，全用太湖石垒成，称作"滴翠岩"。山下有"秘云洞"，洞中嵌着康熙帝手书的"福"字碑。碑下有副用碎石排成的象棋盘。遥想盛夏之时，在此小憩对弈，真有超尘脱俗的飘飘然感。在山顶，则是称作"绿天小隐"的一个敞厅，仲秋之夜，煮茗清谈，举杯邀月，何其乐哉。

恭王府花园里也不完全都是轻歌曼舞的绮丽、鸟语花香的风雅。在悠闲淡泊的都市园林中，我们可以隐隐地看到权力斗争失败后的愤懑。在假山之前,正对着园门,竖立着一块五米高的太湖石,上书"乐峰"二字。这是奕䜣在光绪十年被慈禧太后罢黜后,借北宋司马光失意时所作《独乐园记》,在石上刻出"独乐峰",但又怕引起麻烦,便把"独"字凿在石顶,以此来曲折迂回地排遣自己失意不平的心绪。

奕䜣与慈禧太后在发动"北京政变"时,曾结成战略同盟。以后,奕䜣以"议政王"身份主持军机处和总理衙门,直接领导内政外交事务,与"垂帘听政"的太后有着很好的默契。但慈禧对他则是极不放心的,以致有同治四年三月(1865年4月)和同治十三年七月(1874年9月)的两次严谴。第一次以御史蔡寿祺弹劾为由,慈禧太后亲笔拟了一份别字连篇的懿旨,称"恭亲王从议政以来,妄自尊大,诸多狂傲",命革去议政王、军机大臣及其他一切差使,由于受到全体王公及军机大臣反对,最后只能收回成命(议政王头衔仍革去)。第二次是为了重修圆明园,同治与奕䜣又爆发激烈冲突,奕䜣还劝诫同治不要微行私出。同治恼羞成怒,撤去奕䜣的职务,最后全体军机大臣再次站在奕䜣一边抗命,迫使同治和他的母亲慈禧太后退让。显示出奕䜣班底强大的政治实力。

奕䜣主持中枢,在推行现代化进程中,很有些值得一书的事迹,其中最著名的,是与顽固派在兴办同文馆问题上的争论。

同文馆原是总理衙门兴办的培养外语人才的语言学校,1866年12月,奕䜣上奏,建议在馆中开设"天文"、"算学"馆,也就是讲授自然科学,招收满汉举人及中下级官员入馆学习。这一主张遭到了以理学大师、同治师傅、大学士倭仁为首的顽固派的强烈反对。奕䜣说:"夫中国之宜谋自强,至今日而已亟矣。识时务者,莫不以采西学、制洋器为自强之道。""若夫以师法西人为耻者,其说尤谬。夫天下之耻,莫耻于不若人。查西洋各国,数十年来,讲求轮船之制,互相师法,制作日新,东洋日本近亦遣人赴英国学其文字,究其象数,为仿造轮船张本,不数年后亦必有成。……独中国狃于因循积习,不思振作,耻孰甚焉!"倭仁说:"立国之道,尚礼义不尚权谋;根本之图,在人心不在技艺";"古今来未闻有恃术数而能起衰振弱者也。天下之大,不患无才,如以天文、算学必须讲习,博采旁求,必有精其术者,何必夷人,何必师事夷人?"为此,奕訢在1867年4月6日,向皇帝上呈了一个极为著名的奏折,其中回顾了第二次鸦片战争中英法联军占领北京,逼迫中国签订城下之盟的历史,以及此后他在寻求中国自强之路的心迹:

溯自洋务之兴,迄今二三十年矣。始由中外臣僚未得款要,议和议战大率空言无补,以致酿成庚申之变。彼时兵临城下,烽焰烛天,京师危在旦夕。学士大夫非袖手旁观,即纷纷逃避。先皇帝不以奕訢等为不肖,留京办理抚务。臣等不敢徒效贾谊之痛哭流涕,胡铨欲蹈东海而死,空言塞责,取誉天下,而京师内外尚以不早定约见责,甚至满汉臣工连衔封奏,文函载道,星夜迭催,令早换约。臣等俯查情形,不得不俯徇舆论,保全大局。自定约以来,八载于兹,中外交涉事务,万分棘手,臣等公同竭力维持,……以为即此可以防范数年,数十年后则不可,是以臣等筹思长久之策,与各疆臣通盘熟算,如学习外国语言文字,制造机器各法,教练洋枪队伍,派赴周游各国访其风土人情,并在京畿一带设立六军,藉资拱卫;凡此苦心孤诣,无非欲图自强。……臣等反复思维,洋人敢入中国肆行无忌者,缘其处心积虑在数十年以前,凡中国语言文字,形势虚实,一言一动,无不周知,而彼族之举动,我则一无所知,徒以道义空谈,纷争不已。……左宗棠创造轮船各厂,以为创议者一人,任事者一人，旁观者一人，事败垂成，公私均害。李鸿章置办机器各局，以为无事则嗤外国之利器为奇技淫巧，以为不必学，有事则惊外国之利器变怪神奇，以为不能学。……该督抚等所论，语多激切，岂故好为辩争，良由躬亲阅历，艰苦备尝，是以切实不浮，言皆有物。在臣等竭虑殚思，但期可以收效，虽冒天下之大不韪，亦所不辞。该大学士既以此举为窒碍，自必别有良图。如果实有妙策，可以制外国而不为外国所制，臣等自当追随该大学士之后，竭其梼昧悉心商办，用示和衷共济，上慰宸廑。如别无良策，仅以忠信为甲胄、礼义为干橹等词，谓可折冲樽俎，足以制敌之命，臣等实未敢信。

从此奏折中，我们可以看出，青年时代的奕䜣，确实是勇于任事，锋芒毕露的。

在此后的争论中，他进一步设计，任命倭仁这位保守的冬烘先生担任总理衙门大臣，谕令倭仁"酌保数员"讲授自然科学，倭仁被迫承认原说中国之大，不患无精通西学之人，不过是凭空想象，"意中并无其人，不敢妄保"。而奕䜣仍然寻他开心，以皇帝的名义命他"随时留心，一俟咨访有人，即行保奏"。弄得倭仁蹶倒昏迷。在同文馆争论中，奕䜣主持下的军机处，多次拟旨，精彩纷呈，至今读来，依然余音缭绕，令人回味。

从1862年到1884年的二十余年里，奕䜣一直处在中国政治前台的大旋涡里，不停地旋转。直到中法战争爆发，才被西太后强行将整个军机处一起开缺，并让奕䜣回家整整闲赋了十年。以奕䜣之才华和能量，却斗不过慈禧太后，主要的原因可归结为名分，由此可以猜想，奕䜣在书写"独乐峰"时，心情是多么地沮丧。

从此，恭王只能寄情园林和唐诗。他在这个花园里消磨着才华和生命，集唐人诗句，写成八卷的《萃锦吟》，虽说是玩弄技巧的笔墨游戏，有的诗还刻意显示淡漠政治、韬光养晦，但其中仍有不少诗篇抒发了忧郁的心境，如在给同时下野的政治老友，前军机大臣宝鋆的诗中说：

纸窗灯焰照残更，_{齐己:《荆渚偶作》。} 半砚冷云吟未成；_{殷文圭:《江南秋日》。}
往事岂堪容易想，_{李珣:《定风波》。} 光阴催老苦无情。_{白居易:《题酒瓮呈梦得》。}
风含远思悠悠晚，_{高蟾:《秋日北固晚望二首》。} 月挂虚弓霭霭明；_{陆龟蒙:《江城夜泊》。}
千古是非输蝶梦，_{崔涂:《金陵晚眺》。} 到头难与运相争。_{徐夤:《龙蛰二首》。}

岁月如温温的小火，煎噬着人寿。恭王在他的精巧的花园里，渐渐地进入老境，不仅身体衰弱，思想也趋于老化、圆滑和保守。待到1894年中日甲午战争爆发，在前后清流的两位领袖李鸿藻、翁同龢的一起要求下，慈禧太后重新起用恭王主持大政，而恭王却以主和敷衍的姿态使他们失望。这种衰朽的状况甚至连外国人也看不下去，英国公使欧格讷（Sir N. R. O'Conor）1895年10月底在离任回国前，当着恭王和总理衙门其他大臣的面，直率地问道：

> 恭王爷为中国第一执政，又国家之尊行也。此今日之事，舍王谁能重振哉？自中倭讲和六阅月，而无变更，致西国人群相訾议。昨一电德欲占舟山，今一电俄欲借旅顺，由是推之，明日法欲占广西，又明日俄欲占三省，许之乎？抑拒之也？且中国非不振也，欲振作亦非难能也。前六个月吾告贵署曰：急收南北洋残破之船聚于一处，以为重立海军根本，而贵署不省。又曰练西北一枝劲兵以防外患，而贵署不省。今中国危亡已见端矣，各国聚谋，而中国至今熟睡未醒何也？且王果善病，精力不济，则宜选忠廉有才略之大臣图新政，期于未成，何必事事推诿，一无所成乎？

欧格讷显然书生气了。君主挑选宰相是为了办事，但一个强有力的君主必然要虚化相权。恭王复出后的政治生态环境早已不

恭亲王的密友，
军机大臣宝鋆

同以往，加之十年赋闲的修炼，自然把一切看淡了，他又岂会再亟亟从事呢？

他的观念也在变化。到了戊戌年间，他更是多次谏言，反对变法。据说直至临终时，他还嘱咐前去探视的光绪，对主张变法的人，要慎重，"不可轻信小人言也"。以致新派人物，将这位曾经倡导变革的老前辈，看成阻碍维新的死对头；而将他的去世，看成是立即推进变法的历史机遇。恭王的这种变化和结局，似乎也是政治舞台上许多老人的通例，对比青年时代的万丈豪情，真是不堪回首话当年了。

但恭王毕竟是中国近代史上最为重要的历史人物，对于他自己亲手写下的历史，有权力反思和发问。《萃锦吟》中，有一首"元夕独酌有怀宝佩蘅相国"的诗：

祇将荼蓱代云觥，	陆龟蒙：《袭美留振文宴龟蒙抱病不赴猥示倡和因次韵酬谢》。	竹坞无尘水槛清。	李商隐：《宿骆氏亭寄怀崔雍崔衮》。
金紫满身皆外物，	徐铉：《送萧尚书致仕归庐陵》。	文章千古亦虚名。	刘兼：《江岸独步》。
因逢淑景开佳宴，	宋齐丘：《陪华林园试小妓羯鼓》。	自趁新年贺太平。	韩愈：《同李二十八员外从裴相公野宿西界》。
吟寄短篇追往事，	翁承赞：《文明殿受册封闽王》。	一场春梦不分明。	张泌：《寄人》。

据文廷式在他的著名笔记《闻尘偶记》中说，最后一联原来是"猛拍栏杆思往事，一场春梦不分明"，诗意就大大值得玩味了。恭王何必要"猛拍栏杆"？"一场春梦"又指什么？他是否在含蓄地抱怨同慈禧太后的合作与结盟？假如没有这种合作与结盟，便没有北京政变和后来的洋务运动，那么，肃顺主持下的中国政坛又是怎样一番风光？

光绪的变法诏书，颁布于恭王死后第十三天，戊戌变法失败于恭王死后第一百十六天。光绪的一生，也是毁于慈禧太后之手，他和他的六叔，都是中国近代史上的悲剧人物。

恭王府花园虽是奕䜣的旧居，但现在的陈列中，对奕䜣只是简单提过，大多数参观者恐怕既不知晓，也无意弄清历史上的种种往事了。导游们更愿意津津乐道地谈论着电视剧里的和珅，不断强调这儿就是和珅故居，这对奕䜣真是一种悲凉，对历史学家更是一种悲凉。离开花园的时候，我向独乐峰鞠了一躬，算是自我纪念了这位故去的老人。忽然想到，园子里为什么不为奕䜣塑一座造像呢？

见过恭王的外国人说，他"虽是麻子，但是仪表堂堂"。见过他的京官何刚德说，他"仪表甚伟，颇有隆准之意"。都对他的相貌表示恭维。但从传世的照片上看，奕䜣长得一点也不漂亮，面目中还带有点苦相。辽宁大学董守义先生撰《恭亲王奕䜣大传》是本很好的传记，填补了国内学术研究的空白，但在讲到奕䜣的容貌时，似乎也为尊者讳，说"奕䜣前额宽阔，眉目清秀，鼻梁挺拔"，这就更无必要了。书中还引证何刚德回忆，"与奕䜣共事多年的宝鋆也说恭王'甚漂亮'"。其实何刚德在《客座偶谈》中讲的不是这个意思。原文是："宝文靖尝对余言，恭王虽甚漂亮，然究系王子,生于深宫之中,外事终多隔膜,遇有疑难之事,还是我们几个人帮忙。"此处的"漂亮",显然是指行事的手腕和气度。不知董先生以为然否?反正奕䜣以亲王之尊,不需要靠相貌去找对象,长得漂亮不漂亮并不打紧。他一生共娶了八位嫡、侧福晋,个人生活还算是和满幸福的。

1995 年初稿
2003 年 12 月修订

(本文插图见彩版一至彩版四)

半生名节

贤良寺·李鸿章

一

东华门大街往东走到头,穿过繁华嚣杂的王府井,对面是金鱼胡同。

金鱼胡同比一般胡同宽,长五百四十米,可算是条马路。著名的吉祥戏院和东来顺饭庄都设在这里。东安市场在胡同里也开有北大门。再往东,是和平宾馆,这儿本是清末大学士那桐的府第。金鱼胡同中段与校尉胡同相交,沿校尉胡同向南到冰盏胡同(又称冰渣胡同)再往东转,那片毫不起眼的围墙里,便是从前的贤良寺。

贤良寺原在校尉胡同西侧,雍正十二年由怡亲王故邸舍地为寺,山门开在帅府胡同,约在今天王府井全聚德烤鸭店的东面。后身也到金鱼胡同。乾隆二十二年迁到现址,规模缩小了三分之二。

旧时,佛教和道教的庙宇宫观并不是天天对外开放的,更不收门票。一般多在初一、十五开庙,接受信徒膜拜和香火布施。也有一年仅开放几天的,如白云观是每年正月初一至二十日,黄寺是正月二十三至二十五日等等。平常的费用花销,除了靠香客布施和做水陆道场赚取些收入外,大多依赖出租"庙寓"维持。

唐代元稹在《莺莺传》中写到张生寓普救寺，遇借宿的崔莺莺母女，就可看出这种房产生意的悠久历史。如今在北京卧佛寺两旁，有六七个精致的四合院落，提供开会租用，名曰"卧佛寺饭店"，很有从前"庙寓"的遗风。我对贤良寺感兴趣，是因为这里在清朝时，曾是高级地方官员进京时常借宿的馆舍，更是直隶总督李鸿章进京时的行辕。那时李鸿章虽开府保定、天津，却以文华殿大学士的身份而居相国之位，是晚清政坛上炙手可热的大员。史载，李鸿章当时外出，必有一百名身穿灰呢窄袖衣，肩扛洋枪的淮军卫队作前导，贤良寺门前冠盖如云，风光一时。甲午战争后，李鸿章因签订《马关条约》和《中俄密约》，为国人诟病，又被罢去直隶总督的职务，挂着大学士和总理衙门大臣的头衔，在京闲赋；1901年庚子之乱时，李鸿章奉诏从两广总督任上北旋，与各国公使谈判和约，也都住在这里。《道咸以来朝野杂记》中说："东城名刹最少，只有校尉营冰渣胡同内贤良寺。……自李文忠侨居之后，已成什官行台矣。"

　　李鸿章是个复杂的历史人物，大体说来，他从镇压太平天国起家，以一介文人投身戎马，匡扶行将倒塌的帝国大厦。他目睹时艰，看到西方国家先进的科学技术和军事装备对中国的直接威胁，于是大声疾呼必须改变士大夫"沉浸于章句小楷之积习"，鼓吹"天下事穷则变，变则通"，亲手创建了工厂、铁路和装备近代兵器的军队，努力地想把中国引导上现代化的道路。他是朝廷内部对于世界大势较有了解的少数领导人之一，从承认中国国力及技术装备不如外国出发，力主在外交战略上实行"以夷制夷"。奉"自强"为宗旨，奉"守疆土、保和局"为圭臬，力主"忍小忿而图远略"，努力创造和平的外部环境，争取喘息和发展的时间，甚至不惜以重大妥协来避免与列强发生直接军事对抗。他是当时公认的外交家,有的外国人居然将他称作"东方俾斯麦"。可惜从来弱国无外交,他的外交实践,往往是代表中国政府在屈辱的城下之盟上签字。

今天的国人对李鸿章的印象已是很淡漠了。有之,也不过是个奸臣卖国贼的形象。我却不能忘记这个长躯疏髯、性情诙谐、饱经沧桑的老人。所以,我一直想到他曾经生活过的贤良寺一游。

二

1988年的最后一个周末下午,北京天空的云层呈现出一片奇诡的红色,有人猜测是地震的前兆。没有明媚的阳光,城市显得灰蒙蒙的,无精打采。才到四点,已是薄暮暝暝。我和作家钱钢在踏访清末"总理海军事务衙门"旧址的过程中,无意间来到了贤良寺。

清代北京寺庙之多,令人惊讶。据《北京文物胜迹大全》统计,仅东城区,有名称有地址的祠寺宫观,就有二百五十个。如今,绝大多数都已湮没、拆除,或是改作他用。贤良寺也不例外,残破的山门上挂着"校尉小学"的牌子。进校一看,天王殿、大雄宝殿和藏经楼全被改作教室了,厢房则是教师办公室。雍正、乾隆题写的御碑、钟鼓楼不见踪影。打听下来,原来毁于"破四旧"的浪潮。寺庙的另一部分,是街道纸盒工厂和区教育局机关。

天很冷。黄昏的乌鸦在"哇、哇"地啼号着,给人肃杀的感觉。在用山门改建的传达室里,一位老校工边给火炉添煤,边絮絮叨叨地告诉我们,当年赛金花就是在这里,劝说八国联军统帅瓦德西不要杀戮无辜平民。在我的记忆中,瓦德西的总部设在中南海仪銮殿(今居仁堂),赛二爷咋会跑到贤良寺与他会面呢?看来,北京

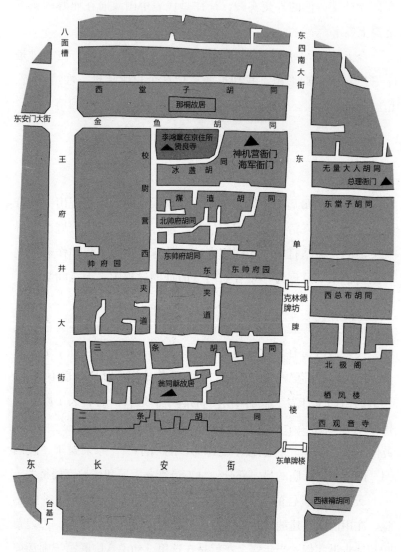

清末贤良寺和翁同龢故居街区简图

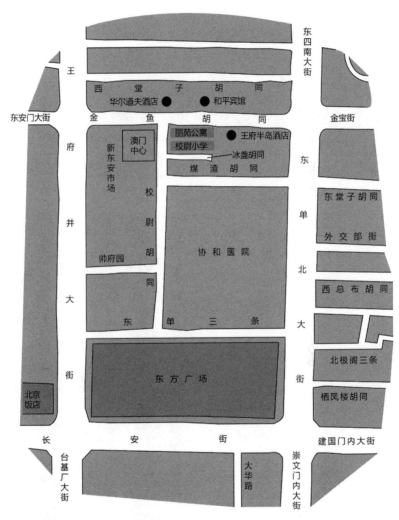

今日的校尉小学、王府饭店到东方广场

1900年，李鸿章抵达北京，与西方列强开展议和谈判。右二为英国远征军指挥官阿尔弗雷德·加斯利爵士

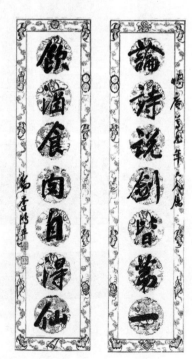

李鸿章亲笔书写的对联

贤良寺内仅存的旧建筑。其背景上的大楼,是在海军衙门旧址上建造的王府饭店　姜鸣 2002 年摄

煤渣胡同是冰盏胡同南面的一条胡同,西面与校尉胡同相交,"总理海军事务衙门"就在煤渣胡同,借神机营衙署办公

的每栋房子，都有自己的故事和传说。我向他打听李鸿章的故居，得知就在旁边的西跨院，只是早已与小学校园堵死了通道。

从前，西跨院在冰盏胡同也开有大门，现今关着。住户们都从校尉胡同院墙上凿出的小门进出，门牌是4号。进得院来，发现这是座四合院的最后一进，已与前院分开。院子气派很大，与我曾见过的某些王公贝勒府差不多规模。由于长期失修，梁柱上的油漆剥落殆尽，只留下朽木的枯黄颜色。北京人对住房挨庙是有讲究的，民谚曰："宁住庙前，不住庙后。宁住庙左，不住庙右。"李鸿章是外来户，大概不在乎这类规矩。不过他住在庙右，可真是倒了霉的。

我在院子里询问谁是老住户，人们便把我们指向东屋。东屋果然住着一位84岁的老人，叫王懋章，是唐山铁道学院的退休教师，曾在比利时列日大学留学。他的父亲王稼成（号寿琪），据说是南洋公学（今上海交通大学）的第一班学生，被清政府派往比国留学，授过工科进士，当过京汉铁路的总工程师。老人听说我们来访古，很热情地把我们招呼进屋里。

据老人说，西跨院是李鸿章出钱盖的。李鸿章生前曾在北房居住，后来也殁于这里。又说《辛丑条约》在这里草签。李鸿章和贤良寺方丈甚为投契，许多人通过方丈走李的门路，带携得方丈也显赫一时。李死后，院子送给庙里，算作庙产。李鸿章用过的绿呢大轿，还一直存放在贤良寺的藏经楼。民国初年，烟酒公卖局局长张小松娶了曾经是赵秉钧内阁国务秘书洪述祖（即谋杀宋教仁案主凶）的下堂姨太太做老婆，搬到这里住过。老人的父亲是从1916年搬进这里的，当初，院子美轮美奂，如今则彻底败落。而他家，"文化大革命"中从北屋被撵出，和侄子分住东西屋，"至今没有落实政策"。

我环顾四周，见屋内杂乱一片，毫无高级知识分子住所的优雅。只有门边的墙上，挂着一堆德国制造的温度计、湿度计、气压表，和老人额上的皱纹一样苍老。老人笑笑说，这东西在欧洲很普遍，他已养成习惯，从不相信电台播送的气象预报。每当出门去中山公园来今雨轩和其他退休老人闲侃的时候，就从这些仪器中自己判断是否要带雨伞。

我请老人带我们看看院子。他打开房门，用一句好听的吴侬软语说道："耐走好！"我才知道他原是姑苏人氏。屋外已是一片漆黑了，天上的星星也很寥落。我仔细观察了联结北屋和东西厢房的短廊，不由想起李鸿章幕僚吴永所写的关于李在贤良寺生活的一段回忆，说李：

> 早间六七钟起，稍进餐点，即检阅公事，或随意看《通鉴》数页，临王《圣教》一纸。午间饭量颇佳，饭后更进浓粥一碗，鸡汁一杯。少停，更服铁水一盏。即脱去长袍，短衣负手，出廊下散步，非严寒冰雪不御长衣。予即于屋内伺之，看其沿廊下从彼端到此端，往复约数十次。一家人伺门外，大声报曰："够矣！"即牵帘而入，暝坐皮椅上，更进铁酒一盏，一伺者为之扑捏两腿……凡历数十百日，皆一无更变。

如今，短廊里堆满了蜂窝煤、大白菜和各种垃圾杂物，一只积满灰尘的日本"东芝"牌电冰箱的包装纸盒昂然耸立着，主人还不舍得将它扔掉，大约是要找个好点的价钱卖给收破烂的。廊外装了个露天自来水龙头，停了五六辆自行车。真是"陋室空堂，当年笏满床"，旧屋尚在，人事全非了。

老人认真地执着我和钱钢的手说："听说明年这片房子都要拆了。你们能不能向有关方面反映一下，这里可是文物啊！"我默然。对于北京市的市政建设，我又能说些什么呢？

三

李鸿章的晚景过得很忧郁。

闲居贤良寺的时候,他曾感慨地说过:"予少年科第,壮年戎马,中年封疆,晚年洋务。一路扶摇,遭遇不为不幸。自问亦未有何等陨越。乃无端发生中日交涉,至一生事业,扫地无余,如欧阳公所言,'半生名节,被后生辈描画都尽。'环境所迫,无可如何。"这自然是为自己开脱。中日甲午战争,决非无端发生,中国的失败,也与李鸿章对整个事态的判断及对政治、外交、军事战略战术的运用失误有着直接的联系。但他的另一番解释,却是很令人回肠荡气、扼腕三叹:

> 我办了一辈子的事,练兵也,海军也,都是纸糊的老虎,何尝能实在放手办理?不过勉强涂饰,虚有其表,不揭破犹可敷衍一时。如一间破屋,由裱糊匠东补西贴,居然成是净室,虽明知为纸片糊裱,然究竟决不定里面是何等材料。即有小小风雨,打成几个窟窿,随时补葺,亦可支吾应付。乃必欲爽手扯破,又未预备何种修葺材料,何种改造方式,自然真相破露,不可收拾,但裱糊匠又何术能负其责?

言语间,李鸿章透出了一缕回天无力的悲凉。

李鸿章很早就看出日本的崛起对中国生存的威胁。1874年底,他在一份奏折中指出:"泰西虽强,尚在七万里以外,日本则近在户闼,伺我虚实,诚为中国永远大患。"为了防御日本侵略,他疾呼重视海防,组建北洋海军,并十分明确地把日本作为假设敌:"今日所以谋创水师不遗余力者,大半为制驭日本起见。"从1874年至1894年间,中日两国的军事对峙或冲突共有四次:1874年日

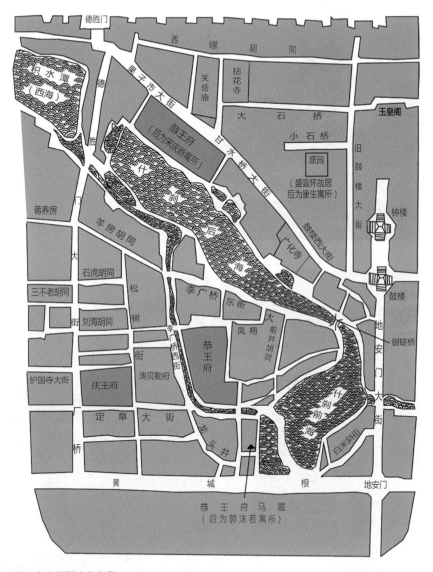

恭王府及其周边的府邸

恭亲王奕䜣

恭王府花园垂花门　姜鸣2003年摄

彩版二·难与运相争

恭王府花园内的独乐峰　姜鸣 2003 年摄

恭王府花园内的诗画舫　姜鸣 2003 年摄

恭亲王奕䜣晚年照

恭亲王亲笔书写的对联。钤印：恭亲王宝翰、皇六子奕䜣之印

本借口琉球船民被台湾土著居民杀害出兵台湾,清政府以支付50万两白银的代价换取日本退兵;1879年日本废琉球国改设冲绳县,清政府虽多次谈判交涉,最终却是不了了之。这两次事件促使清政府重视海防,发愤建设海军,并使中国在中日海军发展竞赛中超出日本。在1882年朝鲜"壬午事变"中,由于中国海军迅速运兵入朝,扼制了日本介入的企图;1884年朝鲜"甲申政变",北洋海军再次入朝,使得日本拟趁机侵略朝鲜和中国的企图无法实现。此外,北洋海军的主力舰只还在1886、1891年两次访问日本,向日本展示中国铁甲舰的威力。

李鸿章发展海军的计划,从一开始就遇到诸多磨难,历经坎坷。其间,又饱受朝廷派系倾轧之苦。

1891年6月,北洋海军成军未久,李鸿章奏请在胶州(今青岛)、烟台添筑炮台,方获上谕允准,户部尚书翁同龢就以户部名义,奏准暂停南北洋购买外洋枪炮、船只、机器二年。李鸿章大为愤懑,在写给云贵总督王文韶的信中抱怨说:"枢密方议增兵,三司已云节饷,军国大事岂真如此各行其是而不相谋!"台湾巡抚刘铭传也顿足叹道:"人方蒸我,我乃自决其藩,亡无日矣!"正是在这几年中,中国对日本海军原先保持的领先地位被倒置了。

中日朝鲜冲突方起之时,翁同龢积极主战,获得时誉的好评。而直接掌管军事力量的李鸿章,主张依靠外国调解来消弭战端,却因事机未成,被后人扣上"投降卖国"的大帽子。据一位当事人王伯恭回忆,中日冲突方起时,他曾向翁同龢提出中日军力相差甚远,中国不宜开战。翁说:"合肥治军数十年,屡平大憝,今北洋海陆两军,如火如荼,岂不堪一战耶?"又说:"吾正欲试其良楛,以为整顿地也。"那年9月30日,中日黄海大战之后,翁同龢奉旨前往天津,与李鸿章会商战况。问及北洋军舰时,李

"怒目相视，半晌无一语，旋慢慢调头说：'师傅总理度支，平时请款辄驳诘，临事而问兵舰，兵舰果可恃乎？'"

翁同龢辩称："计臣以樽节为尽职，事诚急，何不复请？"

李鸿章愤愤反问："政府疑我跋扈，台谏参我贪婪，我再哓哓不休，今日尚有李鸿章乎？"

翁同龢为之语塞。

在民族危机面前，能否以国家社稷为重，敢不敢与侵略者战斗，是区分历史人物民族气节的主要标志。但在生死存亡关头，京中大老的主要精力，仍在党同伐异，权衡官场得失，这才是最可痛心的。

李鸿章的幕僚周馥曾如此描绘双方的斗争：

> 部臣惜费，局外造谣，余益知时事难为矣。一日余密告相国（按，指李鸿章）曰："北洋用海军费已千余万，军实不能再添。照外国海军例，不成一队也。倘一旦有事，安能与之敌？朝官皆书生出身，少见多怪，若请扩充海军，必谓劳费无功。迫至势穷力绌，必归过北洋，彼时有口难诉。不如趁此闲时，痛陈海军宜扩充，经费不可省，时事不可料，各国交谊不可恃。请饬部枢统筹速办。言之而行，此乃国家大计幸事也。万一不行，我亦可站地步。否则人反谓我误国事矣。"相国曰："此大政，须朝廷决行，我力止于此。今奏上，必交部议，仍不能行，奈何？"……后中日事起，我军屡败，兵舰尽毁，人皆谓北洋所误。逾数年，……太后问及前败军之故，余将户部掯费、言者掣肘各事和盘托出，并将前密告李相国之言亦奏及。且谓李鸿章明知北洋一隅，不敌日本一国之力，且一切皆未预备，何能出师？第彼时非北洋所能主持。李鸿章若言力不能战，则众唾交集矣。任事之难如此。太后、

皇上长叹曰："不料某（按，指翁同龢）在户部竟如此！"
这里，是在争是非，还是在斗心机呢？

四

李鸿章对于甲午战争中的失败，心中其实比谁都更苦涩。他的朋友吴汝纶回忆说："平壤之败，李相痛哭流涕，彻夜不寐。……及旅顺失守，愤不欲生。"

到了1895年初，前方战事完全绝望，朝廷只得议和，又想起李鸿章，命他作全权代表，东渡扶桑，在敌人的炮口下换取和平。都是读书人，都熟读过历史，知道此行的结局，必是谈判者个人声誉的毁灭，但李鸿章没有逃避责任。进京请训时，他邀翁同龢同赴日本。翁立即闪避了："若余曾办过洋务，此行正不辞。今以生手办重事，胡可哉？"李鸿章说："割地不可行，议不成则归耳。"枢臣皆知此时日本非迫中国割地，否则不接待议和代表，故相对默默，唯有翁依然空谈宁赔款而不割地。聪明的慈禧亦不愿对割地表态，借口肝气发作，不接见李鸿章，让皇帝自行决定。光绪帝在无可奈何之中，只得授予李鸿章商让土地之权。

历史的这一页是多么地沉重。历史学家杨国强说：

> 炮口勒逼之下的委曲求和既是难事，又是污名。但面对"日人方图远略，举倾国之师，逼我和款，所索即奢，且不愿遽和"的局面，却没有一个人愿为天下作计，分担难事和污名。"诸人相对默默"正写出了当初一腔义愤与如今一腔和心的对比。若以这些人作为反衬的景观，李鸿章白发远行的零丁身形确乎显出了挺拔和刚毅。

当时也有人是把李、翁一块儿骂的。有副著名的对联说：

> 宰相合肥天下瘦；
>
> 司农常熟世间荒。

李鸿章是安徽合肥人，大学士通常被人称作宰相。翁同龢是江苏常熟人，户部尚书往往被人称作大司农。《小奢摩馆脞录》说这联"嵌官名地名而意主双关，真匪夷所思"，构思确实绝妙。

李鸿章在马关议和时，遭日本人小山丰太郎开枪刺杀，弹中颧骨，幸未致命。强忍伤痛，签署和约。回到天津后，称病不入京，派随员杨福同携条约文本送至总理衙门。自然，他遭到朝野内外的一致唾骂。甚至有人参奏说："今道路传言，云有见李鸿章者，谈笑自如，依然故态，面上并无一点伤痕。然则非真中枪也，恐人议与倭通，故假捏之耳。"

不久，朝廷调王文韶任直隶总督兼北洋大臣，李鸿章失去军权，在贤良寺闲住。因俄国在《马关条约》签订后联络法、德二国逼迫日本归还辽东半岛，造成李鸿章对俄国的轻信和提出"联俄制日"的外交构想。但俄国利用了中国的信赖，却在打中国的主意，通过《中俄密约》获得西伯利亚铁路通过中国东北连接海参崴的筑路权；又借德国强占胶州湾之机，迫使清政府租让旅顺口。黄遵宪批评李鸿章是"老来失计亲豺虎"，真是一语中的。不过当时亲俄的，也不仅是李鸿章一人。比如湖广总督张之洞，便建议总理衙门"急与俄国商订密约，如肯助我攻倭，胁倭尽废全约，即酌量划分新疆之地，或南路回疆数城，或北路数城酬之"。更有后来名满天下的谭嗣同先生，开出了出卖国土、筹款变法的价码：

> 今夫内外蒙古、新疆、西藏、青海大而寒瘠，毫无利于中国，反岁费数百万金戍守之。地接英俄（按，指西藏与英国殖民地

印度接壤），久为二国垂涎。一旦来争，度我之力终不能守，不如及今分卖于二国，犹可结其欢心，坐获厚利。……计内外蒙古、新疆、西藏、青海不下二千万方里，每方里得价五十两，已不下十万万。除偿赔款外，所余尚多，可供变法之用矣。

可见联俄心情之迫切。李鸿章唯一的真正污点，却是在谈判租借旅顺口时，拿了俄国外交官璞科第送去的五十万两银子的贿赂。

拿回扣、收门包，送冰敬、炭敬、节敬，是清末官场的陋习。恐怕没有一个官僚能够免俗。是以历来有"三年清知府，十万雪花银"之谚。但李鸿章在对俄谈判时拿俄国人的贿赂，却显示出其品行中贪弊的一面，既损人格国格，也为外人所蔑视。不过话又说回来，李鸿章在离开直隶总督之任时，将其带兵数十年截旷扣建所存之"小金库"八百余万两白银全部移交给后任王文韶，又可看出他性格的另一面。据说这笔巨款，后来落入袁世凯之手，作为他内外行贿，交通王侯的特别经费，这就是李鸿章万万料想不到的了。

李鸿章依然关心时事，默默地看着甲午之后的新生代接过他在三十年前就亮出的变法旗帜。他向强学会捐款三千两，要求入会，被拒绝，老脸上很是难堪。但当戊戌变法失败，慈禧太后重新训政之时，他却敢于坦露自己对维新党人的同情。某次他和幕僚亲信闲谈，讲到奉懿旨捕拿康梁，如能获此二人，功甚大，超过平定太平天国和捻军，我还能进爵位，说毕大笑。李指着侄婿孙仲愚说："你是康党吗？"孙答："是康党。"他问："不怕抓吗？"孙答："不怕。中堂擒康党，可先抓我。"李鸿章说："我哪能抓你，我也是康党。"李鸿章还说太后将别人的弹章拿给他看："有人谗尔为康党！"他当即回答：

臣实是康党。废立之事，臣不与闻，六部诚可废，若旧法能富强,中国之强久矣,何待今日。主张变法者即指为康党,臣无可逃,实是康党!

满朝衮衮诸公,恐怕没有这份耿直。

五

从 1895 年到 1899 年,李鸿章投闲京师,在贤良寺住了漫漫的五年。此时,门生故吏,纷纷叛离。他韬光养晦,看尽世态炎凉。而翁同龢的权势正好如日中天。但翁也有不满之处,他不是大学士,不能被人称作"丞相"。虽有帝师之尊,可以影响皇帝,只是难成相业,心中不免耿耿。

他自然看上了文华殿大学士李鸿章的位置。

有一天,袁世凯赴贤良寺拜谒李鸿章。他装作漫不经心的样子说道:"中堂是再造元勋,功高汗马。现在朝廷待您如此凉薄,以首辅空名,随班朝请,未免过于不合。您不如暂时告归,养望林下,俟朝廷一旦有事,闻鼙鼓而思将帅,不能不倚重老臣。届时羽檄征驰,安车就道,方足见您的身份呢。"

李鸿章一眼看穿这位昔日部下的来意,厉声喝斥:"慰廷,你来替翁叔平做说客吗?他汲汲想得协办大学士,我开了缺,以次推升,腾出个协办,他即可顶补。你告诉他,教他休想!旁人要是开缺,他得了协办,那不干我事。想补我的缺,万万不能!诸葛亮说:'鞠躬尽瘁,死而后已',这两句话我还配说。我一息尚存,决不无故告退,决不奏请开缺!花言巧语,休在我面前卖弄,我不受你的骗!"

李鸿章从心底里看不起总理衙门的那帮同事,他在家信中评论说:恭王浮光掠影,毫不用心;翁同龢依违其间,专讲小过节,不问大事。李鸿藻迂腐更甚。又说翁同龢周旋于太后和恭王之间,唯恐失权,翁的能力实在不足以肩担此任。

清朝不设丞相,以大学士为内阁首领。当时官场中,内阁是辅佐皇帝办理国家政事的中枢机关。清中叶,雍正帝恐内阁专权,设军机处以分其权。唯对军机大臣和内外各官中资望特重者,仍授大学士作为荣典,习称"拜相"。大学士以紫禁城三殿(保和殿、文华殿、武英殿)、三阁(文渊阁、体仁阁、东阁)冠名。保和殿大学士自乾隆朝傅恒担任过以后,再也没有任命,故通常以文华殿大学士为首辅。大学士之外,又设协办大学士二人,为大学士之副职,协助办理阁务。李鸿章是在1868年在湖广总督任上担任协办大学士的。1872年曾国藩去世后,他接任武英殿大学士。1875年1月9日,他极为引人瞩目地被授予文华殿大学士,成为有清一代唯一获此殊荣的汉人,并把这项职务保持到他去世。李鸿章从来没有做过军机大臣,他以大学士加直隶总督、北洋大臣的特殊身份,在晚清政治中发挥着重要的作用。

李鸿章出任文华殿大学士是两宫皇太后的决定。时值同治帝因患天花而病假,内外陈奏大事交太后批览裁定。而李获跻首辅,排名在军机大臣文祥(武英殿大学士)、宝鋆(体仁阁大学士)之前,如此重大的人事安排在皇帝驾崩的前三天匆匆做出,其中必有至深之意。可惜迄今未见学者对此关注研究。同治帝患病是个延续月余的过程,按照清制,由谁继承皇位应当由皇帝作出决定。但在这一过程之中,深谋远虑的西太后肯定已经考虑了嗣皇帝的人选,即不为同治立嗣,而为咸丰再立嗣子,以保证慈禧能以皇太后身份继续垂帘听政。这种违反祖制的安排在大行皇帝龙驭上天之后能够肆无忌惮地实现,一方面显示了太后在宫廷政治中异乎寻常的实力,另一方面也必然同各方政治力量达成了高度的默契。比如以王公大臣名义恳请太后裁定政务的上谕,就是由同治的师傅翁同龢亲笔起草的。

如今难以找到关于此项任命的确切背景资料。就最高层的政治运作而论，依然是恭亲王奕訢主持日常工作，而两宫太后保持最后拍板的权力，但恭王与太后叔嫂之间，因1865年前者被削去"议政王"名号和1874年重修圆明园事件，已经两次摊牌，双方心里都有难解的疙瘩。过去总以为恭王主政时期，能够控制廷臣，敢与太后颉颃。仅在数月之前，他便成功地阻止了同治与慈禧谋修圆明园的计划。在双方对抗最为激烈的时候，恭王与近支亲王、御前大臣、军机大臣保持一致，拒不奉诏。但在最深层的内部，恭王与他最重要的助手文祥之间，已经出现危险裂缝的蛛丝马迹。吴庆坻在《蕉廊脞录》中谓：

    文文忠在政府最久，知大体，有廉操。恭邸初与相得，其后以大婚保举之事意不合，自是事无巨细，显与文相龃龉，文相不能堪，癸酉（1873年）随扈上陵，归即欲请假。恭邸贤王，其待大臣犹不能无稍褊处。

可见恭王的真实地位也很脆弱，需要寻找具有实力的同盟者。而在慈禧太后这边，公然重返政治舞台毕竟是史无前例的巨大冒险，她也要多找可靠的奥援。李鸿章无疑是当时继曾国藩之后最有实权的军事领袖，在镇压太平天国和捻军的过程中，他充分显示了对朝廷的耿耿忠心。他所掌握的淮军，此时正布置在京师的附近。因此，笼络李鸿章，无疑是双方都愿意接受的一步棋子。

李鸿章于1875年1月28日从保定抵达北京，参加大行皇帝的葬礼。29、30日，2月2日，获太后三次召见。他们密谈的内容，没有人知道。李鸿章是一个高明的政治家，善于在各种政治力量之间周旋。出任文华殿大学士，使他得以真正崛起，虽不常驻北京，而居全国最重要官员的实际地位。

翁同龢终生未能获任大学士。他从1897年9月起，顶李鸿藻去世的空缺，担任过九个月的协办大学士。而李鸿章，在文华殿大学士的宝座上，稳稳地坐了二十七年。

六

1899年底，李鸿章外放两广总督，离开了贤良寺。

那时，列强瓜分中国已成汹涌之势，国内的各种矛盾也已激化。次年，义和团开进北京，遍地设坛，围攻使馆，滥杀洋人。朝廷中的保守势力希望用团民对付列强压力，以达到更换皇帝的政治目的。八国联军借口保卫使馆和侨民，从大沽口登陆，向北京进发。南方督抚谋划东南互保，拒绝执行朝廷排外的指令。整个国家处于危急之中。

耐人寻味的是，李鸿章此时与革命党人孙中山开始暗通款曲。在香港议政局议员何启的建议下，他的幕僚刘学询及英国驻香港总督卜力爵士（Sir Henry Black）穿针引线，企图讨论"两广独立"后双方合作的可能性。在卜力给英国殖民大臣张伯伦（Joseph Chamberlain，二次大战前主张绥靖政策的英国首相张伯伦［Neville Chamberlain］之父）的电报中，提到谣传李鸿章"想自立为王或是总统"。日本人宫崎寅藏在《三十三年之梦》一书中，也记载孙中山当时曾告诉说，卜力想在"两广独立"后，用孙来施行新政，卜力在暗中作保护人保证安全。"李为了晚年有所回忆缅怀，也有意独树一帜，因此表示赞成。"此事后来由于清政府重新起用李鸿章北上议和而作罢，个中的情节也有许多扑朔迷离之处，但毕竟提醒我们对于政治、对于李鸿章的许多新理解。李鸿章的内心世界，远比我们想象的更为深邃和复杂。

1900年10月11日，李鸿章孑身重返北京，住进贤良寺，开始与各国公使谈判和约。离京仅十个月,所见已是一片惨状:朝廷西狩,生灵涂炭,整个北京被联军分段占领,连贤良寺门前也有俄国兵守护,李鸿章岂能不太息流涕?其实,早在从广州启程时,他已知此行艰难,自谓:"燕北之行,早已安排死所。……《语》云:'死而后已',兄竟未已也。蒙尘两圣,困苦庶民,每用抚怀,潸然泣下。"作为中方主要代表,李鸿章经过近一年唇焦舌敝的谈判,终于以空前屈辱的条件,签署了城下之盟《辛丑条约》。

签约之后,李鸿章在给朝廷的奏折中写道:

> 臣等伏查近数十年内,每有一次构衅,必多一次吃亏。上年事变之来尤为仓猝,创深痛巨,薄海惊心。今议和已成,大局少定,仍望朝廷坚持定见,外修和好,内图富强,或可渐有转机。譬诸多病之人,善自医调,犹恐或伤元气,若再好勇斗狠,必有性命之忧矣。

这是他对自己外交思想的最后总结,是非曲直,留待后人评说。近代中外关系涉及整个工业文明在世界范围的扩张,不是"我不要你来,你就不该来"之类简单的结论便可概括的。中国在鸦片战争后经历了前所未有的苦难,导致在19、20世纪交替之时民族排外情绪的总爆发,但从国际法上来说,庚子之役却是中国主动向世界各国的一次宣战,一次以极为情绪化戏剧化的挑逗开始,而以极为悲惨结局告终的民族灾难。

签完和约后,李鸿章也精殚力竭了。两个月后,他的老部下周馥接到李鸿章病危的消息,赶到贤良寺西跨院那间北屋时,李已身着殓衣,处于呼之能应口不能语的状态。延至次日午刻,目犹瞠视不瞑。周馥哭号着说:

"老夫子有何心思放不下,不忍去耶?公所经手未了事,我辈可以办了。请放心去吧!"

李鸿章忽然睁大眼睛，嘴唇喃喃颤动，两滴清泪缓缓滚出眼窝。周馥一面哭号，一面用手抚其眼睑，李鸿章的双眼方才合上，须臾气绝。终年七十八岁。是日为1901年11月7日。

李鸿章临终前，曾吟诗一首：

> 劳劳车马未离鞍，临事方知一死难。
> 三百年来伤国乱，八千里外吊民残。
> 秋风宝剑孤臣泪，落日旌旗大将坛。
> 海外尘氛犹未息，诸君莫作等闲看。

维新派人士，自称是李鸿章"政治公敌"的梁启超，在听说李去世的消息后，怀着敬其才、惜其识、悲其遇的复杂心情，写出如下挽联：

> 太息斯人去，萧条徐泗空，莽莽长淮，起陆龙蛇安在也？
> 回首山河非，只有夕阳好，哀哀浩劫，归辽神鹤竟何之。

另一位著名维新思想家、当年被李鸿章派往英国留学海军的严复，更作挽联曰：

> 使先时尽用其谋，知成功必不止此；
> 设晚节无以自见，则士论又当何如？

严复显然是同情李鸿章的。他以为，当初李鸿章办洋务办海军，若不受到那么多的掣肘，后来也不会有甲午、庚子的惨败。反过来，到了敌军兵临城下之际，李鸿章不出来主持和议，收拾残局，则士大夫又要攻击他为保名节而误国。

做官实在是很难的。从日本议和回国后，有人曾劝李鸿章引退，他却说："于国实有不能恝然之谊，今事败求退，更谁赖乎？"便是表达了他的心迹。这种心迹，后人可能难以想象，但挽联所反映的观点，却是当时的实情。

著名戏曲作家、梅兰芳剧目的主要撰写者齐如山先生曾是同

露天茶座聚集的人群

文馆的学生,他在回忆录中,讲到了那会儿北京人的心绪:

> 当义和团正盛、西后最得意的时候,合肥(即李鸿章)正在广东,旗人们有的说他能勾结外国人,太监们说得更厉害,所以想着把他调进京来杀了他。……各国军队进京后,……(旗人)从前虽骂他,但现在已知道非他不可,所以大家都盼他来,因他来得慢,大家又怨恨他。……他来的那两天,北京所有的人,可以说是狂欢。尤其旗人,自西后光绪走后,他们每月的钱粮,谁也得不到。可是旗人又专靠钱粮吃饭,所以几个月以来,都跟没有娘的孩子一样。听说李鸿章要来,总以为他是跟外国人有勾手的,他来了一定有办法。……东四牌楼一带,旗人(在小饭铺)吃饭的很多,正喝着酒,忽提李鸿章来了,便高兴地说,再来一壶,盼他来的程度,就如是之高。我问他们,你们向来很讨厌李鸿章,为什么现在这样欢迎呢?他们的回答是:说人家是汉奸,没人家又不成,就是里勾外联的这么个

人。……彼时许多人对李鸿章都是这样的批评。

呜呼!可怜的旗人。他们在认定"汉奸"和"救星"时,就和今天沪、深股市中擅长多空互翻的短线客一样,只有眼前利益,没有任何原则。

谁能理解真正的李鸿章呢?

七

1990年2月底,我借去京出差之便,重访贤良寺,想给王懋章老人拍一张照片。溶溶月色下,看到的是瓦砾遍地,整个金鱼胡同与冰盏胡同连成一片空地了。再往东看,昔日清朝海军衙门和神机营衙门的旧址上,耸立起富丽辉煌的王府饭店。人们说,这是北京最高级的饭店。

5月10日,我写的散文《踏访贤良寺》在《解放日报》上刊出。不久,报馆转来上海交通大学材料工程系沈嘉猷先生的大函,告之他与王懋章老人是失去联系多年的老同事、老同乡,想知道老人的联系地址。我不知王老先生现迁何处,但在采访本中记有他侄子的工作单位,便复信请他去查询一下,也不知道找到没有。

如今,贤良寺的旧址上又盖起了校尉小学的新校舍,一幢白色釉面砖贴面的四层楼建筑物,由艺术家韩美林题写校名。学校东首,还留有贤良寺的几间旧屋,由北京市包装装潢工业联合公司及中国包装技术协会包装设计委员会占用。校舍西侧底层,从前西跨院的位置,学校破墙开店,承包给了一家叫做"蓉府酒楼"的餐厅,兼营川菜和粤菜。吧台上陈放着北京餐馆不多见的用酒浸泡着金、银环蛇和蛤蚧的大玻璃瓶。服务员都是年轻漂亮的川妹子。随着岁月的流逝,从经营者到就餐者,肯定都不知道这段

在贤良寺旧址上兴建的
校尉小学　姜鸣2002年摄

校尉小学近照。其左侧背景为王府半岛酒店，右侧背景是煤渣胡同以南的协和医院。
姜鸣2015年摄

曲折的历史，甚至不知李鸿章为何许人了。

> 1990 年初稿
>
> 1995 年修订
>
> 2003 年再改

附 记

许久不曾再去贤良寺旧址了。因为本书再版的缘故，我又抽空前去踏访了一次。

金鱼胡同似乎比过去更宽，在与校尉胡同交会之处，路西，建造起澳门中心，路东，矗立着丽苑公寓，完全都是现代风格的豪华建筑。与丽苑公寓相连的南侧，就是校尉小学。

校尉小学南侧，冰盏胡同依旧是条旧胡同，破旧的四合院向南延展到煤渣胡同就结束了。煤渣胡同迤南，直至东单三条，已被协和医院改建为完整的新园区。

与十几年前相比，校尉小学也进行了改建修缮，外墙改刷土黄与咖啡色相间的涂料，窗外都加装了不锈钢护栏，南立面从以前的四楼变为五楼。西墙根的"蓉府酒家"不见了，外墙被一块巨大的广告牌包裹住，上面印着连绵不断的公益广告：

富强 民主 文明 和谐 自由 平等 公正 法治 爱国 敬业 诚信 友善

这些词语，张挂在李鸿章去世旧址的外墙上，令我感慨良多。这些词语，蕴含着无数志士仁人的美好愿望，值得向一代又一代的年轻人传递。

> 2015 年 6 月 14 日补记

秋风宝剑孤臣泪

访李鸿章墓地

踏　访

　　驱车出合肥城区，向东行驶不久，就到了东乡大兴集。在合肥钢厂的围墙边，朋友叫开了关闭着的铁门，带我走进一个荒芜的院落。没有料到，在高大的烟囱和轧钢车间厂房旁，就是我想探访的李鸿章墓地。

　　三开间的享堂正门，只有柱子和山墙，南北侧既无墙垣，更无门窗，一片凄凉的景象。享堂所在的四合院，正房和东西厢房，因为前些年做过钢厂幼儿园，侥幸地保留下建筑的基本轮廓。

　　享堂院子里，栽有两株广玉兰。广玉兰是南方树种，在安徽本不多见。但在1884年中法战争之后，慈禧太后向淮军参战有功大员赏赐了一批广玉兰，受赏者又把树木送回老家栽种，使得合肥一带保存了好些百余年树龄的广玉兰。眼前的广玉兰，一株略小，是后来补种的；另一株长得高大参天，正是当年御赐的原物。

　　院子里，荒芜的杂草中，横卧着两块截断的李鸿章神道碑。

　　冬日的上午，阴霾的天空没有阳光，我的心也像灰色的天空，沉甸甸的。我的眼前，仿佛出现了李鸿章临终的场景。

李鸿章享堂旧址　姜鸣 2002 年摄

李鸿章享堂前枝繁叶茂的广玉兰树
姜鸣 2002 年摄

李鸿章神道碑被砸断倒在地上
姜鸣 2002 年摄

李鸿章墓地与合肥钢厂的烟尘长相伴　姜鸣 2002 年摄

临 终

李鸿章病逝于1901年11月7日，此时，距他代表清政府，同德、奥、比、西、美、法、英、意、日、荷、俄十一国签订《辛丑条约》，恰好三个月。

签约前两天，李鸿章得了感冒，鼻塞声重，精神困倦。他是扶病前往西班牙公使馆签约的。从当时拍摄的照片看，他呈现出风烛残年的衰颓景象。持续一年极为艰难和屈辱的议和谈判，完全摧毁了他的健康。而签约之后，与俄国谈判从东三省撤退俄军的方案久拖不能定局，更使他焦虑万分。

10月30日，李鸿章去俄国使馆谈判，回来后病情加重。当夜，李鸿章胃部血管破裂，咯血半盂，色紫黑，有大血块。急请德国、美国大夫治疗，安排药剂和鸡汤、牛奶、米汤、锅巴粥等流质食物。

根据身边幕僚记录，11月1日，病人胃部感觉渐舒，能靠床坐，睡眠也安静。

5日，病情似乎更有好转。早上起床后，幕僚感到病人精神清爽。白天所谈，皆是公事时事。话多了，吐字有点不太清楚，精神也有些恍惚。事后想来，这正是回光返照的表征。晚间，李鸿章吃了少量梨汁、藕汁。半夜中感到他喉中有痰，呼吸带喘。

6日早晨，病情忽然转重。当他的老部下，直隶布政使周馥闻讯赶到贤良寺的时候，李鸿章已身着殓衣，处在呼之能应口不能语的弥留状态。延至7日中午，两目炯炯，瞠视不瞑。

周馥哭喊着："老夫子有何心思放不下，不忍去耶？公所经手未了事，我辈可以办了。请放心去吧！"

晚年的李鸿章

李鸿章之子李经方

李鸿章的嘴唇忽然喃喃翕动，欲语泪流。周馥一面哭号，一面用手抚其眼睑。李鸿章的双眼方才合上。

墓　地

十六个月后，李鸿章被安葬于安徽合肥东乡夏小影。

夏小影就是现在的大兴集。这一带安葬着宋代名臣包拯和朱元璋部下大将张得胜，待到李家墓地落成，当地就有了"一里三公"的说法，三座墓地处在一平方华里之内。

这是李鸿章生前认可的墓地。1892年，李鸿章夫人赵小莲去世后，他在给儿子李经方的家信中，曾谈到对生后葬事的安排：

> 夏小影生圹，大伯与王少谷看定有年，汝应亦闻知。前年少谷赴金匮县任之先，带桐城善做坟工匠至彼处勘开圹穴，寄来土色甚佳，内有小灵龟四个，谓是真穴。此次伯父书怂恿趁今年山向大利卜葬，余惟恐赶不及……风水之说，吾不甚为然，只求无水无蚁，以安体魄。今世所云地师者，言人人殊，各挟小术以欺世射利，而置先人遗体悬搁不葬，于心忍乎？

信中提到的大伯，为李鸿章大哥，时任两广总督的李瀚章。而从信的内容看出，李鸿章不太迷信风水，这同他请西医看病一样，在当时的官场，是很罕见的脾气。

在李鸿章给李瀚章的家信中，他还谈到"弟本不知堪舆，亦不甚信风水，但喜邻近包公坟，又滨大河"，从中可以看出，在选址时，比邻包公墓，是李鸿章感到满意的重要条件。

李鸿章生前爱办洋务，却没有想到过自己的墓地会变为钢厂的一部分。但李鸿章并没有长久地安眠在他曾经痴恋的工厂脚下。到了1958年，当地人民公社挖坟取宝、兴办工厂，他的遗骸被从墓地掘出。老人记得,当时被称为"汉奸卖国贼"的李鸿章穿着黄马褂的遗体保存完好,狂热的人们用绳子拴着遗体,挂在拖拉机后面游街,直到尸骨散尽。陪绑游街、同时粉身碎骨的另一具遗骸,是他挚爱的赵夫人。

同年,全民大炼钢铁,合肥钢厂兴建起来了。钢厂就把挖掘一空的李鸿章墓地划进厂区。

遗 言

临终前,李鸿章曾给远在上海的盛宣怀写信。向他,并通过他,与沪上官、商圈内的朋友诀别。这封遗书,去年首次披露。遗书中写道:

> 四十年来百战身,几回此地息风尘;
> 经营庶富羞言我,纽握机权耻授人。
> 尽一分心酬圣主,收方寸效作贤臣;
> 诸君努力艰难日,莫误龙华会里因。

鸿章又拈句柬海上官商寅友,并谢拳拳,乞弟代为一一致意。愿诸君努力共济时艰,鸿章虽死犹生。

李鸿章是从上海起家的,临终时想起海上旧友并不令人意外。年轻时,李鸿章曾是个科场得意的才子,24岁就考中进士,又拜在父亲李文安的同年曾国藩门下做弟子,讲求义理之学。假如没有太平军起义,没有西方列强入侵,在平庸的咸丰朝,他只能逐日到衙门画卯,在京寓的四合院里读书吟诗;或者外放出去做父母官,在漫漫的宦海生涯中积累履历。只要瞻前顾后,不犯过失,内外打点,建立奥援,到了晚年,攀爬到权力金字塔阶梯中最高几层也是有可能的。二十四史中,这样的人物何至成百上千?他们死后，朝廷照例"交国史馆立传"，然后就湮没在浩如烟海的列传中，再也无人理会了。

然而，李鸿章生逢中国历史的最大变化时代，他注定要成为重要人物。他创建淮军，恢复了清王朝的统治秩序；他创办中国最早的近代工厂、铁路、矿山、学校，建立西式装备的海陆军，以图自强；他主持对外各项交涉，签订了许多条约。在中国的大门逐渐向世界打开的时候，中国社会也逐渐走向半殖民地化的深渊。日益加剧的民族危机和社会矛盾，使得他成为极具争议的人物，直至一百多年后，人们依然在反思李鸿章当年的种种往事。

名　节

甲午战争后的《马关条约》和庚子事变后的《辛丑条约》，是中国近代历史上两个最为屈辱的城下之盟。但细细分析，在当时的社会舆论中，对前者，多是夹杂着对李鸿章军事和外交失败的严厉批评；而对后者，却认为李鸿章替朝廷解决了一场巨大的国运危机。所以，维新思想家严复献给李鸿章的挽联是这样写的：

使先时尽用其谋，知成功必不止此；
设晚节无以自见，则士论又当何如？

挽联的上联，是惋惜李鸿章从19世纪60年代开始倡导的各项改革未能真正得到实施。下联则说，倘若李鸿章不从广东奉诏赴京，谈判议和，知识分子们又要批评他为了自己的名誉，置国家利益于不顾了。这个区别，后世的人几乎很少体察。

李鸿章和他当时的同事们，在签订两个条约的时候，其实都考虑过身后的名声。

八国联军军官在乾清宫内

早在李鸿章马关议和期间,英国公使欧格讷就注意到,北京的"大臣们不准备承担给李鸿章指示的责任,而是坚持必须让李鸿章特使采取主动,而大臣们将批准他所作出的任何决定"。到了向日本割让台湾的时候,朝廷又命李鸿章的儿子李经方前去办理。据议和使团顾问、美国前国务卿科士达(John Watson Foster)披露,李"对此非常生气和吃惊,这表明北京感兴趣的是把人们对条约的全部憎恨都加在他和他的亲属身上"。他给儿子去电,说"我父子独为其难,无可推诿,汝宜妥筹办法",又给总理衙门去电,称经方忧劳成病,牵发旧疾,症恼日剧,神志不清,断难胜此巨任。然而朝廷不允,诏命"李经方迅速前往,毋许畏难辞避。倘因迟延贻误,惟李经方是问,李鸿章也不能辞其咎"。翁同龢在日记中记载:"面奉谕旨,总署致李鸿章电信一件,为李经方事也。"淡淡的语气背后,隐含了多少诡谲的政海波澜?

在离开广州,北上与各国使节开展议和谈判前,他对送行的朋友说:"我已垂老,尚能活几年。总之,当一日和尚撞一天钟。钟不鸣了,和尚亦死了。"说罢涕泪长流。此时,他完全知道自己是在为不可为之事。唯有北京人在期盼他欢迎他,等待他了结残局。著名戏曲作家齐如山先生回忆说:"他来的那两天,北京所有的人,可以说是狂欢。"

功 罪

如今,世间已无李鸿章。

今天的合肥人,不仅不再简单地说李鸿章是"卖国贼",还策划打李鸿章牌,整合旅游资源,发展地方旅游经济,提高城市的知名度与开放度。他们恍然大悟:"原来李中堂是位给合肥人长脸的乡前辈啊!"

前些年,合肥城区改造,动工的街坊涉及李鸿章故居。经过有关人士多方呼吁,早已残破不已的故居终于保存下来,并修建成陈列馆供人参观。脚下这块李鸿章墓地,也将由故居陈列馆主持修复。

故居陈列馆里,有一件带着长长血迹的黄马褂,这是复制品。上了年纪的人记得,在从前李鸿章的祠堂里,保存着李鸿章马关谈判遇刺时的原件血衣。

陈列馆里,还有当年李鸿章为格致书院学生亲拟的考题:

问:各国立约通商,本为彼此人民往来营生起见。今设有一国,议欲禁止有约之国人民来往,其理与公法相背否,能详考博证之欤?

当人们读着这道意味深长的题目时,似乎感受到李鸿章思索的目光正端详着自己。

无疑,李鸿章是清末官场最有世界意识的政治家,但在处理外患逼迫的复杂局面时,却是一个失败者,一个悲剧人物,甚至被视为民族罪人。这是他能力不济,还是中国的国运不济?经验告诉我们,国际交往中,依凭的是实力而不是口号,讲究的是审时度势折冲樽俎而不是激情冲动肆意行事。在李鸿章生命的最后日子里,俄国代表还逼迫他将东三省路矿及其利益全部让给俄国华俄道胜银行,引发他激动、争辩、呕血,并导致死亡。李鸿章内心抱着"尽一分心酬圣主,收方寸效作贤臣"的主旨,最后却只能发出"我办了一辈子的事,练兵也,海军也,都是纸糊的老虎"的哀叹,令人感慨良多。但现在又有一种观点,把一切历史责任统统推给别人,单纯来说李鸿章办事所受的掣肘,显然,这样做也是片面的。

梁启超曾说:李鸿章为数千年中国历史上一人物,为19世纪世界史上一人物,不学无术,不敢破格,是其短也;不避辛劳,不畏谤言,是其长也。又说,我不能说李鸿章不是英雄,但他是时势所造的英雄,不是造时势的英雄。至于因中法、中日战争而把李骂成秦桧,只能算是狂吠。他的结论是:"吾敬李鸿章之才,吾惜李鸿章之识,吾悲李鸿章之遇。"一百年来,学术界对李鸿章做了无数研究,但总体把握和评价,却没有超出梁任公的识见。现在重读梁氏所写《李鸿章——中国近四十年大事记》,历史学家是否感到汗颜?

写于2002年2月

失鹤零丁

寻访两代帝师翁同龢故居

一

　　一直想踏访翁同龢在北京的旧居,却始终没有机会。从前读崇彝《道咸以来朝野杂记》,书中说:"户部尚书翁同龢,住东单二条胡同。"又见张謇诗序:"都门二条胡同翁相故宅,后归袁太常(袁昶),太常死于庚子之祸,辗转为城东电局,辛亥二月入都,友人邀住,怆怀有作。"我对翁宅的了解,就只有这么一点儿。1994年6月,我在北京遇到钱钢兄,谈起这个愿望,钱钢兄也大有兴趣,说:"咱们一块儿去找找吧。"
　　东单二条,是从当年东单牌楼,亦即今天东长安街与东单北大街交会处起,往北排列的第二条胡同,地处喧哗的闹市。钱钢兄说他知道这条胡同,因为这胡同每个院落门口,都贴有一些有趣的文字,堪为北京市一景。他以前办杂志时,曾安排记者前去采访过。我们拐入二条后,他立即指给我看9号门框上的一副对联:

　　　　闲人免进贤人进;
　　　　盗者不来道者来。

　　字迹虽已黯淡,但仍一一可辨。
　　接着回头看对门10号,门框上也有一副对子:

> 退一步风平浪静；
>
> 让一分海阔天空。

几乎每个院子的门上都有对联，内容皆是防盗和邻里关系，诸如"生人之中有小偷"、"和为贵，忍为先"之类。11号的门楼上，除了写有"生人进院要盘问，目送生人出大门"外，还钉了块小木板，上面用毛笔抄录一份"相邻公约责任书"：

1．法制道德要遵守，粗野行为要不得；
2．水电用费要自觉，损人利己不应当；
3．饲养猫鸟与信鸽，不扰邻里和街坊；
4．临时搭建小屋棚，要和邻里来协商；
5．忍一忍天高地厚，让一让海阔天空；
6．出现矛盾不易解，及时去找调解员。

东单二条党支部　居委会
1991年5月

原来，这是里弄工作者的成果。

读这些文字是很有意思的。传统文化和近四十年来的群众工作，如此紧密地融合，定位在残旧的院门上，形成我们这个时代社会史的活生生的一页。回头想想，即便社会治安不尽如人意，但把生人当窃贼防范的悄悄话，写成直率的口号，贴上自家大门，仍然有违礼仪之邦内外有别的"恕道"，也会使善良的来访者觉得不自在，似乎随时被革命群众雪亮的眼睛监督着。这样的过去，全中国的城市居民都是共同走过的，如今在首都市中心的一条小胡同里——读来，倒也别有一番滋味在心头。再联想起户口登记、调解纠纷、大炼钢铁、发放票证、管制四类分子、横扫牛鬼蛇神、向阳院、联防队、查卫生、灭四害、计划生育、选举人民代表……中国特色的社区生活真是色彩斑斓和曲折坎坷，值得回味细思。

东单牌楼。往北左侧第二条胡同,就是翁同龢故居。牌楼的前方为庚子之役后为德国公使克林德竖立的牌坊

老舍笔下的旧北京四合院门墙上自然没有这类文字。再往上追溯，19世纪曾经在这条胡同生活了数十年的翁同龢，曾集杜甫和陶渊明诗句为春联贴在家门口："盍簪喧枥马，束带听鸣鸡。"这副对联上句出杜诗《杜位宅守岁》。"盍簪"者，见于《易·豫》，意谓"群朋合聚而疾来"，描写日常宾朋之盛；对句出陶诗《丙辰岁八月中于下潠田舍获诗》，原文作"束带候鸣鸡"。"束带"云云，表现老臣正色立朝，夙夜匪懈，当时人咸以为典雅贴切，故传诵一时。他若是见到家门上张贴后来这些文字，又会作何感想？

二

东单二条是条极普通的小胡同，窄窄的，两侧的房子都很陈旧，院门上的油漆多半也已剥落，像个历尽沧桑的老人。东口连着繁华的商业街，前些年还是破旧的街面房子，如今忽然被锃亮的不锈钢柱子、五颜六色的装饰板贴面和大玻璃橱窗装裹一新，很有点儿暴发户的洋洋自得。胡同里却依然宁静，行人也很稀疏，间或有几株大树从高高的院墙里探出婆娑的枝叶，给胡同带来清新的凉爽。钱钢兄是记者，有一套与人接近的办法。他不顾院门上对陌生人发出的警告，笑嘻嘻地走进一个个院子，亲亲热热地与老太太们打招呼：

"大娘，您好！"

被人背后调侃成"小脚侦缉队"的老太太们，或是在洗菜，或是在闲谈，都挺热情地回答："您好！您找哪家？"

"您老是这儿的老住户吗？"钱钢兄说明来意，"我们是搞历史的，想找老住户聊聊。知道咱院子从前住的什么人吗？"

"这儿是国务院宿舍。"11号老太太答。来头不小。

闲坐在四合院门前的大妈

老北京高级宅第内景,此照摄于 1871 年左右,二楼屋檐下挂有"云中之阁"匾额

"不是说现在,是从前……"

"从前?听说从前住的是袁世凯的三姨太。"

"咱院从前是个奶子府,就是皇上的奶妈家。"13号老太太回答。
真想不到,小小的胡同竟有这样的过去。

"咱院以前是住一个大官,是谁不清楚,但肯定很有地位,是胡同里最大也最有气派的院子。您想想,这院现在还住着五六十户人家。"15号老太太这样说。

15号院引起我们极大的兴趣。

"大妈,能看看院子吗?"

"您请进。"

院子确实很大。前后三进,左中右三路。为了扩展胡同路面,原来的院门前些时候已被拆除,临时用红砖新砌了围墙。中路主体,是座悬山顶的大屋子,屋前有四棵大杨树,一片茂密的树荫正好笼罩住庭院。屋后是幢二层楼建筑,像是鹤立鸡群,突兀在一片平房之上,据说是当年的藏书楼,这在北京的四合院中也是很稀罕的。再后面的建筑,居民们称作"小姐楼",卷棚顶的平房前,连接了一座六角亭式的抱厦,虽然年久失修,又被住户钉了扇破木门,再加了把旧锁,依然透出昔日精巧别致的秀气。

中路与左右路间,有月洞门联结。右路从前有轿房,但左右两路的结构破坏很大,难以一一细考了。

我们的参观,惊动了院中的居民,热心的大爷大妈陪同我们一路走,一路介绍,一点没有戒意。一条小狗跟在后面蹦跶,欢快地吠叫着。违章搭建的小平房几乎占据了院中的一切空地,有的地方狭窄得差不多要侧着身子才能通过,有的地方黑咕隆咚,要慢慢地摸索着前进。在院角某个拐弯处,忽然还发现一对笼中兔子闪着亮亮的红眼睛。北京的四合院，多数都成大杂院了，早已失去昔日的宽敞与恬适，这个院子也是如此，使人产生几许惆怅。但只要细细观察，从窗棂的华丽纹饰、瓦当的精巧雕琢、戗檐的吉祥图案，以及整个院落的总体布局规模和建筑气势中，依然可以看出它当年主人雍容华贵的地位和钟鸣鼎食之家的礼仪风范。一位老先生说，这院子确实是很考究的，过去在厕所里，还有穿衣镜和壁橱。

这里也马上要动迁了。每家住户的房门上，贴着这样的小条子：
居民同志们：

由于东方广场工程进度的需要，在近期准备拆迁您所居住的住房。请您携带好户口本和住房证，于6月3日以前到北京东方广场工程拆迁办公室（东单二条37号）办理登记核查手续。希望您能给予我们理解和支持。

谢谢！

北京东方广场工程拆迁办公室

1994年5月30日

胡同里找不到电报局的遗迹。那么，15号院就是翁同龢的旧居吗？我手中缺乏详尽的资料以供进一步的考证，但我愿意相信，这里就是翁氏旧居。

一位中年人告诉我，前年有两个美籍华人来这里踏访过，他们带着一本泛黄的照相册，细细地翻着，说这是他们的老屋，小时候还在院里抓过蛐蛐儿。

真是往事如烟了。上溯百余年前，郭嵩焘被遣派出使英国，京中士大夫痛心疾首，斥作汉奸，以为坏了夷夏大防的规矩，湖南同乡中还有主张开除他省籍的。如今又有多少名臣之后，兴高采烈地入了外国籍呢？

三

翁同龢可称是同光名臣。他父亲翁心存，是体仁阁大学士，先后做过咸丰、同治二帝和诸多亲王的老师。大哥翁同书，官至安徽巡抚。二哥翁同爵，做过陕西、湖北巡抚和署理湖广总督。他本人是咸丰六年（1856年）殿试的状元，也做过同治、光绪两朝皇帝的老师，尤以做光绪的师傅而著名。出入中枢数十年，官拜协办大学士、军机大臣、户部尚书。在清末，翁同龢权倾一时，后被罢官回籍，交地方官严加管束，郁郁而终。

以往国内史学界似乎有个传统，总是从历史事件来进入人物研究。50年代起，中国近代史被分割成鸦片战争、第二次鸦片战争、太平天国、捻军、洋务运动、中法战争、中日甲午战争、戊戌变法、义和团、辛亥革命等几大块，每一大块中的人物，又依统治者与人民群众、抵抗派与投降派、帝党与后党、保守派与改革派等等政治概念，而定位爱国与卖国、先进与保守、革命与反革命。结果，复杂的历史研究被简化为区分"好人"、"坏人"的儿童游戏。相当部分历史人物被过滤掉了，长期没人搭理。剩下的，则被拔高或贬低、溢美或丑化，然后是翻来覆去的炒作。集中在某些人身上的研究论著之多之重复，令人叹为观止。比方翁同龢，作为长期直接为皇帝服务的高级官员，参与过同光二朝无数重大历史事件，是晚清政坛上举足轻重的大老。他的日记，前后连贯数十年，保存了大量珍贵史料。但学术界对他的研究，是把他定位为甲午战争时的主战派首领和戊戌年间鼓动光绪皇帝维新变法的关键人物而切入的，对他其他时期的活动，几乎很少涉及。对他的父兄，更是难见一篇专题研究的文章。

坦率说来，我研究翁同龢的兴趣，也是从甲午战争中的帝后党之争开始的。但我觉得，因翁主战，便把他捧到与所谓"后党""卖国"相对立的"爱国"高度来歌唱——也仅仅是歌唱其"爱国"——的研究过于肤浅。我将翁同龢的心路，放在晚清"清流"现象中思考，从中看到了传统士大夫在新旧交替时代面前的无奈和徘徊。但"清流"又是社会的良知，他们的呼声，反映出时代的道德追求和传统知识分子的耿耿风骨。无奈与风骨，正是这场历史悲剧戏剧冲突的主题，简单地说"清流误国"，显然也是失之偏颇的另一种极端。

"清流"也称"清流党"，是清末政坛上的一个重要派别，形成于光绪年前期。当时，恭亲王当国，倚重军机大臣兵部尚书沈桂芬。沈桂芬是江苏吴江人，干练有识，较熟悉外国事务，以"洋务长才"自居，他与他的追随者，被称为"南党"。沈桂芬主政，以为国家大乱方定，疮痍初平，务求安静，自然钳束士林，不让士大夫多发议论。另一位军机大臣李鸿藻是直隶高阳人，曾当过同治的师傅，思想正统保守，是著名理学家。他与他的追随者，被称为"北党"。李鸿藻入军机晚于沈桂芬，在军机处的权柄也不逮沈，但不甘居沈桂芬之下，便与依附他的朝士，以刚直不阿、主持清议自居。1879年，钦差大臣崇厚在俄国谈判收还伊犁问题，擅自签订丧权辱国的《里瓦基亚条约》，言路交章弹劾，保荐他担任这次使命的沈桂芬紧张得病倒，而"清流"从此崛起。此后，屡屡上疏言事，评议朝政，纠弹大臣，指斥宦官。在短短几年中，连续劾下工部尚书贺寿慈、吏部尚书万青藜、户部尚书董恂等一批腐败昏聩的高官，还敢于为庚辰午门案的护军张目，逼迫慈禧太后更改主张，从而炫耀一时，满朝侧目。尤其在1881年沈桂芬去世后，基本控制朝议，成为举

翁同龢

晚清重臣沈桂芬、董恂、毛昶熙（左起）的合影。1869—1878年，他们三人均为总理衙门大臣及兵、吏、户等部尚书。沈桂芬在1867—1881年间，还一直担任军机大臣

足轻重的政治力量。在1884年中法战争爆发前,"清流"的代表人物是张之洞、张佩纶、陈宝琛、黄体芳、邓承修、宝廷等,他们又被称为"前清流"。

刘体智在《异辞录》中说,"清流"

> 负敢谏之名,为朝廷所重。一疏上闻,四方传诵。平时谏草,辄于嵩云草堂,为文酒之宴,商榷字句。有张某(按,指两广总督张树声之子张华奎)为之奔走,传观者呼为"清流腿"。其依草附木者,则以"清流靴子"呼之,意谓较之于腿,犹有间也。因而有赀者为"捐班清流",有佳子弟者为"诰封清流"。由是互相标榜,以跻显贵。既有捷径,则人莫不趋,徒党之众,固其宜也。

有人把"清流"称作"封建统治阶级中的不当权派",有人把"清流"比作明末的"东林党",其实都不恰当。从"清流"的骨干成员来看,他们主要是言官,应当称他们是"统治阶级当权派中的非主流派"。"清流"继承了历史上儒家知识分子关心政治、抨击时弊的传统,立论取法于道德、刚直和不偏倚,因而被称作"清议"。但在对外关系上,一些人却昧于世界时势,仍持尊王攘夷之论。按《外交小史》一书的说法,"凡稍谈外交、识敌情者,咸斥之为汉奸大佞,痛诋不遗余力",显得迂阔和无法实际操作。他们和在第一线操作的官员总是形成矛盾,相互制约。故李鸿章曾十分尖刻地批评说:

> 言官制度,最足坏事。故前明之亡,即亡于言官。此辈皆少年新进,毫不更事,亦不考究事实得失,国家利害,但随便寻个题目,信口开河,畅发一篇议论,藉此以出露头角;而国家大事,已为之阻扰不少。当此等艰难盘错之际,动辄得咎,当事者本不敢轻言建树;但责任所在,势不能安

坐待毙。苦心孤诣,甫将集事,言者乃认为得间,则群起而讧之。朝廷以言路所在,又不能不示加容纳,往往半途中梗,势必至于一事不办而后已。大臣皆安位取容,苟求无事,国家前途,宁复有进步之可冀?

天下事,为之而后难,行之而后知。从前有许多言官,遇事弹纠,放言高论,盛名鼎鼎;后来放了外任,负到实在事责,从前芒角,立时收敛,一言不敢妄发;迨至升任封疆,则痛恨言官,更甚于人。尝有极力讦我之人,而俯首下心,向我求教者。顾台院现在、后来者依然蹈其故步,盖非此不足以自见。制度如此,实亦无可如何之事也!

1884年的中法战争,是"清流"分化之时。战争前期,"清流"坚决主战,并得朝廷大用,但仅张之洞脱颖而出,转而成为主张洋务的封疆大吏,也就是李鸿章所说"俯首下心,向我求教者"。其余大多铩羽而归,被人看作"光说不练"、"书生误国"的例子,逐渐退出政治舞台。南党人士,则在翁同龢1894年进入军机处后,奉翁为领袖,形成"后清流",干将为盛昱、志锐、文廷式、黄绍箕、张謇等。

在日益深入的民族危机面前,主战还是主和,长期以来一直是"清流"与洋务派的分水岭。问题在于,当时的中国,是否具备了战胜强大敌人的条件,以及如何去战胜敌人?

甲午年间,李鸿章主张通过国际调停,解决朝鲜危机,不欲以军事力量与日本决短长,原因有三:一是他明白,该年为西太后六十大寿,不能被一场对外战争所搅扰;二是深知中国前三十年军事制度的变革,不过是一座用"纸片糊裱"的破屋,实际上不足以战胜日本;三是不愿在这种没有获胜把握的决战中消耗自己的实力。

客观来说，李鸿章的考虑符合当时实际情况和官场逻辑。前后三十年的所谓"同光中兴"，引进西方军事装备和教育训练方法，组建了北洋海军，但并没有完成中国军队现代化的任务，尤其是没有造就出一支具有高度国家意识和专业水准的军官群体和具有一往无前的英雄主义牺牲精神的士兵队伍。这种差距，恐怕正是鸦片战争后的一百年里，中国军队在所有对外民族战争中，基本上一触即溃，望风披靡，从无获胜记录的真正原因。人类战争史表明，武器装备的进化决定了战争的样式，火器的出现注定了冷兵器时代的终结。核武器的使用，也使常规战争的理念发生了根本的变化。但这并不是说，装备落后就无法战胜强大的敌人。劣势装备的军队要打胜仗，关键在于军队自身的组织形式和精神状态。中国近现代历史上，第一次获得对外战争全面胜利的，是抗日战争，但这毕竟是依靠盟军的反攻取得的。而真正打出自己军威的，是50年代初抗美援朝战争。中国人民志愿军以劣势装备，与以美国为首的联合国军交锋中打成平手，迫使联合国军在停战协议上签字，——当然这是后话。而在1894年，调军队上山海关前线时，据一位家居北京的目击者说，"有'爷娘妻子走相送，哭声直上干云霄'之惨。"这同成千上万日本人舞着太阳旗，唱着军国主义歌曲，欢送亲人赴战场，恰成对照。该目击者还说：

> 调绿营兵日，余见其人黧黑而瘠，马瘦而小。未出南城，人马之汗如雨。有囊洋药具（按，指鸦片烟枪）于鞍，累累然；有执鸟笼于手，嚼粒而饲，怡怡然；有如饥鹰额，戚戚然。

这样的军队底牌，李鸿章完全清楚，住在二条胡同的翁同龢知晓吗？

李鸿章是中国军队现代化的倡导者，在兴办洋务的过程中，耗用了巨额资金，他也一直给朝廷以军队可恃一战的印象。及至战时，却主张妥协和忍让，这自然为翁同龢不能接受。在战争准备、战机捕捉、战役指挥上的诸多失误，李鸿章也难辞其咎。但洋务运动本来就是体制内部的修补，并未触动传统机制，自然不可能从根本上解决中国的生存危机。若以为只要朝廷上下皆有抗敌言论和作战决心，中国便能战胜日本，恐怕也是一厢情愿的算盘。否则，现代化的历史任务，岂不是用"爱国主义"的口号便能替代？李鸿章在1864年便发出"天下事穷则变，变则通"的呼唤，提出中国欲自强，必须学习西方。三十年后，他却回避与东洋近邻日本决战，他的隐衷，难道就是为了"卖国"？

翁同龢是甲午战争时的积极主战派。从7月15日即丰岛海战开战前十天，便已奉旨与李鸿藻一起参与军机大臣、总理衙门大臣会议朝鲜局势。他主战的出发点，是相信海陆军尚堪一战。但我们在整场战争之中，除了听他高唱主战宏论，以及在马关议和前力主"宁赔款，不割地"以外，未见其进行实质性的赞划和补救。这说明，作为想辅佐皇帝独振乾纲的"后清流"官员，有心杀贼，无策典兵，不知道如何去迎接日本的挑战。进一步分析，也暴露出整个清政府中枢确不具备与日本相匹敌的具有世界眼光和手腕的政治家集团，比之于十年前中法战争时的决策圈和激扬文字的"前清流"，并无大的长进，这就是翁同龢们的悲剧所在。且翁同龢为人尖刻，自视过高，难以与人共事。马关议和后，兵部尚书荣禄在给陕西巡抚鹿传霖的密函中说：

> 常熟（翁同龢）奸滑性成，真有令人不可思议者，其误国之处，有胜于济宁（孙毓汶），与合肥（李鸿章）可并论也。合肥甘为小人，而常熟则仍作伪君子，刻与其共事，几于无日不应公事争执。
>
> 岂堂堂中国，其欲送之合肥、常熟二子手也。

荣禄的话，显然带有对翁同龢的个人成见，但也从侧面显示出当时高层官员对翁的看法。而"清流"前辈，此时闲赋在福州老家的陈宝琛，也在一首题为《感春》的诗中，含蓄地批评道：

> 一春无日可开眉，未及飞红已暗悲。
> 雨甚犹思吹笛验，风来始悔树幡迟。
> 蜂衙撩乱声无准，鸟使逡巡事可知。
> 输却玉尘三万斛，天公不语对枯棋。

四

翁同龢无疑是爱国者。但在当时，最保守最迂阔的顽固派，其内心深处难道不也是充满忠君爱国情结的吗？

至1894年底，朝廷对军事局势已陷绝望，决定派张荫桓、邵友廉赴日议和。12月28日，"后清流"健将、御史安维峻不顾个人安危，上疏请诛李鸿章。奏称：

> 北洋大臣李鸿章平日挟外洋以自重，当倭贼犯顺，自恐寄顿倭国之私财付之东流，其不欲战，固系隐情。及诏旨严切，一以主战，大拂李鸿章之心。于是倒行逆施，接济倭贼煤米军火，日夜望贼之来，以实其言。

又说市井传闻"和议出自皇太后旨意，太监李莲英实左右之"。"皇太后既归政皇上矣，若犹遇事牵制，将何以上对祖宗，下对天下臣民？"这篇奏疏攻击李鸿章，内容虽然多不切实，但代表了当时相当一部分人对李误国的强烈不满。尤其把锋芒直指慈禧太后，说出了政界最为忌讳的内幕，堪称"后清流"的绝唱。但细想，又属于事无益，大可不必。但比翁同龢的另一位门生，吏部侍郎汪鸣銮攻击"西后于穆宗则为生母，于皇上则为先帝之遗妾耳,天子无以妾母为母哉"的立论总算高明。安维峻的这番高论,使得怯懦的皇帝感到震骇和忧惧,决定将他拿交刑部治罪,经翁同龢极力劝说,改为革职发军台效力。

据说恭亲王奕䜣当日病假,不在军机。假满入值,指斥同人说:"此等奏折,归档了事,何必理他?诸公是否欲成此人之名?"而安维峻确也载名而去,"访问者萃于门,饯送者塞于道,或赠以言,或资以赆,车马饮食,众皆为供应。"著名镖师,北京源顺镖局掌柜大刀王五还亲自为他护驾,陪同前往戍所张家口,"都统以下皆敬以客礼,聘主讲抡才书院"。可见清议的社会声望和市场价值——刚直与爱国也是可以名利双收的。

翁同龢此时百感交集,又无能为力,恰好次日家中所畜一鹤飞失,特仿后汉戴良《失父零丁》帖,作《失鹤零丁》。他在日记中写道:"是日事简,闲步东院,一鹤既去,因作零丁帖求之。得于海岱门外人家,白金八两赎归,一足微损。作隶书数十字,苦中寻乐。"

曾朴小说《孽海花》第二十五回,说章直蜚、闻韵高(即张謇、文廷式)"出了十刹海酒楼,同上了车,一路向东城而来,才过了东单牌楼,下了甬道,正想进二条胡同的口子,……忽望见口子外,团团围着一群人,都仰着头向墙上看,只认做厅的告示,不经意的微微回着头,陡觉得那告示有些特别,不是楷书,是隶书,忙叫赶车儿勒住车缰,定睛一认,只见那纸上横写着四个大字:'失鹤零丁'。"讲的就是这事。

书中还收录了"失鹤零丁"的文字:

敬白诸君行路者,敢告我昨得奇梦。梦见东天起长虹,长虹绕屋变黑蛇,口吞我鹤甘如蔗,醒来风狂吼猛虎,鹤篱吹倒鹤飞去。失鹤应梦疑不祥,凝望辽东心惨伤!诸君如能代寻访，访着我当赠金偿。请为诸君说鹤状：我鹤蹁跹白逾雪，玄裳丹顶脚三截。请复重陈其身躯：比天鹅略大，比鸵鸟不如，立时连头三尺余。请复重陈其神气：昂头侧目睨云际，俯视群鸡如蚂蚁，九皋清唳触天忌。诸君如能还我鹤，白金十两无扣剥；倘若知风报消息，半数相酬休嫌薄。

无疑，翁同龢在文中流露出他对辽东战场清军失利的关切，但这毕竟是访鹤的游戏文字，以翁同龢地位之尊，在国势危急之际，不在军机处谋划补救，却用街头大字报的形式来抒发情感，还是太戏剧化了些。所以《孽海花》中的闻韵高叹道："当此内忧外患接踵而来，老夫子系天下人望，我倒可惜他多此闲情逸致！"更有人作对联讽刺说：

翁叔平两番访鹤；

吴清卿一味吹牛。

完全把他同"前清流"大将，时任湖南巡抚，自请出征辽东，得翁支持，带着大批金石字画和一枚"度辽将军"汉印上前线，又在田庄台大败而逃的吴大澂一块儿嘲笑了。

近代中国救亡图存的第一乐章，是仿效器物层面的"师夷长技以制夷"。提议者为林则徐、魏源，推行者为李鸿章、左宗棠等在一线工作的地方领导人，具体操作者多为捐纳出身的商人买办。中枢虽有慈禧太后、奕䜣的支持，却未得到上层知识分子的关怀，甚至为羽毛洁白的士大夫所不齿。这就造成新旧嬗递的年代，思想界与操作层的完全断裂。激进的知识分子虽然大谈经世致用，其实也不过是清谈而已。实在说来，仅凭嘴上"爱国"，却不能在马背上治国平天下，确是于事无补。但仅重视器物层面的变革，而不注重人格精神的培养，依然驱使不了器物。在洋务官员和清流士大夫这样两大对垒阵营的折冲较量中，高级知识分子的后知后觉，对于中国近代历史前进的负面影响显然更大。

从小在欧洲留学，精通多种外语，又在张之洞身边做了约二十年幕僚，被认为是清末民初有名"怪人"的辜鸿铭，1910年用英语在上海出版了一本书，叫做《清流传：中国牛津运动逸事》(*The Story of A China Oxford Movement*)。他在书中将"清流"比作19世纪30年代英国基督教圣公会所发起的反对宗教中的新教倾向、主张恢复天主教思想和惯例的"牛津运动"，称其为传统的儒学反对西方和科学技术进步的保守主义思潮，宗旨是"号召全国遵照孔子的教义生活得更为严格"。尽管他将北京的翰林院比作牛津大学有点儿不伦不类，但他在宣统二年即对"清流"进行中外文化学上的比较研究，还是很值得我们参考的。他坦承"中国的牛津运动主要是反对李鸿章——中国的帕莫斯顿勋爵"，称自己是最后一个"清流"，"是我们队伍中唯一的仍然绝对相信我们的事业会取得最后胜利的人，相信中国的文明会战胜欧洲的进步和新知思想。"这就把"清流"的指导思想和局限性概括得十分明确了。在"清流"大盛的年代，辜鸿铭其实并未被人当作"清流"，但到1928年，他在北京大学做教授，依然拖着细细的辫子，倒使人对这位老夫子刮目相看。

五

翁同龢政治生涯中最大的一个谜，是他的突然从政坛上被开缺。甲午战败对翁同龢的刺激是十分巨大的。其后，他参与了总理衙门对德国强占胶州湾的交涉，再一次看清了弱国无外交的悲剧，这促使他鼓动皇帝变法。他以师傅的身份向皇帝举荐了康有为。到了1898年春夏之交，变法之风在北京极为盛行。康有为的主张颇得皇帝的欣赏。然而，就在皇帝准备摁动变法的按钮时，翁同龢却与皇帝在一些问题上产生冲突。

他在日记中记载了这么件事：

5月26日，皇帝向他索取康有为的《日本变政考》，翁答："与康不往来。"又说"此人居心叵测"。皇帝问："前此为何不说？"翁答："臣近见其《孔子改制考》知之。"

次日，皇帝再一次问起了康有为的书，翁同龢又如昨天一般作了回答。皇帝当即发脾气了。翁同龢说："可以传总理衙门通知康进书。"皇帝不同意，"发怒诘责"，要翁告诉总理衙门大臣张荫桓传知康有为。翁又说："张荫桓天天觐见，皇帝可以面谕。"皇帝仍不同意，翁同龢只得在召见结束后传知张荫桓。

翁同龢与康有为的关系，我们现在所知的，一方面是翁同龢日记中的内容，一方面是康有为梁启超的吹嘘，两方面的说法大相径庭。究竟如何，还需再作研究。但康有为的"孔子改制"学说，否认传统所称孔子"述而不作"的说法，认为《春秋》及其他儒家经典，都是孔子采用假托古人的方法，创作出来的社会政治思想，目的是为当时和后来的统治者立法。以及他说孔子是布衣，"布衣改制，事大骇人，故不如与之先王，既不惊人，自可避祸。"言下之意，他康某也可以托古改制。这对翁同龢来说，则是显然不能接受的。在康有为看来，只要能推动中国社会的变革，政治上可以不择手段，学术上重新包装孔子又有什么不可以呢？而翁同龢毕竟还是传统知识分子，对康的异端思想，自然不能容忍（另一位军机大臣孙家鼐也说康有为"才华甚富，学术不端，所著《孔子改制考》最为悖逆"）。联想到翁同龢最初阅读康有为《新学伪经考》后作的评语："真说经家一野狐也，惊诧不已"，即可看出两人的区别。而翁同龢对于变法，还停留在"体用"层面，远不像后来一些学者评价的那么高，这也可以用他在政治舞台的最后言论来证明。

6月11日,皇帝在召见翁同龢时,谈到慈禧太后读了御史杨深秀、学士徐致靖所奏国是未定的奏折后,表示今宜专讲西学。皇帝还马上用笔写出某某官应准去读书。翁同龢回答称:"西法不可不讲,圣贤义理之学尤不可忘。"这天,朝廷发布翁同龢亲笔所拟圣旨,亦即宣告变法开始的"定国是诏"。其要点是:

> 朕惟国是不定,则号令不行。极其流弊,必至门户纷争,互相水火,徒蹈宋明积习,于时政毫无裨益。即以中国大经大法而论,五帝三王不相沿袭,譬之冬裘夏葛,势不两存。用特明白宣示:嗣后中外大小诸臣,自王公以及士庶,各宜努力向上,发愤为雄,以圣贤义理之学,植其根本,又须博采西学之切于实务者,实力讲求,以救空疏迂谬之弊。专心致志,精益求精,毋徒袭其皮毛,毋竞腾其口说,总期化无用为有用,以成通经济变之才。

这道上谕的关键,其实就是翁同龢所说的"西法不可不讲,圣贤义理之学尤不可忘",与张之洞所表述的"中学为体,西学为用"异曲同工。而具有实质性的变法内容,仅是创办京师大学堂。与康有为所主张的激进变法,相差甚远。

12日早上,皇帝与军机大臣讨论在宫内接见外国使节,翁同龢再次表示反对,于是"颇被诘责"。双方还就对张荫桓的看法问题展开长时间的争论,最后不欢而散。

13日,皇帝命于6月16日召见工部主事康有为、刑部主事张元济、道员黄遵宪、补用知府谭嗣同着送部引见,并命总理衙门查看举人梁启超后具奏。

14日中午,翁同龢从城里参加了皇帝与军机处的议事后赶到颐和园,慈禧太后嘱他先去吃饭。一切都是平静的。

15日是翁同龢的生日。早上他来到颐和园的军机处值庐后,太监突然通知说,翁某不必进见。这就异乎寻常了。看着其他军机大臣进入皇帝处理政务的殿堂,翁同龢意识到肯定有重大事情发生。他独坐着,望着窗外的沥沥雨丝,把五匣文件整理好,交给苏拉(服务人员)。同僚退出后,他读到光绪皇帝的硃谕:

> 协办大学士户部尚书翁同龢,近来办事多未允协,以致众论不服,屡经有人参奏。且每于召对时,咨询事件任意可否,喜怒见于词色,渐露揽权狂悖情状,断难胜枢机之任。本应察明究办,予以重惩,姑念其在毓庆宫行走有年,不忍遽加严谴。翁同龢着即开缺回籍,以示保全。特谕。

翁立即离开值房回休息处,然后请军机章京代撰谢折(被皇帝开缺了还要感谢)。军机大臣刚毅、钱应溥、廖寿恒前来看望,翁同龢穿上正式官服与大家告别。由于明天还要向皇帝磕头,他在颐和园留宿一夜,晚上,与三位军机大臣"痛谈"。

16日早晨,康有为在颐和园仁寿殿受到皇帝的召见,被任命为总理衙门章京。李鸿章来看望翁同龢,三位军机大臣退值后也来谈话。午后,皇帝起驾回宫,翁同龢急忙赶赴宫门,在道边磕头。皇帝注意到了这位花白头发的老人,"回顾无言",翁"亦黯然如梦",他与皇帝的最后一次见面就这样结束了。

翁同龢对于自己的政治生命就此完结完全没有思想准备,整个朝野也为之震动。通常认为,翁同龢的被逐,是后党破坏变法的一个步骤,是慈禧太后强迫光绪颁布的上谕。也有人发现,变法在翁同龢被逐后,反而如火如荼地开展起来,故推测是皇帝为了变法而被迫与太后达成的一笔交易。大家都以为,光绪在刚刚宣布了"定国是诏"后的第四天,就痛失股肱,从某种程度上预示了变法后来的失败悲剧。

几年前，历史学家孔祥吉先生从第一历史档案馆的档案中发现，开缺翁同龢的上谕是光绪亲笔所拟，这在当时是异乎寻常的。因为通常谕旨都是军机处"票拟"，而太后的意见，则用"钦奉懿旨"的方式发布。孔祥吉指出，迄今为止尚未发现光绪亲政期间有任何一条硃笔谕旨，是慈禧太后将自己的意志强加给德宗的。而变法期间光绪亲拟的上谕，都是至关重要的问题，如9月4日对违抗谕旨，阻挠上书的礼部堂官怀塔布、许应骙革职惩处，对敢于上书言事的礼部主事王照超擢四品京堂之谕；9月6日任命谭嗣同等四人为军机章京之谕。这些亲笔硃谕都强烈地体现了光绪本人的意愿。

这样，自然就引出了另一个相反的结论：把翁同龢从身边赶走是皇帝本人的主意。皇帝对自己的这位老师，已经厌倦了，觉得他碍事了，不需要了。

1898年春秋之际，北京政坛扑朔迷离，变化多端。翁同龢与他那有二十三年师生之谊的皇上之间究竟发生了什么冲突，使得光绪在变法伊始，非要用如此决然的手法和严峻的语气，将他开缺呢？起码可以用些"年老致仕"的和缓措辞吧。翁同龢被别人认定为帝党的头号人物，皇帝是否认这个账？天性懦弱而又极想有所作为的皇帝，其实有时做事也很刚愎，他与谁共谋了此事？慈禧太后事先知道这一重大人事变化吗？

有人猜测，是翁同龢对于变法的态度出现退缩动摇，明哲保身，致使皇帝对他产生不满；有人怀疑是新党内部的倾轧；也有人认为，甲午之后，李鸿章淮系败落，翁同龢以帝师而兼枢密，成为京中最有实权的大老，翁的性格和处世方式不仅使得高层人物对他不悦，连皇帝也难以忍受。由于以往的历史研究只讲人物的政治倾向，而从不论及人物的性格，所以翁性格上的缺点一直

没有被史家重视。金梁《四朝佚闻》谈到翁同龢时曾说:

> 翁好延揽而必求为己用,广结纳而不能容异己。沈(桂芬)李(鸿藻)王(文韶)阎(敬铭)初皆交好,终致参差。即与潘祖荫同直,亦不免意见。至于礼(世铎)庆(奕劻)荣(禄)刚(毅),更久为所轻,故遇变乃争下石焉。

这些方面的人际关系确实值得引起重视。可惜我们对此知道得实在太少,自然难以确切地说出翁同龢被黜的原因。另外,还有一点也是清楚的:政治残酷,官场无情,天威难测,任何人都能成为牺牲品。翁同龢服官一生,教育过两个皇帝,到了六十八岁,依然在劫难逃,这可能真是天数。

呜呼哀哉,尚飨!

六

从地图上看,翁府所在的二条胡同与李鸿章在京行辕贤良寺在同一街区(参《半生名节》篇地图,18、19页)。步行而去,不过十余分钟。这个街区北面的金鱼胡同,随着昔日神机营旧址的拆除和王府饭店的耸起,已经成为北京市中心最为高级的地段。神机营西侧的贤良寺主体连同李鸿章故居西跨院,现改造成为校尉小学。街区的西北角,著名的东安市场正在重新改建。群楼巍峨,车水马龙,一片新城区的繁华景象。

街区南部,南起长安街,北到协和医院,东起东单北大街,西至王府井大街这样一块占地约十公顷的区域,便是香港实业家李嘉诚麾下长江实业(集团)有限公司投资二十亿美元建造的东方广场。按照设计,东方广场是一幢集商贸、办公等多种功能为一体的综合性大厦。东西宽四百米,楼高八十米,总建筑面积八十五万平方米，相当于人民大会堂的四点七倍。目前，除了王府井大街南口的美国麦当劳快餐店外，整个区域包括东单二条和王府井新华书店均已夷为平地，而各方人士为了这个北京心脏地带的建设项目，又展开了一场激烈的争议。

时间已是 20 世纪末叶了。中国历经了重重曲折和磨难，面临的也不仅仅是前工业社会器物层面的更生和政治集团的争论，中国人又回到了讨论人与现代化，人在未来社会中与自然、与环境的和谐这样一些形而上的哲学意境中来。站在翁同龢、李鸿章们曾经生活过争执过的土地上，检讨知识分子的历史命运，我们的眼光应该更加深邃。

1995 年初稿

2003 年修订

附　记

东方广场如今早已落成。广场一层和地下的"东方新天地"，是北京青年人追逐时尚的地方。记得 2001 年底，三联书店曾在"东方新天地"的"热带雨林餐厅"举行过一次作者联谊会，我看到许多著名老作家、老学者端着卡通式的自助餐盘子，在布置着各种趣怪动物模型和假树假景的餐厅里穿梭，就忍不住发笑。而书店选择"热带雨林"聚会，本身也显示出它与时俱进的勃勃生机。广场地面，那一堆方方正正、把容积率使用到极限的建筑群，常常是知识分子批评的话题。广场中央的东方君悦大酒店，是北京目前最高档的超五星级宾馆。酒店最迷人之处，是地下二层的超大游泳池。在人造星空下，1500 平方米的碧波连同真真假假的棕榈树和沙滩，给所有的休闲者营造了一个难以忘怀的梦幻世界。

东方广场的拆迁工地（1994年摄），画面的近端是王府井大街南口，远端为东单路口，东单二条胡同已经夷为平地

东方广场东侧就是从前东单二条的胡同口，翁同龢故居已不可寻。建筑物后面露出来的大屋顶房子是协和医院，其南面的路名是东单三条　姜鸣2003年摄

最近，孔祥吉先生又从日本外交文件中发现总理衙门大臣张荫桓与日本驻华公使矢野文雄的秘密谈话记录：

窃思本事件，系清国政府内有某种变动之兆候，遂于当天本使访问张荫桓，兹将所闻，概记如下：

翁氏免官，其原因之来甚远，先年日清战争主张开战者，即是此人。该事件以来，清国多灾多难，尔后，翁所主张之诸多政策不合时宜，又由于翁氏在清廷内部往往被视为专权骄恣。此种状态渐为积累，遂导致此次结果。

又关于近期德国亨利亲王谒见一节，翁坚拒皇帝与之进行握手之礼。而皇帝采纳其他革新派的意见，当日果然行之。于是，翁对皇帝大放怨言。另外，当外使来访之际，大臣应该陪食飨宴，而翁又拒不出席。翁对诸事之意见都被排斥，其愤怒之心显诸行迹。诸如此类，又成为被罢黜的主要原因云云。

这条新史料，把翁同龢被贬斥同5月下旬接待亨利亲王的礼节争议乃至罢宴直接联系起来，虽然只是张荫桓的说法，但翁的态度和上谕所说"每于召对时，咨询事件任意可否，喜怒见于词色，渐露揽权狂悖情状"是对得上的。但是否就是翁氏被开缺的原因，还需继续研究。

2003年10月31日记

清流·淮戚
关于张佩纶二三事

一

时下喜欢张爱玲的读者很多,但知道张爱玲的祖父张佩纶的人极少,甚至连博学多才的张爱玲本人,似乎也不太清楚。在近代史上,张佩纶是个很有影响的人物,犹如张爱玲在现代文学史上一样。在后来的相当一个时期,他们祖孙二人都被冷落了,直到近年,张爱玲忽然被文学界热络地炒作起来,而张佩纶研究依然寂寞。朋友曾邀我写本张佩纶的传记,可惜我冗务在身,不敢贸然应允,但我内心中,却是真想抽出时间做点深入的研究。

按《对照集》的说法,张爱玲仅仅知道祖父是李鸿章的女婿,而她得悉祖父的名讳,竟然还是来自她的弟弟:

> 我弟弟永远比我消息灵通。……有一次他仿佛抢到一则独家新闻似地,故作不经意地告诉我:"爷爷名字叫张佩纶。"
> "是哪个佩?哪个纶?"
> "佩服的佩,经纶的纶,绞丝边。"
> 我很诧异这名字有点女性化,我有两个同学名字就跟这差不多。

此外,她对祖父的了解,就完全局限在小说《孽海花》中的

张爱玲

张佩纶　此照为流放归来后所摄,老友陈宝琛见照曾赋诗云:"梦中相见犹疑瘦,别后何时已有髭?"相貌大约和青年时代已有区别

庄仑樵了,甚至以为李鸿章被张佩纶参劾过,因而"褫去黄马褂,拔去三眼花翎",使我惊诧不已,正好印证了一句老话:"文学家是不读历史的。"

张爱玲又说:"我祖父出身河北的一个荒村七家坨,比三家村只多四家,但是张家后来也可算是个大族了。世代耕读,他又是个穷京官,就靠我祖母那一份嫁妆。"其实张佩纶之父张印塘早在1819年中举人,镇压太平天国时,曾官居云南按察使和安徽按察使,与李鸿章有着生死之交,这是李对张佩纶青眼有加的重要原因。虽说当时恰逢战乱,张印塘又死得较早,但印塘的曾祖、祖父都是秀才,印塘本人,娶一妻二妾,生六子七女,想来张家应该不致太穷。此外,张氏老家,应是直隶丰润的齐家陀,比三家村只多四家的荒村"七家坨"云云,也是张爱玲自己的想当然。

张爱玲把自己对祖先的无知,归结为父母"在思想上都受过五四的影响",对子女绝口不提上一代,我以为这个理由是勉强的。她又称她对祖上的了解,都靠"自己'寻根',零零碎碎一鳞半爪挖掘出来的,所以格外珍惜",其实她只要抽空看看父亲张志沂出资刻印的祖父全集《涧于集》,哪怕是父亲在书后所附的跋语,就肯定会知道得更多且更准确一点。然而她既无兴趣,更不在乎,这恐怕才是受过"五四"影响的世家子对前朝遗事的态度。

现在常见一些作者不经考证,就按着《对照集》的说法去写张爱玲的家世,结果在许多地方都搞错了。

二

张佩纶,字幼樵,号蒉斋,直隶丰润人,1870年中举,次年联捷进士、入翰林院，年仅23岁。当时人说他"长身伟干，天资聪颖过人，读书目十行并下"。在光绪初年的政坛上，他是锋头极健的"清流"人物，与张之洞、宝廷、黄体芳合称"翰林四谏"。所谓"清流"，是当时官场中的一批言官，取法儒家传统，以刚正不阿、主持清议、议论时政、纠弹大臣出名。时人称作"今日一章，明日一疏，专事弹劾，遇事风生。贪庸大吏，颇为侧目。朝廷欲播纳谏图治之名，亦优容之。于是遂有清流之号"。以张佩纶为例，1875至1884年间，共上奏折127件，其中弹劾和直谏的占三分之一。崇厚擅签《里瓦基亚条约》，割让伊犁周边土地予俄国，张佩纶上奏极言其非。尚书贺寿慈、万青藜、董恂，皆因种种劣迹被其劾去。弄到后来，一疏上闻，四方传诵，成为一股强大的政治势力，连张佩纶爱穿竹布长衫，都有人竞相模仿。

　　张佩纶的弹章写得极好，这在当时是有公论的。他曾上《疏陈大员子弟不宜破格保荐折》，称四川总督丁宝桢特膺保荐大学士宝鋆之弟候补道宝森，恐以虚誉邀恩；刑部郎中翁曾桂系翁同龢侄子，京察列入一等，恐为奔竞夤缘者引为口实。当日，军机大臣王文韶即在日记中称其"风骨崚嶒，可谓朝阳鸣凤，无形之裨益良多也"。而翁同龢也认为，"张侍讲原折甚切实，真讲官也"。这样的评语由被批评的人讲出来，可见其立论及文字的把握都到了炉火纯青的地步。但也有被骂得急了的时候，如张佩纶谈论丁戊奇荒，说河南数百万灾民不死于荒而死于部臣之心术，翁同龢就抱怨，"吾辈何苦在此席为人指摘唾骂耶？"1882年，云南报销案起，案涉王文韶，御史洪良品、邓承修连续奏劾不能动摇其地位。张佩纶旋上三折，终使王文韶挂冠而去。稗史中说，后来王文韶东山再起，出任直隶总督，"见文卷中有张手笔，自谓愧对"。

王文韶是否有此雅量我不知道，但张佩纶在政坛上的杀伤力，一时间真是无与伦比。

一般认为，前清流奉军机大臣李鸿藻为领袖，政治上趋于传统保守，凡稍谈外交、识外情者，咸斥之汉奸大佞，痛诋不遗余力，是洋务派的主要对立面。然而，政治层面的实际运作远非如此，从现存李鸿章与张佩纶间的数百封通信看，他们在关于朝廷政治的各个方面都有深刻而坦率的沟通。张佩纶曾对李鸿章说："作清流须清到底，犹公之谈洋务，各有门面也。"读过张氏的这些信札，我确信所谓"清流"，恐怕真的只是他的门面而已。

锋利无伦的张佩纶从来不攻击李鸿章，这同张佩纶之父张印塘与李鸿章是早年旧识有关。李鸿章回忆，"方江淮鼎沸，独君（张印塘）与鸿章率千百羸卒，崎岖于扰攘之际，君每自东关往来庐州，辙过予里舍，或分道转战，卒相遇矢石间，往往并马论兵，意气投合，相互激励劳苦。余谓古所传坚忍负重者，君殆其人。"1879年夏，张佩纶丁忧去职，收入窘迫，李鸿章在给前江苏巡抚张树声之子张华奎的信中说，张佩纶丰才啬遇，深为惦念，不如到北洋担任幕僚。张树声本是淮系中的第二号人物，张华奎在北京又同清流走得很近，人称"清流腿"。李张接近，是他为之拉拢牵线。后来张佩纶出京赴苏州迁庶母灵柩，李鸿章以资助营葬名义向其送钱。张佩纶在1879年9月10日日记中说：

> 申刻，合肥（李鸿章）来答拜。承假白金千两，为营葬之需。并委四兄充津捐局绅士，月领三十六金。先世交情之耐久如是，孤儿真感德衔悲也。

这种你中有我，我中有你的关系，使得官场的人际关系错综复杂。1880年初，李鸿章在回复张佩纶给他的请求为张印塘作墓表的信中说："鄙人与尊公为患难之交，承以表墓相属，奚敢不以文辞？"不久张佩纶过津，李鸿章邀其小住两旬。讨论水师将才、进退人事及北洋水师规模，并周览大沽炮台。从此他们私下走得很近。费行简《近代名人小传》谓："佩纶初弹劾鸿章，鸿章以五千金将意，且属吴汝纶为介，张李遂交欢。"此说依据何在？不详。不过，李鸿章答应撰写的"原任安徽按察使司按察使张君墓表"，倒是吴汝纶代的笔。1883年底，张佩纶出任总理衙门大臣，他两三天就与李鸿章通一次信，署中大小事情都逐一报告，简直就像是李派进去的眼线。

清人李慈铭说："近日北人二张一李（指张之洞、张佩纶、李鸿藻）内外唱和，张则挟李为重，李则饵张为用。"这是当时官场的普遍看法。但张佩纶与李鸿章早在中法战争之前就结成了紧密关系，却似乎从未为外人洞察，更没有发现他其实是李鸿章同李鸿藻沟通的一座桥梁。张佩纶前述日记中还提到："高阳师（李鸿藻）以余南下，嘱合肥加意相待，可感也。"从某种程度上可以说，张以二李为体，二李以张为用，才使得19世纪80年代上半段的晚清官场显得色彩斑斓。

1880年1月2日，张佩纶与张之洞饭后高谈阔论，他们认为：

> 道光以来人才，当以陶文毅（澍）为第一，其源约分三派：讲求吏事、考订掌故，得之者在上则贺耦庚（长龄），在下则魏默深（源）诸子，而曾文正（国藩）集其成。综核名实、坚卓不回，得之者林文忠（则徐）、蒋砺堂（攸铦）相国，而琦善窃其绪以自矜。以天下为己任、包罗万象则胡（林翼）、曾（国藩）、左（宗棠）直凑单微，而陶（澍）实黄河之昆仑、大江之岷也。今左恪靖（宗棠）虽大功告成，而论才太刻、相度未宏，绝无传衍衣钵者。闻阎丹初（敬铭）得其精而规模太狭，李少荃（鸿章）学其大而举措未公，不知将来孰作嗣音也。

这是一个宏大的角度，与今人所论颇有不同。在这个视野中，二张认为李鸿章学陶澍之大而举措未公，可以说是有独到识见的。

但在私下，张佩纶似乎跟定了李鸿章。1882年，李鸿章因母亲去世，请假去武汉奔丧。行前，他安排张树声做自己的替手，在他丁忧守制期间，由张树声署理直隶总督兼北洋大臣。张佩纶私下同张华奎约定，协助张树声进行北洋海军建设。但当张佩纶得悉李鸿章获朝廷挽留，将夺情复出，而李对他与张家父子的接近颇不以为然的态度，就不惜与张树声翻脸，通过李鸿藻控制的军机处，否定了张树声的提名，使张讨了个老大的没趣。

限于史料缺乏，有许多事情我还一时理不出头绪。比如张佩纶1882年弹劾王文韶事件。张的原配朱芷芗的父亲是大理寺卿、长期担任军机章京的朱学勤。朱学勤十几年中深得恭亲王的信赖，协助其处理大量政务，"声气灼甚，外吏争走其门。"（李慈铭语）曾国藩谓之"学足论古，才足干时，枢辅之重器也"！张佩纶在京时，一直寓居在北半截胡同朱家，这个地点与李鸿藻、陈宝琛居住的丞相胡同紧挨，走动极为方便，陈氏诗中，有"十载街西形影随"之句。而王文韶的儿子王庆桢1879年娶了朱学勤另一个女儿，张佩纶就与王庆桢成了连襟，张王二家结了"新亲"。王文韶与张佩纶交谈后，认为他"学识人品俱好，可敬也"，显然，他也可以成为张佩纶攀附的又一座靠山。什么原因使得张佩纶非要同王文韶反目呢？张佩纶在奏折中表示："臣与洪良品、邓承修、景廉及其子治麟均无一刺往来，而王文韶究涉姻亲，并无嫌怨，揆之人情，即不欲稍自贬损以阿附之，亦断无从而下石之理。实以机务至重，时会方艰，若不决去贪人，无以儆惕有位。血诚披沥，不敢顾私"云云，他是否就是这样地坚持原则、坚持正义，内中没有其他隐情？比如李鸿藻是否愿意借此

清流·淮戚

机会搬掉同僚王文韶？张佩纶难道就不可以像对待李鸿章那样，回避批评王文韶吗？

政治是一个错综复杂的利益场，恐怕没有什么单纯的"清流"。同样，李鸿章对张佩纶，既有欣赏的成分，又有利用的考虑，这是不言而喻的。

三

1884年中法战争爆发后，清廷下谕，委派36岁的张佩纶会办福建海疆事宜。张佩纶已刊日记中，本年记载全部阙如，使得后人难以知道他接获任命时的确切心态，但从各种蛛丝马迹分析，他的感觉未必是后人猜想的春风得意。

朋友们在陶然亭为他送行，清流健将宝廷作诗曰：

友朋久聚处，淡泊如常情。偶然当离别，百感从此生。

人生各有事，安得同止行？各了百年身，甘苦难均平。

古今几豪贤，畴弗有友朋。离别亦习见，别泪例一零。

今日天气佳，有酒且共倾，勿作祖帐观，联辔游江亭。

俯视大地阔，仰视高天青，余生尚几何，愿醉不愿醒。

宝廷本人，官至侍郎，却在前年出学差返京的路上，买船妓为妾，自劾挂冠而去，论者多以为这是他自保的一种策略。晚清清流消长兴衰，不可解的疑问尚多，此即未解之谜也，暂且不作讨论，但从这篇诗歌的气氛看，送别的气氛是压抑和低调的。

作为钦差大臣，张佩纶开始主持福建海防。当时闽省官场"十羊九牧"，疆吏大员，有闽浙总督何璟、福建巡抚张兆栋、福州将军穆图善、船政大臣何如璋。论资历、论科名，张佩纶都比他们差，然而他是新贵，朝中大受宠信，于是大家对他恭恭敬敬，称他"幼翁",将大局交他主持。

关于这次任职,李鸿章曾私下分析"自系当轴忌其多言,然未始非磨练英雄之具"。张佩纶自定的方略是先"将船政、台事及各处防务查明复奏,静听朝命。召回,中途乞病,不召,设辞乞病",这不失为在当时错综复杂的政治环境中谋求自保的一种选择。但到了福建,却又踌躇满志,准备一展抱负。殊不知,此行正是他身败名裂的开始。

清政府对于中法越南冲突在处置方案上一直举棋未决,甚至当法国军舰开进闽江,同中国军舰交错停泊的时候,依旧和战不定。张佩纶虽是书生,也懂得先发制人的道理,可是军机处愣不同意,却又训令他"法人如有蠢动,即行攻击",不可放法舰出闽江。这就注定了最后的悲惨结局。中法军舰在双方的火力圈中对峙了一个多月,达摩克利斯之剑时时悬在头顶,我想,无论谁都会绝望。依张佩纶之绝顶聪明,他自然预感到了。在给侄子张人俊的信中他说:

> 南援不来,法船日至。闽已苦守四十余日,止能牵制。而忽令阻其勿出,以至法不肯退;忽令如蠢动即行攻击,以至闽仍不敢先发(此时先发亦败)……澶渊之德不成,街亭之败难振,命也!

果然,当法国人在8月23日开炮袭击时,中国军舰连同生产这些军舰的福州船政局,顷刻之际便被摧毁(船政局的造船设备连同技术,全部是从法国引进的)。在法国大炮轰鸣声中,张佩纶带人上中岐山上观战,亲眼目睹了江面上炮弹横飞,水幕冲天的悲壮场面。开战必败的心理准备虽然早已有之,但败得这样快这样惨却是未曾想到。数月之前,京师之中指点江山,挥斥方遒,何等潇洒气派。如今,他却体验到身败名裂、罪无可绾的绝望心情。后来，民间传说他一闻炮响，放弃指挥，跣足而奔，一气逃了几十里，行抵鼓山，乡人拒不接纳，只能匿居庙中，而遭北京言官弹劾。虽经左宗棠奉旨查核，力奏无此情节，最终仍被流放军台效力。福建人将他和另几位大员何璟、何如璋、张兆栋放在一起，作词讽刺："两个是傅粉何郎，两个是画眉张敞"，描绘得十分不堪。张佩纶从此结束了他的从政生涯。

马江之败是前清流趋于沉寂的转折点。近代中国的不幸不是言官太多，而是具备实际操作能力的政治家、外交家、军事家太少，国家尚未从封建专制中挣脱出来，综合国力无法同发达国家抗衡。当然，书生典兵，本来含有以文制武，防止军人专权的政治考虑，其在中法战争中的实际运用，却是慈禧太后腻味清流们喋喋不休的高论而设的一条借刀杀人毒计。中法战争的外部结果，是中国失去了对越南的宗主权；从本国政坛的变化看，则是以恭亲王奕訢为首，包括李鸿藻在内的全班军机集体下野，和清流健将们的铩羽而归。

李鸿章拒绝了张佩纶要他派军舰援闽的要求，张佩纶心中不满却也无处发泄。李鸿章认为张主动选择驻扎船政局而不是驻扎在福州本身就是意气冲动："公会办实系贬谪，只合浮湛，乃如此勇于任事，又任必不可任之事，为中外众射之的，能毋痛惜耶？"事后给予张佩纶真实关爱的，仅有李鸿章，所以张佩纶只能苦涩地接受这份关爱。作为清流，他没有"清到底"的气度，依附李鸿章这棵枝繁叶茂的大树，就成了他后半生的选择。

一百多年来，关于张佩纶马江之战的故事，似有越描越黑的趋势。张爱玲说他在"大雨中头上顶着一只铜脸盆逃走"，张爱玲的弟弟张子静表示，他读了唐振常先生在《新民晚报》所写"张佩纶徒事空谈"，说张在马江战败逃难时还携猪蹄大嚼，感觉很是难堪。究竟有没有顶铜脸盆或嚼猪蹄，恐怕现在难以考证清楚了。当年左宗棠上奏为张辩诬，陈寅恪先生《寒柳堂记梦未定稿（补）》中解释，是左的幕僚谢章铤与张的密友陈宝琛交谊甚笃。我不太相信这个推测，因为仅凭幕僚与陈宝琛友善，似乎还左右不了左宗棠，何况当时陈宝琛也受到攻击，自身难保。后来我读到李鸿章给张佩纶的一封信札，提到左氏出京时即面告李鸿章："幼樵与彼交好，马江之挫可惜"，李对张分析说："此老尚顾名义，当不至媒孽颠倒"，显然，左宗棠的面子是卖给李鸿章的（也不排除同时卖给李鸿藻的）。陈寅恪先生又说"马江战败，丰润（张佩纶）因之戍边，是丰润无负于合肥（李鸿章），而合肥有负于丰润，宜乎合肥内心惭疚，而以爱女配之"，其实李鸿章在处理中法战争时的态度，完全是按自己的逻辑行事，爱女嫁张，决计不是"惭疚"的原因。官场的人际关系是复杂的，比如李鸿章在1886年春安排亲信幕僚章洪钧出任宣化知府，说是能与流放张家口的张佩纶就近走动，"为戍客添谈助"，同时招翁同龢的舅子汤伯述入幕，李翁两家的关系，局外人又岂能说得清楚？

四

从照片上看，中年的张佩纶略显肥胖，脖子很粗，眼泡浮肿，留着唇髭，毫无精明强干的样子。倒是他的夫人，风姿绰约，仪态端庄，一副大家闺秀的风范，肯定比孙女张爱玲长得漂亮。张佩纶一生三次婚姻，继室边粹玉的令尊边宝泉从陕西按察使做到闽浙总督。第三位夫人就是李鸿章的女儿李经璹（小名鞠耦）。就丈人的地位而论，一个比一个高。边夫人1886年故世后，李鸿章将女儿许配给他续弦，可见对他的看重。鞠耦是个才女，深得父亲的钟爱,一直带在身边,直到二十三岁方才定亲,在当时属于晚婚。1888年5月21日,张佩纶结束了流放生活,离开张家口戍所,李鸿章为他支付了2000两银子的流放费用。他返京后专程去天津见李,6月14日,李鸿章致电李鸿藻说,张佩纶在此小住十日,"秋后再来"。这次相见,他们估计谈论了张的亲事。同日,李鸿章在给驻德公使洪钧的信中说,俾斯麦若生在中国,"必为清流所攻",而在日本,则将成为伊藤博文。一天里说这两番话,倒是很耐人寻味。

同年11月15日,张佩纶在天津举行了第三次婚礼,正式娶鞠耦为妻。李鸿章对朋友说:"幼樵以北学大师,作东方赘婿,……老年得此,深惬素怀。"原信底稿上还有"回忆婚姻之约,原在十年之前,星纪已周,冰绳仍寄,固云凤契,亦是前缘"数语,定稿时被李鸿章圈去。张佩纶的原配朱夫人殁于1879年6月24日。9月,张佩纶赴苏州迁葬母亲灵柩,途中与李鸿章在天津见面,建立起直接联系。此处婚约云云,不知二人究竟是如何确定的,但李对张个人才华的欣赏,却是贯彻始终的。野史记载,张佩纶自戍所回来后曾做鞠耦的家庭教师,由此擦出爱情火花,张爱玲说张佩纶是在李鸿章衙中做记室,某日"在签押房里惊鸿一瞥看见东家如花似玉的女儿",李鸿章就通过别人,暗示张佩纶前来提婚,这些记载,显然都不正确。倒是在1880年前后,张佩纶就做过李鸿章儿子李经述的私人老师。

张佩纶比鞠耦大十七岁,是个死过两任太太且又"犯过严重错误"的刑满释放分子,因此在局外人眼里,这场婚姻大为奇怪,各种议论纷至沓来。有人做对联曰:"老女嫁幼樵无分老幼,西床变东席不是东西。"又有人做诗曰:"蒉斋学书未学战,战败逍遥走洞房。"惟张李伉俪,感情尤笃,吟咏之乐,甚于画眉。各种浮

李鸿章夫人赵小莲和女儿鞠耦

鞠耦和她的儿女,左边男孩为
张爱玲的父亲张志沂

言，一概不予理会。在张佩纶日记里，常有"以家酿与菊耦小酌，月影清圆，花香摇曳，酒亦微醺矣"，"菊耦小有不适，煮药、煎茶、赌棋、读画，聊以遣兴"，"菊耦生日，夜煮茗谈史，甚乐"这样的记载。

婚后，张佩纶与太太住在天津直隶总督衙门，有时也给李鸿章出出主意。到了甲午中日战争爆发，李鸿章之子李经方企图出任前敌统帅，为张所阻，郎舅竟成水火，当时有"小合肥欲手刃张蒉斋"之说。旋有御史端良上奏弹劾，光绪帝表示"革员张佩纶获咎甚重，乃于发遣释回后，又在李鸿章署中，干预公事，屡招物议，实属不安本分。著李鸿章即行驱令回籍，毋许逗留"。李鸿章接旨后上密折，为张佩纶辩解：

> 张佩纶曾为翰林院侍讲学士，以直言敢谏蒙皇太后、皇上特达之知。擢署都察院左副都御史，并非捐纳杂流毫无行检者比。马江之役，以船旧兵单为法所乘，获咎遣戍军台，人犹谅之。是年臣适入觐京师，召见时蒙皇太后垂问，臣即以张佩纶经此挫折，阅历益深，人才难得，若竟废弃终身，殊属可惜等语奏对，瞻仰慈颜，似尚不以臣言为谬。其时臣未与缔姻，无所用其袒护也。及该已革学士释戍言旋，……臣察其意气已平，学养益粹，留署深谈，乃始妻以臣女。夫人无贵贱贤愚，孰不爱其子女，臣久忝兼圻，何难求一快婿？即张佩纶尚为学士，年齿相悬，申以婚姻，已不谐之俗见，况系军台释放回之废员，使非臣深悉其立身之本末，安肯以爱女而畀之品行有亏之人？此臣区区怜才之苦心，不待自明，而可上白于朝廷，下质于天下后世者也。若如端良所云，先以夤缘，继以姻戚，则臣虽衰朽之余，不应不近人情老悖至此。

又说张佩纶虽住在直隶总督衙门，却从不干预政事：

> 张佩纶在臣处杜门谢客，外人罕见其面。近日宦途拥挤，或因其与臣至戚，干求奔竞，踵门投书，张佩纶崖岸过峻，一概拒绝。……至其常在署中，亲戚往来本属无干例禁。臣忧深责重，以张佩纶持论虽多偏激，心地极为忠诚，遇有疑难之事，间亦与之商榷，而张佩纶犹拘执姻嫌，竟至畏首畏尾，不赞一辞。臣心颇怪之，尝告以胡林翼之于陶澍、沈葆桢之于林则徐，均以女婿在署裹办公事，未闻有所避忌。汝曾任大员，留心时事，岂宜一蹶之后，遂于军国要务漠不关怀，未免忧谗畏讥，太形偏隘。而张佩纶操心虑患，矢志不回。近年以来，臣亦听其匿迹销声，不复与谈世事矣。

李鸿章还说张佩纶现已病痊回里，无待驱逐。惟张是直隶人，凡在直隶境内，无不可以寄居，能否仍让他住在天津？然而此时已是黄海海战之后，李鸿章自己的处境也如同张佩纶当年经历了马江之败，完全成为众矢之的，所以光绪帝断不同意。张佩纶不得不偕妻南下，定居金陵，自谓"从此浪迹江湖，与伯鸾赁春、元节亡命无异"。此处"伯鸾"是著名成语"举案齐眉"故事中的梁鸿，他是东汉初年的高士，隐居乡间，为人舂米谋生。"元节"是谭嗣同绝命诗"望门投止思张俭"一句中提到的张俭，《后汉书·党锢列传》载：他的仇家"上书告俭与同郡二十四人为党，于是刊章讨捕。俭得亡命，困迫遁走"。两个典故都是张佩纶述说自己的落魄。清流时代的密友张之洞此时代理两江总督，以张佩纶为当轴不喜，为避嫌疑，几乎不相往来。张佩纶自叹"孑然孤立，一无倚著，清流以为淮戚而疏之，淮戚又以清流而远之，清流不成清流，淮戚不成淮戚"。

远离政治中心的张佩纶依然关心着政治。及至翌年战败，李鸿章被迫东渡，在日本签订了屈辱的《马关条约》，遭到舆论的一致唾骂，张佩纶也作二千余字长信表示反对。作为政治上的失意者，他熟悉官场的世态炎凉，作为女婿，他更关注李鸿章的身后评价，故引曾国藩处理天津教案之例进行比较：

> 曾文正于丰大业一案所云：内疚神明，外惭清议。今之倭约，视法约何如？非设法自救，即疚惭不能解，而况不疚不惭？蒉恐续假哗然，销假哗然，回任更哗然，将终其身为天下哗然之一人耳。此数纸，蒉中夜推枕濡泪写之，非惟有泪，亦恐有血；非惟蒉之血，亦有鞠耦之血；非惟蒉夫妇之血，亦恐有普天下志士仁人之血。希公审察之，毋自误也。

这几句血泪交加的话语，写得极为沉痛，为我们展示了李鸿章家族内部对《马关条约》的强烈反对态度。李鸿章出国之前，便知此行必是一生名节的毁灭，回国后果然朝野上下，弹章纷飞，国人皆曰可杀。这份激情，宛如当年清流之于崇厚。

五

张佩纶的晚年是在南京度过的。从前的朋友，来往得不多。昔日的恩师李鸿藻在北京向李鸿章抱怨："蒉斋不来一信，与我绝交！"李鸿章向他笑笑，却不忘记把这个细节写信告诉女婿。

张佩纶买下大中桥襄府巷的一座侯府，园中古木扶疏，生活过得颇为闲适，夫妇俩写过一本食谱，还合著过武侠小说。柴小梵《梵天庐丛录》中说，张佩纶"先娶某京宦女，女有兄，曾在曾忠襄公（曾国荃）幕，保至江苏候补道，太平军平后，饱搜典籍，至百余箱，大半皆宋元旧本，未膺大任而殁，孤子七人，长者未成童，幼者尚在襁褓。其弟以抚孤计，亦由顺天府治中改官道员，

位于南京海运学校内的张佩纶住宅。后来，这座房子还成为民国政府立法院的办公地点　苏伟 2005 年摄

指省江苏。张好读,即移眷金陵,得饱观其书。出李夫人奁金,数甚巨,畀其弟,尽得之。在京本有书癖,至此收藏弥丰富,收藏家所藏宋元版本,张特甲于天下"。按此说法,张佩纶曾用李夫人的陪嫁,收购前任舅子的宋元古籍以帮困,倒是两全其美的双赢买卖。

张爱玲回忆说:"我姑姑对于过去就只留恋那园子,她记得一听说桃花或是杏花开了,她母亲就扶着女佣的肩膀去看。"这座宅子,民国年间曾被改为立法院,即今天白下路273号南京海运学校院内。据说当时有三栋房子,南侧为主楼,东西两楼各连一个院子,东楼专为鞠耦居住。现在,这座二层砖木建筑的楼外竖着铜牌,叫作"小姐楼"。这真是奇怪的命名,李大小姐既然出阁,在此地便是主母,哪有将女主人居住的地方叫"小姐楼"的?抗战之中,张爱玲的丈夫胡兰成曾去看过张家老宅,他说那儿"一边是洋房,做过立法院,已遭兵燹,正宅则是旧式建筑,完全成了瓦砾之场,废池颓垣,惟剩月洞门与柱础阶砌,尚可想见当年花厅亭榭之迹。我告诉爱玲,爱玲却没有怀古之思"。

对于祖母,张爱玲同样了解不多。老女仆告诉她:"老太太那辰光总是想方法省草纸","老太太总是给三爷(张爱玲的父亲张志沂)穿得花红柳绿的,满帮花的花鞋子",在她的记忆里,只留下这些大煞风景的片段。胡兰成还说:"她给我看祖母的一只镯子,还有李鸿章出使西洋得来的小玩意金蝉金象,当年他给女儿的这些东西,连同祖母为女儿时的照片,在爱玲这里就解脱了兴亡沧桑。"

其实有其父必有其女。鞠耦不仅是个聪慧的才女,而且关注投资,她在给父亲的家信中曾提到"商局新股票已交仲兄存沪源丰润、庆善两处,候市价稍涨再售。电股遵谕不售"。她还深谙政治运作的秘密。八国联军之役,李鸿章奉诏北上议和,他的亲信

父親大人膝下敬稟者十月廿七寄上一稟並鹹蛋交
滬達都廿九遞得十三日
手諭敬承一一各報謠言甚多得書始釋然旋聞
福體違和當即馳電奉詢而季弟復電乃從滬
轉至初九始接到知
飲食大進日漸康強孺慕稍慰歐兵蹈京聞講口
眾我寡輿蔚自不待言而香杏均有微詞家寄
者香密電行都不知作何議論内密詢張欲商
各國移滬議約令劉張盛与之面議必可挽迴
抑似各國可任意指揮者香杏密商以有礙全
權電復行在若輩明知事甚棘手即竭其才
智宣能辦到好裏無非巧為播弄以見其心思
精密高出全權之上落得置身事外以大言結
主知收清議而已索慰廷謂香入樞垣杏為戶部
始有辦法中國風氣人才如此即炮台不致洋
械仍來亦終不能自強也並聞

大人電内有識香諳杏即電鄖香甚懼以浚乞
留意香杏父甚密小人家不宜結怨早正作稟未
竟久浮
淙電知已遵旨畫押開議惟閩自泰來者述及
慈聖初無罪己之心政府仍是調停之見内憂外侮正
不知如何結局也日來連得大雪天氣甚寒北方
想更凛冽
慈躬初健仍祈
格外珍護敬叩
福綏伏乞
慈鑒兒經時譯稟消乏當隨叩 十一月廿九燈下此書乞勿示人
四弟近好念念 閱後付丙
賁齊屬筆恭叩 福綏

盛宣怀以电报局总办的身份在上海居间联络。鞠耦给父亲的信中就提到盛与两江总督刘坤一、湖广总督张之洞之间的勾结串通。她指出张之洞在内部讨论求和方案时常常空发高论,"明知事甚棘手,即竭其才智,岂能办到好处?无非巧为播弄,以见其心思精密,高出全权（按,指全权大臣奕劻、李鸿章）之上,落得置身事外,以大言结主,知收清议而已"。李鸿章对此当然十分讨厌,曾电告盛宣怀,电报每字收费四角,刘、张空论长电,转报时要删冗摘要,以免糜费。奕劻、李鸿章在给军机处的电报中曾评论说:"不料张督在外多年,仍是二十年前在京书生之习,盖局外论事易也。"盛宣怀立即把这个密电泄露出去。鞠耦则劝告父亲:

> 闻大人电内有讥香（香涛,即张之洞）语,杏（杏荪,即盛宣怀）即电鄂,香甚愠,以后乞留意。香杏交甚密,小人最不宜结怨耳。

这个判断,同李鸿章在1897年告诉儿子李经迈,盛宣怀不过一个道员,家资已数百万,官未显而已反噬的看法完全是一脉相传的。李家人早已看出盛氏的不忠,却没有拉破脸面,利用盛又防范盛。只是远在南京的张太太,究竟如何在上海布下眼线的呢?

1901年2月10日,清廷致电李鸿章:"革员张佩纶虽经获咎,其心术尚属端正,办理交涉事宜是否熟谙?"命李鸿章据实具奏。盛宣怀密告李鸿章:此事"闻出自慈意,因无人用,自可乘机切实奏保"。李鸿章立即致电军机处:

> 张佩纶前在闽省,以船政木船当法国铁甲快船,宜其败绩。嗣在天津,并未参谋戎幕,言者妄加诬陷,其获咎实有可原。谕旨称其心术尚属端正,仰见知人之明。臣以至戚不便保荐。今蒙垂询,该员曾在总署行走,交涉事宜,尚肯用心。现年逾五十,阅历深稳,意气已平,若及时起用,不致

蹈书生迂腐之习，或于时局稍有裨助，请代奏。

次日，清廷赏张佩纶翰林院编修，随同李鸿章办理交涉事宜。张佩纶回电，称翁婿例应回避，且身体不好，予以婉辞。李鸿章回电："内意似怜我老病，派来襄助，义不可却。时艰交涉，有何回避可言？"4月13日，张佩纶到京。不久，在处理交涉事务中，二人观点不同，张佩纶遂乞假归去，从此不再复出。

张佩纶死于1903年2月4日。他去世后，张之洞做诗《过张绳庵宅四首》，内有"劫后何曾销水火，人间不信有平陂"之句。张之洞晚年写了不少怀念清流旧友的诗篇，大约半是作秀，半是真情，历史上的政治家大多如此，倒也无须深究。

如果说，像曾国藩、左宗棠可算是晚清知识分子入仕的成功者，张佩纶则遍尝成功与失败的酸甜苦辣。他的一生色彩斑斓，伴随着历史的波澜起伏跌宕，远较儿孙辈丰富得多。

所以我想，张爱玲声称对此一概不知，真是有点儿可惜。

1998年初稿
2005年改定

昔时金阶白玉堂

漫游军机处

一

故宫保和殿迤北,是一片封闭的广场,也是外朝与内廷的分界。

广场正北面,屹立着内右门、乾清门和内左门,其后便是通常所说的"大内"。广场东面为景运门,这里通向奉先殿（今钟表馆）和宁寿宫（今珍宝馆）,是观光客的必由之路。加上内左门至景运门墙根那一溜平房,开设着食品店和快餐部,恰好给走完半个故宫的游人打尖,所以终日熙熙攘攘,宛如市廛。走乏了的游客席地而坐,把小香槟瓶、快餐盒、空罐头筒弄得狼藉一片,然后,毫不顾惜地拍拍屁股开路走人。这溜平房,本是前清的奏事处,从亲王至御史,凡单衔递奏封章,皆须至此亲呈;在京部院和各省督抚的奏件,也在此转交,以保证直达御前,任何人不得从中拦阻。时过境迁,当年的枢密重地,如今一文不值,便移其旧址经商,化腐朽为神奇,这是当前中国最为寻常的景象。

景运门对面,从内右门到西侧隆宗门那端,历来萧瑟清静,或许是隆宗门终年紧闭的缘故。记得十几年前,隆宗门前立有说明牌,记载嘉庆十八年天理教教众在太监策应下,攻打皇宫至此处,并在门匾上留下一个箭镞云云。现在不时兴阶级斗争,牌子便消失,就像神武门内迎面的照壁上,当年赫然写着毛主席语录:"封建皇帝的城池宫殿还不坚固吗?人民一起来,一个个都倒了。""文革"结束后,便刷新为故宫导游图了。——其实,隆宗门的说明牌,倒很能激起金庸、梁羽生迷追思风尘侠客陈家洛、吕四娘们的无穷想象。

我每次去故宫,必往隆宗门那一带走走。因为这边的墙根,也有对应的一排平房,正是当年的军机处值庐(办公室)。从这里转入内右门,西长街以西,包括养心殿和西六宫在内的若干殿宇,是雍正以降清廷大部分决策的发源地。我之所以去军机处踱躞,大约是有点思古之幽情,想体验一下当年奕䜣、翁同龢、荣禄们在此处理国务的感受吧。

清朝基本沿袭明朝统治体制,设立内阁,辅佐皇帝办理国家政事。内阁以大学士为首领,人们通常把大学士称为宰相。从历史上看,君权与相权从来是一对矛盾。这种矛盾,伴之太监弄权,在明代发展到极点。故清初又设议政处,由八旗王公贝勒组成,凌驾于内阁之上,但又造成议政王大臣专权跋扈。清军入关时,顺治帝福临是个小孩,由多尔衮摄政七年。直到多尔衮去世,福临才获掌权。康熙帝玄烨继位,也受四个辅政大臣控制。他靠内臣索额图杀鳌拜,又造成索额图擅权和以后的明珠擅权。玄烨为了削弱王权、增强皇权,在宫内另设"南书房",票拟谕旨,以分议政处之机要权。到了雍正八年(1730年),雍正帝胤禛利用对准噶尔用兵,设立军机房,从大学士、尚书、侍郎中选拔人员组成,每天觐见皇帝,商议处理军国大事,并且以面奉谕旨的名义,对各部门、各地方官员发布"最高指示",成为朝廷的"书记处",从而架空议政处和内阁,使得封建王朝中央集权达到顶峰。

军机处的全称是"办理军机事务处",根据清末文廷式的考证,"军机"二字,出典于《南史·颜竣传》:"竣出入卧内,断决军机。"作为皇帝最亲近的辅臣,他们的办公室与养心殿仅仅一墙之隔。除了皇宫,在圆明园、承德避暑山庄,以及后来的西苑、颐和园,也都有军机处的办公场所。

虽然军机大臣位极人臣,但在皇帝眼里毕竟只是奴才,所以办公室简陋得难以想象。靠墙是炕床,占了房间一半面积,还有若干桌椅。家具上覆盖着蓝布,积满白花花的岁月灰尘。屋顶装有天花板,更显得房间低矮,与高大神秘空旷的宫廷殿宇恰成明显反差。东面墙上,有黯淡发黑的咸丰帝题匾"喜报红旗"。但这位不幸的天子,在位十一年,面对外患内忧,报捷的红旗,恐怕只是一种想象和企求。在我印象中,军机处从未向游人开放过。每次参观,只能趴在迷蒙的窗前,窥看黝黑的内景,自己觉得寒碜,想想当年的使用者,肯定也寒碜。

二

作为一个农业文明的国度,中国人长期有着早睡早起的习惯。皇帝在清晨处理政务,住在紫禁城外的军机大臣只能起得更早。

从军机大臣王文韶的日记看,他一般在寅初(凌晨3时)入值。光绪七年元旦是丑正(2时)到值庐。散值的时间,多在辰初或辰正(7至8时)。又看曾纪泽日记,他在北京以四五品京官候补时,过得很闲散。一般在辰正起床,子时至丑初(晚11时至凌晨1时)入睡。当被任命为出使英法大臣,进宫呈递谢折并谒见军机大臣那天,却是丑初二刻(1时半)入景运门的。

清亮的月光照映着巍峨黑暗的宫殿群落,照映着宫殿飞檐上安坐的仙人和小兽塑像，给人幽深狞厉的感觉。从东华门入宫走往军机处的长长通道上，没有路灯。不知大臣们是自己打灯笼，还是由太监或护军伴送？我没有凌晨入宫的经历，但有一次，在第一历史档案馆访吕小鲜兄，谈至甚晚，再穿过暮霭深沉、旷无一人的太和殿广场出东华门，已有难以名状的心情。而在旧时，统治者要求臣下的，正是那无可名状的敬畏和恐惧。不过，把上朝时间提早到如此程度，似乎也有点过分。无怪英国历史学家季南（V. G. Kiernan）教授在谈到驻京外交官晚间缺乏社交活动机会时挪揄说：

> 中国的大臣经常要在半夜三点钟这一有碍健康的时间上朝，从而使他们轻易不能参加晚间的宴会。无疑以他们的年纪，到这时他们是需要睡觉了。

由于做事实上的夜班，军机大臣们在离家前总要吃餐夜宵，而军机处值庐廊下，每每也排放着数盘烧饼油条，以供大臣们随时补充能量。看来，烧饼油条作为一种晨间快餐，从前还是雅俗共赏的呢。

军机大臣历来由皇帝直接挑选。所设人员，向无定额。最多时八名，最少时两名。具体而论，乾隆时常设五至七人，嘉、道时常设四至六人，光绪时常设六人。而根据薛福成《庸盦笔记》的说法，军机处值庐"本不甚宏敞，大臣如满六人，坐位固嫌逼窄，相传必有一人不利"。并以光绪年间军机大臣的消长和去世为例进行说明，读来饶有趣味。不管人数多少，权位操于排名第一的领袖军机之手。各种文件奏章，只能由其先阅。其指定某军机传阅，他人不得聚观。至于新进者，不仅没有发言权，每次奏对进出宫殿时，还需趋前卷起门帘，因而被称为"挑帘子军机"，可见同僚之间等级依然森严。

野史笔记中，常把军机大臣比作轿夫。刘体智《异辞录》说：

> 京师舆夫四名，谚云："头一个洋洋得意，第二个不敢泄气，第三个浑天黑地，第四个不知那里。"谈者比以军机大臣。向例，枢臣入值，在御案右旁跪，其跪垫挨次而下，惟居首者奏对。其次则跪处由渐而远，谛听上谕，不能详悉。即有陈奏，上亦不能尽闻，仍由居首者传述。故枢廷数臣，虽云同时入值，然自首座外，其余率非问弗对。京谚以舆夫四人状之，情形毕肖。

金梁《光宣小记》更谓，军机召见时：

> 首为当家者，专奏对，众谓之"军机面"，谓其独得面子也。则以喻轿班前一人，曰"扬眉吐气"。次为备顾问者，非指问不得越对，谓之"军机嘴"，则以喻轿前第二人，曰"不敢放屁"。再次为执笔者，专撰述而不得问旨意，谓之"军机手"，则以喻轿后第一人，曰"浑天黑地"。末为供奔走者，谓之"军机腿"，则以喻轿后末一人，曰"趋炎附势"。可谓刻画入微矣。

军机大臣位极人臣，虽说爬进了帝国决策者的小圈子，但当差实在很累。诸如乾嘉年间的董诰，入值三十八年；同光年间的恭亲王奕䜣，两入枢桓前后亦达二十六七年，每天披星戴月，精力真是惊人。官做长了，也就悟出不少小技巧。他们在膝盖处用圆夹布中置棉絮为衬，使得下跪时不痛。为了免除每日长跪，相传秘诀，无论奏对何事，必以三句为率，并须简浅明白，以免皇帝再问。军国大事，先为膝盖谋之。

研究军机大臣，是研究清史的一把重要钥匙。可惜许多研究者却总是忘记这把钥匙，更谈不上用它去开锁了。举例来说，道光初年，皇帝旻宁倦于大政，苦于奏章不能遍阅。军机大臣曹振镛献策曰：

今天下承平，臣工好作危言，指陈阙失，以邀时誉。若罪之，则蒙拒谏之名。此后中外奏章，皇上无庸遍阅，但择其最小节目中之错误谴责之，则臣下震于圣明，以为察及秋毫，必无敢肆者。

曹振镛出身官宦，父亲曹文埴，为乾隆二十五年传胪（即殿试第四名，或曰二甲第一名），最后官至户部尚书。《清朝野史大观》卷三"枢堂"条载："文正（按：文正为曹振镛的谥号）先人于乾隆朝列正卿，文正生于京邸，明习朝章。"作为高干子弟，曹振镛为人处世谨慎廉洁，操行甚佳，并无纨绔恶习。26岁进士及第，以后官运亨通。《清朝野史大观》又称："军机大臣旧例与入觐督抚不私觌、不留饮，惟于朝房公地延接数次，亦人所共知共见也。文正守此例极严，长白（穆彰阿）便已通融，再后则无之。"道光是个守成、节俭、自以为有识见而其实根本不知天下大势的皇帝，自然喜欢曹振镛的风格，听得进曹振镛的劝说。这样两个君臣的搭配，结果造成一个不痛不痒的天下，钳制人心，不得发舒。道光一死，礼部右侍郎曾国藩便直率地上奏批评："十余年间，九卿无一人陈时政之得失，司道无一折言地方之利病，相率缄默。""以畏葸为慎，以柔靡为恭。"以至太平天国兴起时，地方官仍互相隐讳，不敢上报。可以说，曹振镛当国时期，正是清帝国由盛转衰的关节点。可惜，即便是这样一位重要人物，学术界都没有引起重视，岂不是一个很大的缺憾？

又如，从1827年到1850年一直担任军机大臣的穆彰阿，人称"在位二十年，亦爱才，亦不大贪，惟性巧佞，以欺罔蒙蔽为务"。这几句考语，言简意深，极值得回味思量。穆彰阿三典乡试，五典会试，加之复试、殿试、朝考、庶吉士散馆考差、大考翰詹，几乎无岁不与衡文之役。《清史稿》称他"门生故吏遍于中外,知名之士多被援引,一时号为穆党"。但对此公,学术界除了称他是"投降派",又知道多少？或曰史料太少,其实,相比罗大纲、宋景诗、杜文秀之类草莽英雄,穆彰阿的材料决计不会更少。

再如,1884年"甲申易枢"事件后上台的那班军机处人马,研究也很缺乏。近读樊增祥1890年10月26日给张之洞的密信,专讲当时中枢高官的腐败：

> 都门近事,江河日下,枢府惟以观剧为乐,酒醴笙簧,月必数数相会。近有一人引见来京,馈大圣六百（大圣见面不道谢）,相王半之（道谢不见面）,洨长二百（见面道谢）,北池一百（见面再三道谢）,其腰系战裙者,则不过问矣。……近来政府仍推相王为政,大圣则左右赞襄之,其余唯诺而已。

这里讲的是某人进京时,向军机大臣馈赠银子后各人的态度和反应。信中"大圣"指孙毓汶,"相王"指首席军机礼亲王世铎,"洨长"指许庚身,"北池"指张之万,"腰系战裙者"指额勒和布。这封信为我们了解清末政局,提供了不可多得的史料。这些联结晚清历史枢纽的关键人物,生前权倾一时,死后却备受冷落,假如考问大学历史系的本科生,恐怕也没有几人听说过这些名字,岂不很有点儿滑稽吗？

李伯元《南亭笔记》称,某官去颐和园,回来告诉别人,军机处三间破屋,中设藜床,窗纸吟风,奇寒彻骨。门外有卖食物的小贩,声音嘈杂,军机大臣听得烦了,立予驱除,但没过多久,散而复聚。日将过午,荣禄出来买汤饼,王文韶出来买糖葫芦,鹿传霖出来买山楂糕,聊以充饥。少顷太后召见,有两位军机颇遭申斥,面有惭色,相对唏嘘,而荣禄在旁讥讪,瞿鸿禨随声附和。军机大臣的起居、威严、享用、荣耀不过如此。按这个记载,颐和园东门外的军机处值庐竟是如此混乱不堪,也足以令人发一大噱。

三

政治史研究中另一个更易被人忽略的环节，是政治行为的运作过程。

每一个政治决策的制定和实施，除了有政治家公开发表的言论和实施的行动外，更有大量的幕后谋划和交易，有各种各样的幕僚、文秘人员的参预策划。研究清朝枢垣，也就不能不关注军机章京的行动。

所谓"军机章京"，就是军机处的秘书。起初章京无定额，由内阁中书等官员中选调。自嘉庆四年（1799年）起，定军机章京为满汉各两班，每班八人，共三十二人，从内阁、各部院衙门调派中书、司员、笔帖式等中下层干部兼差。各班设领班、帮领班章京各一员，满语称"达拉密"、"帮达拉密"。以后，还增设额外章京一二员。平时，满汉章京各分两班轮流值日，每班值两日。办公地点，就在军机处值庐正南面紧挨着隆宗门右侧红墙的五间悬山顶的小屋。因此也有人用"南屋"来代称军机章京。

军机章京的职责为处理档案，撰拟文书。乾隆年间，开始起草谕旨。虽官品不高，但接近天子，参与机要，故被人称作"小军机"，还享有挂朝珠、穿貂褂、用全红帽罩等特殊待遇。大臣称军机章京为"某老爷"。每天清晨，皇帝看完各项奏折题本，以指甲做出暗记，军机大臣入对时一一面授旨意，或明发，或廷寄，当面交办，军机再命章京分别拟旨。寻常请安的奏折，皆由章京代拟"朕安"的硃书；明发的上谕，经由内阁部院层层下达，还刊于邸报；廷寄的上谕，则由章京判明其缓急程度，用三百里至八百里不同速度驿递。章京拟旨，若蒙褒奖，则声誉腾播，往往得越级迁升。同治初年著名的"八顾命大臣"中，穆荫、焦祐瀛二人，皆由章京超擢在军机大臣上学习行走，被视作不次之遇。戊戌变法时，光绪采纳康有为的建议："勿黜革旧大臣，而惟渐擢小臣，多召见才俊之士，不必加其官，而惟委以差事，赏以卿衔，许其专折奏事足矣"，旋授杨锐、林旭、刘光第、谭嗣同四人为四品卿衔，任军机章京，参预新政，亦为时人侧目。至于做过军机章京，以后又累官而至军机大臣的，则有彭蕴章、陈孚恩、钱应溥、许庚身、徐用仪等二十多人。他们被称为"红章京"。也有些章京，反应迟缓，旬日无一事交办，为同列讥笑，被唤作"黑章京"。

当年纪晓岚作嘲章京诗，称前者

　　　　流水是车龙是马，主人如虎仆如狐，
　　　　昂然直到军机处，笑问中堂到也无？

又易数字，形容后者为

　　　　篾篓作车驴作马，主人如鼠仆如猪，
　　　　悄然溜到军机处，低问中堂到也无？

虽是戏谑，却将两类人物，勾画得栩栩如生。

曾经做过军机章京的梁章钜，在《枢垣记略》一书里记录了从雍正九年至光绪元年144年间汉军机章京365人的姓名籍贯，以及入值的时间。这是非常宝贵的史料。我据此作了一个统计，发现章京的籍贯虽然涵盖了十八行省，但江浙占据了51.5%，倘若再加上安徽江西二省籍，则两江所辖范围加浙江四省，竟包揽了总人数的三分之二。选择章京主要考虑是否能干，并不考虑地区平衡。这个有趣的数据充分显示了华东地区人杰地灵，中层京官在中枢机构脱颖而出，并成为实际主持业务操作的骨干，这种情况,过去人们也是极少留意的。

清朝官员的自备交通工具多为骡车。那时没有识别牌照,靠车灯显示不同的身份。部院官各书其衙门,用红黑字相间的剪纸贴在车灯上。京堂以上剪纸为方胜如意,南书房、上书房的翰林用书套之式,而军机章京,则为葫芦式,寓缄口之意。缄口的背后,自然是政坛秘密。今人研究1860年北京政变所用的重要史料"热河密札",大多数皆是随驾前往承德的某军机章京,与留京的同僚朱学勤的通信。信中详细叙述了西太后、恭亲王等人与肃顺为首的"八顾命"之间的尖锐矛盾,是从热河传向北京的极有价值的宫廷谍报。这类文献,各个时期都有,由于隐没在缄口葫芦背后,我们知道得实在太少了。

按照清例,章京也不许与地方官来往,更不许与入觐的督抚饮宴酬酢。但到后来,全成具文。章京们不仅顺理成章地接受外官们馈赠的冰敬、炭敬,还替地方官代办各类节令庆典的贺折,各种后门也就开到小军机的府第。有故事说,荣禄当国时,刘坤一为了重回两江总督任所,不得不走荣氏宠信的章京连文冲的路子,连续拜访两次还见不到,最后通过连家的西席夫子行贿。那个西席,乘机漫天要价,从中骗走刘坤一三万二千两银子,而连章京本人却蒙在鼓里。庚子之年,义和团大兴,清廷向各国宣战。宣称:"彼尚诈谋,我恃天理;彼尚悍力,我恃人心;无如我国忠信甲胄,礼义干橹,人人敢死,即土地广有二十余省,人民多至四百余兆,何难剪彼凶焰,张国之威?"这篇传诵一时的诏书,据说就出自连文冲的笔下。可是后来,形势剧变,甲胄干橹全不顶用,洋人以连文冲通义和团,指索欲惩。荣禄遂将连外放江西做知府,阴差阳错,撞到刘坤一的手下。连文冲向刘坤一说,生平未敢妄取一钱,为人谋则无不忠。刘坤一连连冷笑,一一细说

故宫门票3元、3元加盖5元、10元、40元 姜鸣收藏

往事。虽说是西席夫子从中捣鬼，但从一个侧面也可看出外官对军机章京的仰仗和巴结。

四

1987年冬，我第五次来到军机处凭吊，惊愕地发现军机处的说明牌不见了，室内也弄得乱七八糟。我猜是要大修，却见东端开出一家食品店，赫然以"面包、盒饭、包子"六个大字招徕行人。说起这几间屋子，也是大有来历。当初嘉庆帝为了防止泄露军机，禁止王公大臣到军机处找军机大臣说话，特命都察院派人每天在此监视，违者重惩不贷。本来，把这些掌故一一说来，定能增加游人的兴趣和历史知识，可惜无人开发，反在全民经商的大潮推动下，也向奏事处看齐，弄些小钱来使，发展起旅游经济来。赫赫军机处受此作践，使人大有煮鹤焚琴之感。我想起唐人卢照邻的《长安古意》："昔时金阶白玉堂，即今唯见青松在"，用在这里，只能改作"昔时奏事军机处，即今唯见小店开"。再往南看，军机章京值庐门庭紧闭，几株枯萎的竹枝从值房后面探出身影，在微风中摇曳。虽然只有下午三时，太阳已很昏黄，斜斜地照射过来。隆宗门后的慈宁花园一带，传来几声鸦啼，我感到冷。

1988年夏，我再游故宫，食品店开得红红火火。1989年初，听得故宫门票涨价至五元，并实行限额售票，以改变"破坏性参观"状况。1995年7月，我在一张报纸上读到一则报道，介绍故宫以保护地砖不被踩坏为由，规定参观者必须另付2元钱购买塑料鞋套（人称"文保鞋"）方能进入，而参观者认为是乱收费，由此引起争论。文中还提到时下故宫门票20元，另须搭买1元一本介绍故宫的小册子。一个六口之家，除了花120元购门票外，还得买六本小册子云云，心中不由又牵挂起乾清门广场前的那两溜大有来历的平房来。

1989年2月初稿

1995年修订

2003年10月再修订

附 记

大约在2000年前后，军机处值房旁的食品店改为小饭铺，我曾在里面吃了一份价格12元的糟糕盒饭，还被营业员李姐抢白了两句："饭菜太贵？你还不知道这儿的房租多贵呢。"

今年1月，故宫门票售价40元。我在游览故宫时发现，设在军机处东端的小饭铺已经撤去，改为军机处文物图片展览。这是一个来之甚晚但毕竟来到的进步。可是军机处的门还是被一把铜锁锁着，参观者看完文物图片展览后，很少有人知道要向西移步三尺，去见识一下军机处的真身。

对面奏事处的小商店也完成了升级换代，变成了"星巴克咖啡馆"和"故宫特色文化商品专卖店"。朋友问我，天下哪国的皇宫是这么处理商业布局的？卢浮宫里会卖"全聚德"烤鸭吗？我无语。我也无法想象咱们的"狗不理包子"哪天可以世界连锁并开进华盛顿国会山庄。星巴克的创办者（也是NBA西雅图超音速队的老板）霍华德·舒尔茨（Howard Schultz）曾踌躇满志地说过："我想看一看，在我们衰败之前，星巴克到底能扩张到何种程度。"即便如此，打进中国皇宫开分店，恐怕是他1987年在西雅图买下这个无人知晓的品牌并开始创业时绝未料到的。

在宁寿宫，"文保鞋"照卖不误。且如批评者所言，此鞋质量奇劣，几乎很少有人能将鞋子完好地穿至出口，宁寿宫的院子里随处可以看到被遗弃的坏鞋子，而故宫工作人员进出，却未见在鞋子上有任何防护的特殊处理。更何况故宫如此之大，为何只有宁寿宫要搞出这套规矩来呢？

无疑，故宫的一砖一瓦都应当得到认真保护，但就在宁寿宫门外不及一箭之遥的宫廷区内，居然设有故宫内部停车场，只见一辆"奥迪"轿车沿着宁寿宫和东六宫之间的长长夹道飞驰而来，"呼"地一个转弯，把前往宁寿宫参观的游客着实吓了一跳，轿车却悠然转入停车场了。这地砖铺就的地面，咋就不怕碾轧了呢？

2003年1月记

（本文插图见彩版五至彩版八）

坤宁宫前

关于故宫室内装潢陈设及其他

一

记不得去过多少次故宫了。

每次陪友人游览，心中都有种压抑和怅然的感觉，难以一下子说清楚。细细想来，恐怕有以下几个方面的原因：

一是紫禁城的建筑太单调呆板乏味，浸透着封建礼教和等级制度的威严。初来乍到的人，会被它巍峨连绵的殿宇群落所震慑：悠悠蓝天之下，黄瓦红墙、白石基座，额枋上青绿和金色基调的彩绘，与老北京城灰黑低矮的建筑群落产生强烈的反差对比。看多了，却无非是十五个庑殿式、八十多个歇山式、十来个攒尖式和一二百个硬山式屋顶的组合，几十个大大小小连环相套的封闭四合院单调地重叠，在七十二万平方米的面积上平平地展开，像个毫无生气的庞然大物，呆呆地趴伏在大地上，以至天子们也大感腻味。为了日常起居时调剂生活，另在紫禁城西侧挖湖堆山，建造了碧波潋滟、白塔高耸的三海景区，还在西郊乃至承德盖起离宫别院，以打发消闲的大好时光。

二是宫中珍藏的极品文物早被运走。美籍华裔太空人王赣骏博士参观故宫后直率地说，论东西是台北的好，论建筑是北京的好——因为紫禁城本身就是件大文物。1933年初山海关失守，日本军队迫近华北，国民政府将故宫所藏历代传世的数十万件重要文物装成13427箱又64包，搬迁至南京。当时限于运力，明清宫廷家具，尤其是皇帝宝座，太大而无法搬运；有的是限于眼力，认为是伪品的弃置不运；或是按照当时的评价标准，认为不太重要的，比如藏传佛教文物，也没有运走。

鲁迅当时在《申报》上撰打油诗曰：

阔人已骑文化去，

此地空余文化城。

文化一去不复返，

古城千载冷清清。

1937年，"七七事变"爆发，抗日战争全面展开。南迁文物又辗转迁徙至四川，直到抗战胜利后，于1947年运回南京。1948年底至1949年初，国民党政府从南京库房中挑选出2972箱60余万件精美绝伦的文物，包括器物、书画5万余件，善本书籍近16万册，清宫档案文献38万册，运往台湾，后于台北市士林外双溪建立新馆。其中最著名者，如玉器中的新石器时期鸟纹玉饰，汉代的玉角形杯、玉辟邪和清代的翠玉白菜；青铜器中的毛公鼎、宗周钟、散氏盘；瓷器中的宋代汝窑莲花式温碗，明代景德镇釉里红菊花大碗、宣德年间的宝石红僧帽壶；书法中王羲之的《快雪时晴帖》，怀素的《自叙帖》，苏轼的《寒食帖》；绘画中李思训的《江帆楼阁图》，范宽的《谿山行旅图》，郭熙的《早春图》，以及古籍善本中的宋元刻本，都是无上珍贵的国宝。

余下的文物，1949年以后陆续运回北京故宫博物院一万余箱，另有少部分被封存于南京库房，委托南京博物院代为保管。我们知道，时下北京故宫博物院的藏品超过100万件，其中20余万件是

故宫钟表馆门票 3 角、10 元　姜鸣收藏

解放后陆续汇聚到故宫的。有的是解放后用重金从民间收购的流失品，比如三希堂法帖中王献之的《中秋帖》、王珣的《伯远帖》，张择端的《清明上河图》，等等；有的是收藏家捐献的，比如隋代画家展子虔的《游春图》。这些国宝级的文物，历来秘不示人。而故宫院方单独售票的珍宝馆，其展品水准，并不见得特别高明。

三是陈列方式落后。多数展品都放在昏黯惨淡的旧殿宇里，以自然光照明。一些设计怪异做工考究的钟表和金玉珊瑚镶嵌的摆件，用玻璃罩子盖着，里面积满了灰尘，多少年不曾擦拭，缺乏动人心魄的精美感。尤其是代表中华民族历史文化结晶的青铜器馆和陶瓷馆，博物院将其安排在乾清宫侧翼的东西庑廊里，除了研究人员外，寻常旅游者绝少光顾，也难以尽兴地欣赏。都说中国陶瓷的巅峰是明清官窑，作为宫廷所在地，我却一直没有看到过特别的展示。故宫是中外游客必到的景点，这些年来，其门票从我记忆中的五角已经蓬蓬勃勃地涨到四十元（还不包括另外单独收费的珍宝馆、钟表馆），票房收入在全国文博系统中一直雄踞龙头老大地位，但在陈列展品的理念、方式和手段上，改进得并不明显。

四是管理不善。管理人员穿着颜色古怪的制服，要么粗鲁地大声喝斥游客，要么无精打采地趴在椅背上打瞌睡，要么躲在展室一角抱着电话机喋喋不休地聊天，从来没见过他们职业化地微笑地彬彬有礼地向参观者解说（故宫门口出租导游录音机，因此早就不需要人来讲解）。加上千千万万潮水般涌来退去的游客，把金銮殿的汉白玉台阶棱角打磨得溜光且凹陷，还到处留下痰迹、废物，使得高贵的皇家气象大为逊色，令人扼腕叹息。博物院为了保护文物，就用竹片钉成简易的架子罩在石阶外，虽然行之有效，但看上去粗鄙不堪，踩上去更是发出咯吱咯吱的响声。各宫各殿，一律使用落伍的铁门鼻儿加弹子挂锁，细微之处，流露出这里的文物保护缺乏专业水准和认真的考虑。——北京实在是皇家的东西太多了，所以也就不当一回事儿，直到最近，2003年1月，我还看到颐和园排云殿的殿堂里，负责室内管理的工作人员，在紫檀木的条几上堆放着她吐出来的葵花子壳呢。

我相信，对故宫的这种失望，是许多参观者的共同感觉。

二

这次去故宫，我在坤宁宫流连了较长时间。

坤宁宫位于内廷生活区的正中，乾清宫、交泰殿之后，三座宫殿同在一个"工"字形的汉白玉基座上。广九楹，深七间，照例也是红墙黄瓦，额枋上绘满了精致的彩画。在明朝，坤宁宫是皇后居住的正宫。李自成攻破北京后，崇祯帝跑到煤山自尽，周皇后在此悬梁。清朝将此地改为祭神的场所。

清朝的祭祀名目繁多，除了每日朝祭释迦牟尼佛、观世音菩萨、关圣帝君，夕祭穆哩罕神、画像神、蒙古神外，正月初二和仲春秋朔都要大祭。平常的日祭由皇后行礼，但为了方便，设一女官代之，食三品禄，称作萨满太太。日祭每天用猪二口。宫西侧设有专用的神灶，安着三口大锅，祭神的白肉就在这里烹煮。《大清会典事例》第1183卷载："乾隆五十二年奉旨：'旧制坤宁宫每日祀神祭肉，理宜洁净熟暖，给散秩大臣、侍卫等分食。乃近来该首领太监等每将整块好肉私行偷用，以冷肉及瘦脊残剩皮骨分给充数，以致散秩大臣、侍卫进内食肉者渐少'"，透露出宫中太监胆大妄为，竟敢将祭肉偷出宫外售卖，可见这类以权谋私的第三产业也是自古就有，源远流长。大祭要跳神和祭神肉，不仅皇帝亲自参加，王公、贝勒、辅臣、六部正卿也能分享祭肉。此外，四月初八日浴佛、腊月廿三日祭灶，这里都要热闹一番，想来当年坤宁宫很带有神鬼气氛。

皇帝天人相通，所以选择坤宁宫举行婚礼。康熙、同治、光绪三帝还在此度过了他们的新婚之夜。1923年，前清逊帝溥仪也在坤宁宫结婚。他回忆说：

> 这间房子的特色是：没有什么陈设，炕占去四分之一。除了地皮，全涂成红色。行过合卺礼，吃过"子孙饽饽"，进入这间一片暗红色的屋子里，我觉得很憋气。新娘子坐在炕上，低着头。我在旁看了会，只觉眼前一片红：红帐子、红褥子、红衣、红裙、红花朵、红脸蛋……好像一摊熔化了的红蜡烛。我感到很不自在，坐也不是，站也不是。我觉得还是养心殿好，便开了门，回来了。

这番记载，同电影《末代皇帝》中婉容皇后在小皇帝的脸上吻满好莱坞式的朱红唇印情节是大相径庭的。

"皇帝的洞房",说明牌上的文字吸引了游客的无穷想象。中国历来宫闱野史发达,尤其到了只有专业工作者啃正史的时候就更是如此。故宫的殿宇是不让人入内的,游人只能撅着尊臀,饶有兴致地挤在坤宁宫东暖阁的吊搭窗前,窥看洞房内景,盛况不亚于养心殿寝宫两翼后妃们侍候皇帝时临时居住的体顺堂和燕禧堂窗外的景象。

洞房的窗台下,是铺着丝绸褥子的连通大炕。对面挨着北墙,有两个落地花罩。东侧花罩里安着宝座,座后墙上,悬挂着御书《坤宁宫铭》。西侧花罩里,是最引人注目的龙凤喜床。床的上方,悬挂着题有"日升月恒"四个大字的匾,床前挂着五彩百子帐,床中悬有对联字画。喜床四隅,各放一柄如意,以求"事事如意"。喜床和宝座之上,还有雕镂精美的仙楼,宛若两个华丽的神龛,但给人的总体感觉并不舒适——其实在我看来,故宫内几乎所有的房间,除了养心殿西暖阁内隔出的那间精致小巧,面积似乎还不到十个平方米,乾隆专门用来陈放王羲之《快雪时晴帖》、王献之《中秋帖》和王珣《伯远帖》这三件稀世珍宝的三希堂外,似乎都是硬邦邦不舒适的。以享受著称的中国皇室,为什么在居室装饰的舒适性、家具设计的功能性上远不如欧洲人?这个谜底相信不少人都曾费心地猜想过。

三

以欧洲宫廷的通常布置方式来对比故宫,不同之处大略可以归纳为以下几点:

中国古建擅长木结构和硬木家具,故宫在这方面可谓集大成者。奇怪的是,宫中没有硬木拼花地板,一律采用金砖墁地。所谓"金砖"，是以江、湖水底淤泥为原料，经糠皮烧制、桐油浸泡磨制而成。长2.2尺、宽2尺、高1.7尺，为皇家建筑专用的材料。颗粒细腻，质地密实，敲之作金石之声，全国只有江苏太湖附近出产。据古籍《金砖墁地》解释，这种地砖运到北京，供皇宫专用，称之"京砖"，后逐步演化成"金砖"。中国古代不缺乏木材，可是从宫殿庙宇到寻常民居，均极少使用高级木料铺设地面（我印象中只有楼阁式建筑的二层以上是采用木材做楼面地板的，比如山西应县木塔和嵩山悬空寺）。民间的说法，砖地可以接"地气"。但从视觉上看，灰黑色的"金砖"无论烧制得怎样平整光滑，仍有室外的感觉。加上宫内多数殿宇，室内外的檐柱、金柱、斗拱、额枋、门扇，不仅样式，就连油漆颜色、彩绘图案也完全一致，给人的联想，设计者显然是在刻意追求外在的等级礼制，较少关注居室本身的使用功能。欧洲的镶木地板据说是在马赛克的影响下发展起来的，马赛克最初采用天然石料拼制，这和中国传统建筑材料不是一个路数。无论马赛克，还是硬木拼花地板，甚至欧洲人后来广泛选用的釉面地砖，我们的古人一概都不采用。他们独爱金砖墁地，因此室内缺乏温馨的气氛。

中国古建筑很少将石料用于室内装潢。宫廷中没有华丽绚烂的石柱石龛石壁炉，云南大理出产的大理石，只被选来用作硬木家具的椅背镶嵌。——我揣想，中国人不是不喜欢色彩美丽的石头，而是缺乏这类石料。通常我们只看到北京西郊房山盛产的汉白玉，被大量使用于宫廷庙宇的基座、牌楼和装饰性的桥梁；而欧洲宫廷和贵胄豪宅中普遍采用的大花绿、爵士白、紫罗红、老米黄，似乎仅产于欧洲非洲，直到现在我们还得依赖进口。50年代北京造十大建筑时，讲求自力更生，连人民大会堂都不曾使用考究的进口石料，这是老天爷对中国人的不公。我们的先人，只能把对石头的浓浓兴趣转移到更加精致纤巧的方向：他们玩鸡血、玩田黄、玩翡翠，做成插屏、做成印玺、做成翎管、做成挂件，这是欧洲人不玩也不会玩的。高等级的室内装潢缺少刚中带柔的云石点缀，显然就不够华丽舒适。

没有软体家具似乎是中国传统生活方式的又一个特点。老派的中国人讲究"坐如钟，卧如弓"，所有的家具线条都是平直硬朗的。上海博物馆陈列着瓷枕头，有人说凉爽，我劝他不妨回家试试用板砖垫着脑袋，一定难以入眠。究其原因，可能同中国人当时不能制造弹簧有关——我不知道欧洲人何时发明弹簧，却知道没有轮就没有车，没有螺栓就没有金属材料的紧固与可拆卸，没有齿轮就没有钟表，没有火药就没有枪炮，没有罗盘就没有大航海时代的到来。科技上的发明，有的看来微不足道，却能使生活方式发生极大的变化。没有弹簧，自然没有沙发，即便在椅上炕上安置了明黄缎子缝制的垫子（不知里面的填充物是丝绵、棕麻还是棉絮），仍旧缺乏弹性，改变不了硬木家具的刚性格调。

此外，今天的故宫陈设里，没有柔软的从天花板上一直垂落下来的丝绸帷幔和窗帘（一些房间隔断和床架前有刺绣的帘子），居室里很少见到厚实的毛茸茸的地毯（主要殿堂的皇帝宝座前有小幅脏兮兮的地毯）。丝绸制作的帷幔本是中国的国粹，我们在古装戏中常常看到。欧阳修词云："庭院深深深几许，杨柳堆烟，帘幕无重数"，写的就是这种感觉。地毯则是从西亚到蒙古早就普遍流行的装饰物，不知故宫里原来曾有现在没放，还是当初就没有？反正缺乏这些织物，房间里就缺乏温馨的气氛，加上大多数殿宇外面都有宽阔前廊影响光照，殿堂内也很少考虑光线的运用，因此房间里就越发显得阴冷昏暗。所以我想，倘若从前确有织物饰品，故宫的陈列部门应当用复制品把它装点起来，使得后人能够真正了解那个时代宫廷生活的全貌；而如果确实没有的话，我们只能对列位皇帝爷的亡灵说，原来你们的奢侈生活，在同时代能够达到的水准上看，还是有许多不足的。

上述推测是建立在与欧洲宫廷建筑的比较上的，有人可能不同意我的这种比较的角度。然而在实际上，明清时代紫禁城乃至北京城的修筑，本身同欧洲许多重要城市的兴起是同步的。中国皇室通过传教士得悉欧洲建筑的最新成果，但他们基本没有采纳这些成果。这一方面显示出皇室固步自封的保守心理，另一方面也表明宫廷建筑需要附会传统礼教的程式，来体现统治者的法统和威严，在这种时候，舒适性往往被忽略和放弃。问题的实质在于，现代社会是以西方生活方式和生活情趣为基调的，而西方建筑及装饰中体现的功能性和舒适性，在破除了封建礼教的束缚后，不仅易为平民百姓，而且更为皇室贵族所接受，并成为现代建筑装饰的主流；而纯粹中国风格，反倒成为偶然为之的一种点缀。因此我以为，用现代眼光检讨古人生活方式上的缺陷是有意义的。当然，我不用当时人无法达到的水准去评说，我不提出紫禁城里缺乏自来水、电灯和抽水马桶。我也相信明清宫廷建筑布局在设计时是有自己明确的价值取向的，这方面的研究亟待深化。

四

岁月的交替，常使我们很快就忘记从前的生活细节，仅靠老建筑本身远远无法满足对具体生活场景的追思与怀想。而生活方式包括无数琐碎的细节，无论穷人富人，均是如此。

用洋胰子代替皂角洗涤究竟是在哪个年代，恐怕许多上海人已经记不清了。可他们是否还记得取代"工农肥皂"洗头的第一代洗发水护发素,品牌叫做"蜂花"?是否还记得就在前几年西装取代中山装的过程里,本地各级党政干部们,曾有过一段穿着藏青色"涤盖棉"茄克衫处理政务,参加重要会议,走亲访友乃至出席婚丧活动的时期?

我的中学同学尔冬强(就是上海绍兴路上"汉源书店"的主人)喜欢收集各式各样的旧物件。我在他的藏品中看到过一大堆竹筹子,不仅有小时候常常用过的泡老虎灶热水的、洗澡的、吃小馄饨和油条的筹子,还有妓院里嫖窑姐用的筹子,这样的实物在书中是不见记载的。

北京后海的醇王府是宣统帝溥仪的父亲摄政王载沣的旧宅,当年的住宅和花园都保存完好,但没有从前的家具和陈设,使我们今天难以体会出这家为大清帝国贡献了两位皇帝的头号皇亲国戚钟鸣鼎食的情景。倒是由于王府的花园部分60年代初改建为宋庆龄寓所,并在1981年宋庆龄故世之后,将宋氏使用过的全部用品原封不动地保存下来并对公众开放,使得我们对于解放后国家高级领导人的生活方式有了一个侧面的了解。比如他们居所的房间都极高敞,使用的家具都不考究,大会客室总是配置着一大溜官式沙发,沙发都有卡其布椅套,羊毛地毯都极厚实。加上宋庆龄在上海淮海中路上带壁炉的优雅旧宅、香山路上精致的中山故居都得到妥善全面的保护,后人对于二三十年代至40年代花园住宅主人的生活细节也可略知一二——由于孙中山与宋庆龄的特殊地位,他们住过的房子,是全上海乃至全中国所有花园洋房住宅中仅有的连同橱柜、桌椅、银器、油画、灯具、打字机、厨房烤炉和锅碗瓢盆全部陈设器具保留下来的建筑物,犹如真正凝固在昔日岁月的某个时点,因此,除了具有历史纪念意义外,还有民

乾清门广场西北角上的军机处值房。值房背后就是皇帝居住的养心殿。军机处值房对面（图左带后院的小屋）是军机章京值房，中间为隆宗门

姜鸣 2003 年摄

彩版五·昔时金阶白玉堂

军机章京办公的南屋

军机处内景

彩版六·昔时金阶白玉堂

养心殿正殿,清帝日常处理政务的地方

1980年代起,在军机处旧址开设的食品部　姜鸣1990年摄

彩版七·昔时金阶白玉堂

军机处值房东面新辟出的军机处历史展览　姜鸣 2003 年摄

在奏事处旧址开出的星巴克咖啡馆　姜鸣 2003 年摄

太和殿中左门

被游人踩得凹凸不平的宫廷广场,当年,溥仪曾在这里打过网球、骑过自行车
姜鸣 2003 年摄

彩版九·坤宁宫前

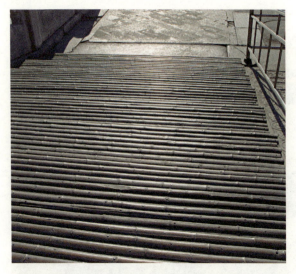

用竹片包裹起来的太和殿台阶　姜鸣 2003 年摄

在养心殿享受阳光的故宫工作人员　姜鸣 2003 年摄

养心殿三希堂

坤宁宫匾

彩版十一·坤宁宫前

坤宁宫东暖阁的新房大门

坤宁宫内的喜房

站在坤宁宫外往里张望的人群
姜鸣 2003 年摄

坤宁宫喜房南沿大炕，
皇帝皇后在此饮交杯酒行合卺礼

俗史、社会史，乃至建筑装潢史上的特殊意义。同样，山阴路大陆新村9号鲁迅旧居，也是30年代上海中产阶级生活方式硕果仅存的真实标本。

有的建筑物，虽然打着名人旧居的牌子，比如位于北京旧鼓楼大街小石桥胡同的竹园宾馆，它昔日的主人，曾是地位显赫、权倾朝野的盛宣怀和康生，但到现在，除了美丽的花园，曲折的回廊，三层楼高的海棠树和婆娑曼舞的竹影外，室内一切旧有痕迹全被抹去了。剩下的，是新主人的趣味：猫耳洞夜总会，在模拟成坑道，张挂着伪装网的舞厅里，男男女女伴随着强烈的音乐节奏扭动腰肢载歌载舞。这种80年代初的趣味保存到90年代末已是异数，它还能保存多久呢？有的建筑物保护不善，变为许多人家割据而住的大杂院，当初房屋的格局，早先的细部都已荡然无存，即便门外墙壁上镶着文物保护单位的牌子，也不过是具没有灵魂的躯壳而已。面对这类建筑，我们惟有扼腕喟叹。

五

在故宫参观，常会听到有人说："从宫里随便弄一件东西出去，就够咱吃一辈子了。"这真是最令人沮丧的无聊话题了。扭头望去，说这话的倒还不像是打家劫舍的材料。当年项羽看到秦始皇出巡的威仪，对他叔叔项梁说："彼可取而代之。"亭长刘邦则用一副艳羡的嘴脸叹息："嗟乎！大丈夫当如此也。"这都是底层人士对帝王的不同反应。湖南农民在大革命的日子里冲进地主老财家，往小姐少奶奶的牙床上滚一滚，断喝一声："劣绅！今日认得我们！"翻身的心情跃然如画。可是破坏之余，缺乏建设，往往也跟着模仿，其奢侈的程度有过之而无不及。被称为中国第一位农民革命家的陈胜,起义之后,昔日的伙伴来看他,见其殿宇帏帐,门禁森严,咋舌说:"伙颐!涉之为王沈沈者。"陈胜便杀了他的头。太平天国定都天京后,虽然清军压迫就在身畔,洪秀全却马上起盖金碧辉煌的王宫,蓄后宫姬妾八十八人,用唐德刚教授在《晚清七十年》一书中的说法:"如此粉阵肉屏之中,大脚小脚应付之不暇,还有什么革命之可言欤?自起宫墙自绕,这位开国昏君,不论生死,就再也不愿全尸离此金粉之乡了。"等而上之者如是,等而下之者,便在博物院里窃议展品,这都是历史的悲剧,人性中的弱点。

我一直期待着,到什么时候,大多数游客能在故宫潇洒漫步,心平气和地点评帝王将相的历史功过,认真地观察建筑物的精微细部,研究乾清宫东西庑廊里的青铜陶瓷,而博物院,也不再强迫大家购买没有任何意义的"文保鞋",我们的社会才能说真正进步了。

我也相信,到了一定的时候,北京的文化机构也一定会在自身的素养上再跃层楼。至少在目前,上海博物馆、上海大剧院、上海图书馆的管理和运作,已经比北京的对应机构,更现代化也更人性化了。

1989年4月初稿
2003年10月修订

(本文插图见彩版九至彩版十二)

哀蝉落叶

宁寿宫凭吊珍妃

一

故宫东北角,有片自成体系的宫殿群落,统称宁寿宫。参观了钟表馆(奉先殿)的游客,照例还要再看看宫中收藏的价值连城的宝物。因此,只消往东一拐,穿过锡庆门,便进入宁寿宫了。

表面看来,这里也是白阶红墙黄瓦的连绵殿宇,与别处并无二致。各类导游书,也只介绍珍宝馆的收藏,对陈列珍宝的宁寿宫本身则语焉不详。其实,宁寿宫本身就是本值得一读的大书,游故宫是不能不游宁寿宫的。至少在我,每次去故宫,都爱到此一游。

宫中游客依稀,最适宜悠闲地漫步观赏。或者择处小坐,看看宁静的院落、嶙峋的假山、飘浮莫测的白衣苍狗。遥想二百年前的乾隆皇帝和九十余年前的慈禧太后,都曾在此悠闲地看云,便会觉得空气似乎也是旧日凝固下的。假如还有茶,那用京西玉泉山的泉水沏出的碧螺春,盛在官窑粉彩盖碗瓷杯里,飘着一缕沁香,端将上来,真能使人无酒而醉。但这里也是昔日宫廷谋杀之地,徘徊着被害者的冤魂,不知夜深人静之时,冤魂是否会出现在月光之下,使黑夜变得更加阴森?每念及此,就使人感到心颤。不过好在谁也不会到此夜游。

在明代，宁寿宫的前半部叫做仁寿宫，中间为仁寿宫花园和哕鸾、喈凤二宫，皆作宫妃养老之所。后半截是空地。清初改仁寿宫为宁寿宫，供皇太后居住。乾隆三十六年（1771年），高宗弘历已达天命之年。登基之初，他声言继位六十年后，将移祚于太子。因此，内务府从本年起，在此营建起一座供未来太上皇居住的宫殿来。新的宁寿宫南北长406米，东西宽115米，占地面积4.7公顷，相当于紫禁城总面积的百分之六点五。它以前朝后寝的布局闻名于世，就一组宫内建筑而论，是很特殊的，似乎是紫禁城的缩微，也可以说是皇宫里的皇宫。

游人进入锡庆门，最先看到的是九龙壁。造型精巧、形态生动的九条蟠龙在海中翻腾，气势恢宏、色彩斑斓，精致地镶嵌在南面墙中。以琉璃砖制作的游龙照壁，以山西大同最多，我在观音堂看过三龙壁、在善化寺看过五龙壁，在东街看过我国现存最大的九龙壁，据说还有其他不同龙数的照壁。大同的龙壁，皆是明代所产，釉色偏青，不如北京九龙壁绚丽。北京共有二处九龙壁，除故宫之外，另一处在北海公园，都是乾隆年间所制。

从九龙壁北折，穿过三券七楼的皇极门，迎面是一个封闭的大院落，从格局上说，犹如太和门前的广场。再过宁寿门，就来到重檐庑殿顶的皇极殿。当年高宗退位后，依然孜孜不倦地忙于训政，未尝从养心殿移跸于此，但"太上皇帝之宝"和"十全老人之宝"玺印都陈放在皇极殿的御案上。嘉庆元年（1796年）正月初四日，即他退位的第四天，还在殿中举办过"千叟宴"，召集海内60岁以上的老大爷3056人赴宴，作诗3497首。赏106岁老翁熊国沛、100岁老翁邱成龙六品顶戴。90岁以上的，皆赏七品顶戴。说起来是尊重老民的善举，其实是表明这些老人皆是乾隆盛世的目击者，很能反映太上皇自我欣赏的心境。后来，慈禧太后

从皇极门南眺九龙壁

颐和轩,慈禧太后在这里下令处死珍妃　姜鸣 2003 年摄

那场耗资近一千万两白银的六旬寿诞,也在皇极殿举行典礼。慈禧临终,吩咐在这里停放梓宫,打破了皇太后例殡于慈宁宫的惯例,由此更可看出慈禧太后对宁寿宫的钟爱。有人认为,慈禧归政后之所以偏爱宁寿宫,是她以当年的太上皇自居,这个分析是有道理的。加之宁寿宫本来就是皇太后的居所,她住到这里,别人也没法说闲话。

二

皇极殿及其北面的宫殿宁寿宫,皆属"前朝"部分,相当于太和、中和、保和三大殿。再往北,过养性门,即进入"后宫"。"后宫"的主体是养性殿、乐寿堂、颐和轩、景祺阁。慈禧晚年常住宁寿宫,便在养性殿起居和进膳。

一个盛夏的午后,我独自来到珍宝馆第二展室颐和轩。没有游客,一片静穆。太阳在庭前阶石上反射出炫目的白光,到处弥漫着炙人的溽热。轩中有高宗自撰自书的对联:

丽日和风春淡荡;

花香鸟语物昭苏。

正是在这个地方,1900 年 8 月 14 日,慈禧太后单独召见珍妃,并下令把她推入井中。如今人事全非,雕栏依旧,使我产生思古幽情。

珍妃,满洲镶红旗人,他他拉氏。祖父裕泰,当过陕甘总督。父亲长叙,官至户部右侍郎。1880 年 12 月 14 日,她的姐姐出嫁给护理山西巡抚布政司葆亨之子,此日恰为康熙帝的忌辰,因而长叙为"清流"邓承修弹劾而革职,从此家居,不再做官。1888 年她 12 岁,与另一位姐姐一起被选入宫中,分别被封为珍嫔和瑾

珍妃

嫔。以后又被晋封为妃。

　　珍妃聪明伶俐，因伯父长善曾任广州将军，她从小随伯父住在广州，见过点儿世面，故喜爱新奇玩意儿，诸如奇装异服和摄影。从传世的照片上看，她长得胖嘟嘟的，虽然算不得婷婷靓丽，但比那个胸部平平，相貌又很男性化的隆裕皇后，显然漂亮得多。

　　人们总以为后妃都是美女，"天生丽质难自弃，一朝选在君王侧。"不是美女哪有机会入宫？其实这是误会。清朝的后妃来源于旗人女子，通过"选秀女"的制度，为皇帝提供后宫人选。

珍妃的堂兄志锐

但选中者,按现代人的标准看来却未必美貌,也许当时满族美女本来就乏善可陈。咸丰帝奕詝共有十九位皇后嫔妃,我们只看到他的一位宠妃兰贵人(即慈禧太后)的晚年照片,显然,这位老太太年轻时并非国色天香。珍妃的姐姐瑾妃,长得过于肥腴,也可归入丑女之列。再往后数,溥仪的后妃,婉容算是美人,但文绣却像个粗使丫头,也不知当初溥仪在看玉照时,是怎样鬼使神差地画圈的?

光绪的生母醇亲王福晋是慈禧太后的亲妹妹,光绪的皇后隆裕是慈禧太后弟弟桂祥的女儿,也就是说,是慈禧太后妹妹的儿子娶了她弟弟的女儿,当时的说法叫"亲上加亲"。据桂祥的曾孙那根正转述他祖父增锡(即隆裕的弟弟)的回忆,这表姐弟两人从小就在一起玩,年长三岁的姐姐,还对光绪特别照顾。但在选皇后时,光绪看中的是别人,只是由于慈禧太后的干预,才改选了隆裕。他没有想到,姐弟怎么会被慈禧太后指定为夫妻?所以特别接受不了。那根正说,"后来隆裕对我爷爷说,当时在洞房里,心情坏到极点的光绪一下扑在表姐隆裕的怀里,号啕大哭,并对隆裕说:'姐姐,我永远敬重你,可是你看,我多为难啊。'"

皇帝洞房之语如何,我不敢揣度,但他感情上的郁闷沮丧,显然给珍妃带来了机会。有的书中讲,共同的改革理想,使她和皇帝情投意合,这有点儿想入非非。当初小乔初嫁时,只是个养在深闺中的千金小姐,哪懂得什么政治?但在充满诡谲阴谋的宫廷中,她满怀激情地投身进去,力图用女人的智慧和手腕,来保持和提高自己的地位,获得皇帝的宠爱。她爱光绪,是皇帝孤独寂寞生涯中的一枝芳菲的花朵。她不仅协助羸弱的光绪料理政务,连慈禧太后批览奏章时,居然也在一旁观察,以体会懿旨的深意。这在饱经沧桑的老佛爷眼中,不正是看到了自己年轻时的影子吗?她与李莲英竞相收贿鬻官而闹矛盾,还向皇帝举荐私人,一个是自己的堂兄志锐,一个是自己的蒙师文廷式。

关于志锐,许多书上说他是珍妃的胞兄,其实不对。裕泰共有三子:长善、长敬、长叙。长善官至广州将军和杭州将军,以好结纳名士而著称。长敬曾任四川绥定府知府,死得较早,有二子即志锐和志钧。志钧过继给伯父长善,志锐则在1880年考取进士,与于式枚、王懿荣、李慈铭、梁鼎芬皆是同年。虽说志锐本来就是高干子弟,此时已成"国舅",文廷式也是当朝名士,极得帝师翁同龢的青睐,但毕竟是通过珍妃的裙带而加强了"帝党"的圈子,颇为时人侧目。清朝政治不同于以前任何朝代的一个重要特点,是外戚权势一直不盛。慈禧以垂帘听政方式监国,又将自己的妹妹嫁给醇亲王,但她娘家的人物并不在政治前台活动。志锐、文廷式却不同,他们已是"后清流"的重要角色,一举一动都有人关注。1890年殿试,翁同龢不顾文廷式明显的卷面错误,硬将他拔擢为榜眼，颇遭物议，而翁在日记中则透露过光绪对文的评价："此人有名，作得好。"光绪从哪里知道文廷式的名气？1894年大考翰詹，皇帝又面谕阅卷大臣，擢文廷式列一等第一。所以有人讽刺说："玉皇大帝召试十二生肖，兔子当首选，月里嫦娥为通关节"，形容得极为刻薄。

　　珍妃的得宠，自然招致了疑心极重的慈禧太后的大忌。在宫中，太后作为一个最成功的女人，是其他一切想要获取成功的女人的仿效对象。但太后既然容不得能干的男人，当然更容不下能干的女人。珍妃的杀身之祸，便由此种下。

　　珍妃的第一次罹难是在1894年11月26日，中日甲午战争中方一败涂地之时。那天，慈禧太后在仪銮殿单独召见枢臣，讨论完北洋海军基地旅顺口失守后的局势，太后突然宣布，将瑾妃珍妃降为贵人。

　　事情的起因，是河南巡抚裕宽为谋福州将军一职，通过太监高万枝走珍妃的门路，而为李莲英告密于慈禧。据说慈禧召珍妃面询，珍妃坦承此事，并谓："上行下效，不是老佛爷开端，谁敢如此？"使得慈禧大怒。太监修德明回忆："妃嫔在宫，无不艰窘。珍妃很好用钱，又常施惠于群监。近之者无不称道主子之大方。钱不足用，便想开源之道。"可见她是很能干的。王照《德宗遗事》说："慈禧卖各种肥缺为常事，珍妃曾一效之，遂立败。"但更深层次的原因，显然是太后看到朝中支持皇帝主战，公然弹劾军机大臣孙毓汶、北洋大臣李鸿章的文人士大夫宛然已成势力，连皇帝也大有主张，这使得她必须先下断然措施，翦除皇帝的羽翼。接着又将志锐外放乌里雅苏台参赞大臣，免裕宽职，捕杀高万枝，都是发出的同一种警告。慈禧还颁布懿旨，制成禁牌，挟制二妃：

慈禧太后与隆裕皇后（右）、瑾妃（左）

慈禧太后与李莲英（右）、崔玉贵（左）

光绪二十年十一月初一日奉皇太后懿旨：皇后有统辖六宫之责。俟后妃嫔等如有不遵家法，在皇帝前干预国政，颠倒是非，着皇后严加访查，据实陈奏，从重惩办，决不宽贷。钦此。

光绪二十年十一月初一日奉皇太后懿旨：瑾贵人、珍贵人着加恩准其上殿当差随侍，谨言慎行，改过自新。平素妆饰衣服，俱按宫内规矩穿戴，并一切使用物件不准违例。皇帝前遇年节照例准其呈进食物，其余新巧稀奇物件及穿戴等项，不准私自呈进。如有不遵者，重责不贷。特谕。

这两块禁牌，表面上是侮辱二妃，其实却是侮辱皇帝。但从小在太后羽翼下长大的皇帝也实在窝囊，师傅翁同龢为此前去看望光绪，居然发现他"意极坦坦"。我曾在《龙旗飘扬的舰队》一书中说："太后外战外行，内战却极有泼辣手腕。皇帝虽然主战，内外战场均是不堪一击。"就是对这位懦弱不幸的皇帝的喟叹。

光绪朝的宫廷生活常常夹带着暴戾的气氛。我们以往读得较多的，是珍妃受气的记录，其实光绪有时也以辣手对付隆裕皇后。比如1898年6月1日，光绪帝就传上谕：

宫内则例规矩，皇后一概不懂，近来时常失仪。如有施恩之处，俱不谢恩。及宫内外府大小事件，并不启奏。无故告假，不成事体，实属胆大。自此之后，极力改之。如不改过，自有家法办理。特谕。

珍瑾二贵人于1895年恢复"妃"的名位。三年后，光绪帝戊戌变法失败，被慈禧幽禁于瀛台涵元殿，珍妃也第二次罹难，被施以杖刑，撤去簪珥，打入景祺阁后的冷宫，与皇帝分开。1900年，八国联军打进北京，慈禧太后离京逃难前，下令将珍妃投进井中处死，更显示出这个老妇人的刻毒。

三

关于珍妃之死,野史中有许多记载,但多为道听途说。

20世纪初,英国人濮兰德(John Otway Percy Bland)和白克浩司(Sir Edmund Trelawny Backhouse)在他们合撰的《慈禧外纪》(China under Empress Dowager, Being the Life and Times of Tz'u Hsi)一书中,刊载了清内务府大臣景善的日记,称1900年8月15日早晨,慈禧太后在临离开北京前,齐集皇帝和妃嫔。珍妃当众进言,反对皇帝离京。太后便唤太监将她扔到井里去。皇帝跪下请求,太后说:"让她就死罢,好惩戒那些不孝的孩子们,并叫那些鸱枭,看看他到羽毛丰满的时候,就啄他母的眼睛。"李莲英等遂将珍妃推入井中。此说曾被人当作信史多处引用。景善日记近年来被英国汉学家休·特雷费在《北京的隐士》(Hugh Trevor-Roper, Hermit of Peking, The Hidden Life of Sir Edmund Backhouse)一书中考订为白克浩司伪造,当然就排除了它的学术价值。此外,1930年5月故宫博物院周刊出版《珍妃专号》,曾载一白姓宫女及太监唐冠卿的回忆,皆指出是太监崔玉桂(有的书称崔玉贵)将珍妃推入井中。今读金易先生的《宫女谈往录》,记录了慈禧太后贴身宫女荣子的晚年追忆,似更富参考价值。

据荣子说,珍妃之死是在慈禧逃跑的前一日:

那一天下午,我和往常一样,陪侍在寝宫里,背靠寝宫的西墙坐在金砖的地上。……突然,老太后坐起来了,撩开帐子。平常撩帐子的事是侍女干的,今天很意外,吓了我一跳。我赶紧拍暗号,招呼其他的人。老太后匆匆洗完脸,烟也没吸,一杯奉上的冰镇菠萝也没吃,一声没吩咐,径自走

珍妃

出了乐寿堂,就往北走。我匆忙地跟着。我心里有点发毛,急忙暗地里去通知小娟子(慈禧的另一贴身宫女)。小娟子也跑来了,我们跟随太后走到西廊子中间,老太后说:"你们不用伺候。"这是老太后午睡醒来的第一句话。我们眼看着老太后自个往北走,快下台阶的时候,见有个太监请跪安,和老太后说话。这个太监陪着老太后走,他背向我们,瞧着老太后单身进了颐和轩。

农历七月的天气,午后闷热闷热的。大约有半个多时辰,老太后由颐和轩出来了,铁青的脸皮,一句话也不说。我们是在廊子上迎老太后回来的。

其实,就在这一天,这个时候,这个地点,老太后赐死了珍妃。她让人把珍妃推到颐和轩后边井里去了。

荣子的这段回忆,清楚地显示了西太后在处死珍妃这件事上,是考虑许久的,不是一时兴起,而是蓄意谋杀。

荣子还转述了太监二总管崔玉贵亲口告诉她处死珍妃的情节。崔玉贵说，14日午膳的时候，慈禧命他传旨，要在未正时刻在颐和轩召见珍妃。他是与颐和轩管事太监王德环一起去传旨的。珍妃穿着淡青色的绸子长旗袍，脚着墨绿色缎鞋，头上两把头摘去了两边的络子。到了颐和轩，太后已坐在那里了。轩里空落落的，一个宫女也没有，安静得连一根针掉地上都能听得出来。

太后直截了当地说：洋人要打进城里来了，外头乱糟糟的，谁也保不定怎么样，万一受到了污辱，那就丢尽了皇家的脸，也对不起列祖列宗。

珍妃愣了一下，说：我明白，不曾给祖宗丢人。

太后说：你年轻，容易惹事！我们要避一避，带你走不方便。

珍妃说：您可以避一避，可以留皇上坐镇京师，维持大局。

这句话戳到太后的要害，她马上把脸一翻，大声呵斥：你死到临头，还敢胡说。

珍妃说：我没有该死的罪！

太后说：不管你有罪没罪，也得死！

珍妃说：我要见皇上一面，皇上没让我死！

太后说：皇上也救不了你。把她扔到井里头去，来人哪！

这时，崔玉贵和王德环连揪带推，把珍妃推到贞顺门内的井里。珍妃最后大声喊道：皇上，来世再报恩啦！

多么惨烈的诀别。多么卑鄙的宫廷阴谋。而珍妃的临终话语，又显示出这个在冷宫中关了两年的青年女子，是何等地刚烈。对于国事，珍妃显然是有自己的见解。庚子西狩起因于八国联军攻入北京，联军进京起因于义和团在北京杀洋人，杀洋人的起因，则需要放到19世纪末整个中国社会躁动不安的历史环境中去考察。最简单地说来,宫外是中国农民的传统宗教对基督教势力广泛渗透入侵造成农村社会动荡变迁做出的直接反抗;宫内是戊戌变法失败后,慈禧太后及上层保守势力试图废黜光绪帝位。而废帝,又遭到驻京外交团的反对,上层政治需要借用底层民众的街头政治力量。在这两种需求以扭曲的形式相结合,将北京折腾得天翻地覆没有方向的当口,珍妃力主皇帝留京,主持大局,焉能不踩住太后的痛脚?

四

自古以来,宫廷政治就是危险的游戏。凌驾于天子之上的慈禧太后,也做不到无所畏惧。她至少要顾忌鬼神。野史上说,西太后逃难到河南时,两次梦见珍妃,而珍妃此时已经成神,玉皇大帝封她专审阴险狠毒的妇人。这种传说,在从前是很有人愿意口口相传的。但在当时,直接的压力还不是来自阴司地狱,而是来自北京的外交团。用宫女荣子的话说,就是"老太后变了,要当菩萨了。在各公使夫人面前,推儿媳妇下井的凶恶相,有多么不好!必须扮成慈祥和善的老国母,才能见外国夫人。那就要唱出鬼推磨了"。

慈禧西狩回銮后第三天,便宣称她当时无意处死珍妃,只是说说气话。是崔玉贵逞能,硬把珍妃扔下井的。所以看见崔就生气伤心。于是,正红得发紫的崔玉贵,当即被撵出皇宫。崔玉贵是慈禧太后之弟桂祥(即隆裕皇后之父)的干儿子,桂公爷劝他说:"哪个庙里没有屈死鬼呢?"而崔自己,也看得很清楚,他说:

自从西安回来后,老太后对洋人就变了脾气了,不是当初见了洋人,让洋人硬磕头的时候了,是学会了见了洋人的公使夫人笑着脸，拉拉手了。把珍妃推到井里的事，洋人是都知道的，为了转转面子，就将罪扣到我的头上了。这就是老太后亏心的地方。说她亏心并没有说她对我狠心，到底还留我一条小命，如果要拿我抵偿，我又有什么办法呢？想起来，我也后怕。自从离开宫以后，再也不敢沾宫的边，我怕把小命搭上。

为了欺骗舆论，安慰自己，西太后还追封珍妃为"恪顺皇贵妃"。这个凄绝的宫廷悲剧，演到最后一幕，竟是如此地峰回路转。但仔细想想，又是极简单和必然的。崔玉贵之话，该使一切在政治剧里主动或被动地扮演大小角色者惊心自惕。可惜，绝大多数剧中人，在轮到他们粉墨登场时，总是健忘的。

珍妃死后，一直博得人们的同情。

清代士大夫同情珍妃，其实是哀皇帝的不幸，哀他无能，无能到连自己心爱的女人也无力庇护。所以，有恽毓鼎的《落叶词》："金井一叶坠，凄凉瑶殿旁"，"何如泽畔草，犹得宿鸳鸯。"这是旧式文人的一种传统理念。民国以后，文人更爱直接关注珍妃，将她政治化和理念化，把她塑造成一个改革家，这固然是一种说法，也有很强的戏剧性，但到后来，几乎成了一切清末宫廷戏的套路，却似乎大可不必。

珍妃无疑是光绪身边唯一能谈点政治的女人，但她的政治主张究竟是什么，恐怕并没有人知道而只能猜测。因为真正属于光绪自己的政治主张，也是含混不清的。在甲午战争前，洋务派发起的持续三十多年的洋务运动，其实质是"中体西用"。这场运动的真正舵主，应当归于慈禧太后。至于戊戌变法中，究竟哪些政治理念属于皇帝，哪些属于康、梁维新派，完全可由学术界再作讨论，但在我看来，光绪的总体思路，并没有跳出"中体西用"

的窠臼。

另外说来,慈禧与光绪间的宫廷斗争,固然是一种残酷的政治行为,但并非都是是非之争和新旧之争。即便在戊戌政变的重大关头,这种斗争也仍然包含着母子之间的权力纠葛,如同慈禧与珍妃之争,包含着民间家庭古今常见的妇姑勃豀,这里的道理,其实是无须多作解释和论证的。

就今天所能看到的珍妃史料而论,我对这位雄心勃勃气度不凡的女士一直难下更高的判断。我可能过于拘谨了。女人是很难琢磨透的,咸丰年间,谁又料想到兰贵人后来会成为事实上君临天下四十七年的女主?就史论史,过于拔高珍妃的历史地位,显然还证据不足。

珍妃确是不幸。她的不幸,自然始于她的入宫,始于她做了慈禧太后的儿媳妇。据说当初光绪选后妃时,最中意的其实是江西巡抚德馨的女儿。他走到德家小姐面前,正想递出表示中选的如意,慈禧在一旁忍不住大喊了一声"皇帝!"光绪不得已,才改选隆裕后。酷爱听戏的德家小姐,失去了母仪天下的机会,和其他入围决赛圈的秀女一样,仅获赏赐四匹大缎。后来她嫁给内务府某郎中,应当说,她是最幸运的。

同样不幸的女人还有隆裕。她的婚姻生活毫无乐趣,40岁就做了寡妇,大清退位诏书也是她签的字。而在野史里,隆裕还是个善妒、打小报告、陷害珍妃的反派人物。她的弟弟增锡说:"历史对隆裕是不公平的。因为在慈禧和光绪之间,隆裕成了一个牺牲品。"增锡的孙子那根正说:"隆裕真正是清朝历史上的一个悲剧人物。当年无辜地被选进了宫,无辜地嫁给了皇帝,又无辜地被皇帝讨厌。""在整个历史中,隆裕只是个陪衬,人们可以说珍妃的悲剧,但是隆裕的悲剧谁关心过呢?"

五

颐和轩依然闷热。

颐和轩北面那口小小的井，就是珍妃的殉难处。挂着一块说明牌，叫做"珍妃井"。

民国年间，被逊清小朝廷封为"端康皇贵妃"的瑾妃，曾在"珍妃井"旁，为妹妹建立过一个小小的灵堂，叫做"怀远堂"，又在堂中设立了一块"精卫通诚"的匾，可见她们姐妹情深。遗憾的是，这些文物如今都不陈列了。

游廊西侧的乾隆花园里，传来一阵蝉鸣，打破了宁静的氛围，也激起我的遐想。记得电影《末代皇帝》中，拍了一只宫中的老蝈蝈，这是导演贝托鲁齐的神来之笔。如今欢唱的知了，显然不

珍妃井位于颐和轩之后，所有看到这口井的人，都觉得井的直径太小了，恐怕是无法把一个成年女子推下井的。也许井栏后来换过了？　姜鸣2003年摄

哀蝉落叶

会那么长寿,没有见过慈禧、光绪和珍妃。但它们是不是九十年前知了的后代,住在宫中的大树上,繁衍了一代又一代呢?

  清末钱塘九钟主人所撰《清宫词》中谓:"宫井不波风露冷,哀蝉落叶夜招魂",珍妃的亡灵有蝉儿相伴,亦可安息了。

1991 年 7 月初稿

1995 年修订

2003 年再修订

莫谈时事逗英雄

康有为"公车上书"的真相

冬日的太阳从铅灰色的云层中露出慵倦的身影，像个白乎乎的盘子孤零零地悬在空中，不刺眼，也没有丁点儿暖意。前些天下的那场雪早已融尽，只剩下路边行道树的根部还残留着一圈圈白色的痕迹。

空气中弥漫着凛冽的寒意，伴随着不时刮来的朔风，驱使行人匆匆赶路，而不像秋天的上午，可以悠闲地散步，看看街头的橱窗，看看挺拔的穿天杨树干上长出的一只只神秘莫测的大眼睛。但我不愿悠闲地待在翠明庄招待所暖融融的房间里，如同每次来京那样，我总给自己的空余时间安排了凭吊故地的寻访计划。这天，我要去的地方是达智桥胡同。

达智桥胡同，清代的地名叫做"炸子桥"，也有写作"诈子桥"的。桥在何处？桥名何意？均不详。反正现在没有桥，也没有谁去猜想它从前的命意。我沿前三门大街拐至宣武门外大街南行，走不多远，从一个正在推销有奖储蓄的小邮电所旁边拐弯，就看到了胡同的路牌。

这是条极不起眼的小巷，长二百米，宽五米，西头通往校场五条。除了住户，留意它的人很少，但在明清两朝，这里却是一个颇有名气的地方，著名的松筠庵和嵩云草堂都坐落在这

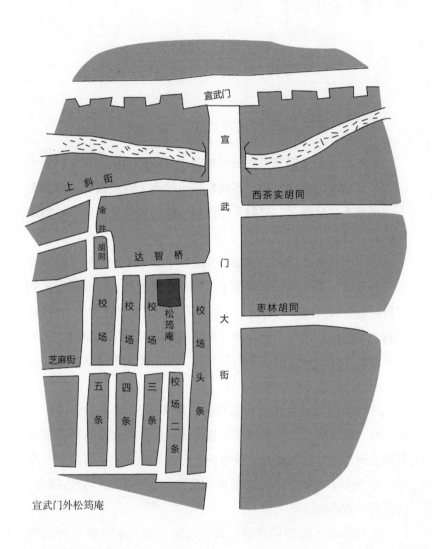

宣武门外松筠庵

旧日松筠庵内景

达智桥胡同

条小小的胡同里。

松筠庵原是明朝嘉靖年间兵部武选司员外郎杨继盛的宅第，现在的门牌为12号。杨继盛，字仲芳，号椒山，曾因上奏反对大将军仇鸾与蒙古首领俺答汗通商互市而贬官。仇鸾事败后，明世宗念其反仇有功，将他一年里连续提拔四次。首辅严嵩也因与仇不睦，将杨引为同调，对于杨的升迁起过直接的推动作用。但杨继盛认为严嵩是比仇鸾更坏的奸臣，毅然弹劾严嵩"十大罪"、"五奸"。上奏前，他斋戒三天，回心静思，决心以天下社稷为重，义无反顾地与严嵩抗争。旋被捕下狱，历尽酷刑折磨而不改初衷。《明史》记载说，他受刑昏迷，半夜醒来，用尖锐的瓷碗碎片刮去身上发炎的腐肉，再用手将刮不干净的筋膜弄断以疗伤。前来探视的狱卒吓得差点儿将手中的油灯打翻，而"继盛意气自如"，是个刚强的铁汉。三年后，严党仍不放过他，将他判了死刑。杨夫人伏阙上书，"愿斩臣妾首以代夫诛"，严嵩扣压不报。临刑前，杨继盛赋诗："浩气还太清，丹心照万古。生前未了事，留与后人补。"夫人亦自缢殉夫。杨氏夫妇就此成为天下闻名的忠烈，故居被改作松筠庵。

到了清乾隆年间，松筠庵又被辟为祭祀杨继盛的祠堂。杨继盛生前所住的房屋，题名为"景贤堂"，当年书写弹章的书房，扩建为"谏草堂"。他上谏弹劾仇、严的两篇奏稿，被镌刻成八幅石刻，连同后人的纪念墓志和序跋，一同镶嵌在景贤堂的东、西墙上。四周筑起回廊，堆起假山，林木扶疏，景色雅致，成为宣南一带士大夫雅集聚会的重要场所。光绪年间，清流党人每每在此议论时政，一时殿陛风生，万众瞩目。

台湾学者高阳在《明朝的皇帝》一书中说：

　　杨继盛身后享名之隆，古今言官第一。做官原是义利并

松筠庵门口　姜鸣1996年摄

取而不俸的一件事,宰相既富且贵,名利双收;疆臣起居八座,煊赫一时,只要所作所为有利于国计民生,个人私欲如何,固可以不问。但唯有言官,只许以名,不许以利;因此有志于做言官,固不妨以获大名自期。就此意义而论,杨继盛得报不菲。北平数百年古都,多少名公巨卿的园林,归于瓦砾,而杨继盛的故宅,巍然独存,那就是北平宣武门外达智桥的松筠庵。

然而高阳想错了。

你若在大街上问一百个北京人松筠庵在哪里,保险一百个人答复全是"不知道"。时下出版的各种北京游览图册,从不著录松筠庵在何处。我在到处寻找它却一时无处可寻的时候,也曾揣度过它的废圮颓败,但当我终于来到松筠庵旧址凭吊时,满目疮痍的景象仍然大大超出我的料想而使我震惊:各堂室的匾额毁于"文革",谏草堂改为居民住房,景贤堂成为街道工厂堆放杂物的仓库,假山林木亦已荡然无存，每块空地都见缝插针般地搭起了平房，比上海的棚户区还要拥挤不堪。我问一位住户，松筠庵还有什么遗迹？她指给我看景贤堂后墙约二米高处，镶着宣统二年重刻"松筠庵条规"石碑，也被一大堆蜂窝煤叠峦重嶂般地遮挡住了。

我从东北角门退出，发现原先的山门（现已堵死）外侧的墙壁上，立有北京市文物保护单位的标志，名称是"杨椒山祠"。旁边是居民委员会贴出的标语："搞好爱国卫生运动，把首都建设成优美清洁的城市！"一个孩子站在风中傻傻地吸着鼻涕。

当年松筠庵，南北长七十五米，东西宽三十六米，占地约二千七百平方米，前后三进。其中各种建筑、住房和花园占去大部分面积。清人昭梿《啸亭杂录》称之"地甚湫隘……想见当日（杨继盛）清贫之状"。这为我们了解明清两朝"司局级官员"的居住状况提供了参考依据。

历史考据有时缺乏直接的材料，但从零碎的记录中，往往也能找到有用的旁证。以"清贫廉正"著称的杨继盛，居住如此规模的宅院仍被清人认作"湫隘"，尚书、侍郎级大员的府邸又该是怎样的规格？四合院是一种舒坦恬适的平面式建筑，规模从小型到大型，变化繁多。鲁迅1924年在阜成门内宫门口西三条胡同购下的寓所属于典型的小四合院，仅有一进，占地面积五百平方米。他当时的社会地位，是教育部社会教育司第一科的科长、佥事和几所大学的兼职讲师。可见当年有一定社会地位人士的住宅，都大大超出今人的想象。进而联想，明代官任四川布政司的潘允端，在远不如后来发达的江南县城上海筑豫园以娱老父颐养天年，恐怕并不显得有什么大不了。

如同一辆老牛负载的重车，四百多年光阴"嘎吱嘎吱"地碾过了崎岖坎坷的沟壑。到了如今，除了研究明史的学者，绝大多数人早已忘记杨继盛是谁了。真正使松筠庵这个名字得以延传的，却是1895年甲午战争失败后，康有为大肆鼓吹的"公车上书"事件。

说来惭愧，尽管我在大学时主修中国近代史，但因研究方向为中国近代军事史，对于"公车上书"的了解仅限于教科书。1988年底，我正是抱着寻找戊戌变法旧址的心愿，来松筠庵访古的。此后我曾写过《戊戌变法遗址寻访》的散文，作为我撰写"京华胜迹"专栏的第一篇文章，发表于上海《解放日报》。在我的心目中，松筠庵是孕育了明清两代爱国志士的一方圣土。后来，读了一些史料，才猛然发现"公车上书"的真相，与教科书上所讲，完全不是一回事儿。也唤起我对康有为的另一种看法。

关于"公车上书"，通常学术界采用康有为所撰《康南海自编年谱》中的说法：

> 三月二十一日（按，即4月15日）电到北京，吾先知消息，即令卓如（梁启超）鼓动各省，并先鼓动粤中公车，上折拒和议，湖南人和之，……各直省莫不发愤，连日并递，章满（都）察院。……时以士气可用，乃合十八省举人于松筠庵会议，与名者千二百余人，以一昼二夜草万言书，请拒和、迁都、变法三者，……遍传都下，士气愤涌，联轨察院前里许，至四月八日（按，即5月2日）投递，则察院以既已用宝，无法挽回，却不收。

依据康说，各种通行的历史著作和辞书将"公车上书"演绎成这样的过程：康有为获悉了《马关条约》的消息后，邀约一千二百余举人至松筠庵集会，商定联名上书。与会者在康有为起草的万言书上签了名。5月2日，各省举人排着里许长的队伍，向都察院呈递，都察院借口皇帝已在和约上盖玺而拒绝接收。但上书打破了清政府"士人不许干政"的禁令，提出了资产阶级维新改良的纲领，在全国迅速流传。

其实，康有为的说法大可怀疑。

揆诸档案，最早反对签约的，不是举人，而是大批现职官员。外省官员以封疆大吏为主，早在4月14日，署台湾巡抚唐景崧即给清政府发电："和议给予土地不可行。"16日，钦差大臣刘坤一获悉和议将成，除赔款外，还要割让辽东、台湾的消息，马上电奏反对。然后，山东巡抚李秉衡、署理两江总督张之洞、河南巡抚刘树堂、湖北巡抚谭继洵、署理台湾巡抚唐景崧、江西巡抚德馨、广西巡抚张桂联、福州将军庆裕、福建巡抚边宝泉、陕甘总督杨昌濬、陕西巡抚鹿传霖、署理山西巡抚胡聘之、广东巡抚马丕瑶、盛京将军裕禄、吉林将军长顺、署理吉林将军恩泽、黑龙江将军依克唐阿等大员都纷纷上奏。封疆大吏电奏反对者超过总数之半。另据不完全统计，京官中，反对签约的宗室贵胄及二品以上京官有十余人；二品以下有奏事权的官员有五十余人次；翰林院、总理衙门、国子监、内阁、六部官员皆有大规模的联名上书，签名者达到六百多人次。显然，各级官员才是反对马关议和的最有影响的主体。

在官员们上奏的影响下，刚参加完会试，正在等待发榜消息的各地举人，也基于爱国热情，上书反对签约。按照清制，举人不能直接上奏，只能写成公呈由都察院代奏。自4月30日起，都察院每天都代奏大批举人的上书。以康有为所称都察院拒收其上书的5月2日那天为例，就转递了湖北、江苏、河南、浙江、顺天、山东、四川等七省举人的八批公呈，签名者324人。这样的转奏，直至5月8日方才结束。上书总量多达31件，签名的举人多达1555人次。另有公车135人次参加了京官们领衔的7件上书。4月30日,梁启超领衔80名广东举人上书,只是诸多上书中的一件。档案表明,所有上书均达御前。所谓都察院拒收上书的说法是不成立的。

事实是,康有为的"万言书"根本没有去递。

1895年夏,上海出版了《公车上书记》,书前刊有署名为"沪上哀时老人未还氏"于五月朔日(5月24日)作的序,说法同康氏后来所作《自订年谱》大相径庭:

> 各公车再联十八省同上一书,广东举人康长素……主其事,草疏万八千余字,集众千三百余人……文既脱稿,乃在宣武城松筠庵之谏草堂传观会议……和款本定于四月十四日在烟台换约,故公呈亦拟定于初十日在察院投递,而七、八、九三日为会议之期。乃一时订和之使、主和之臣恐人心汹涌,局将有变,遽于初八日(5月2日)请将和款盖用御宝,发使赍行。
>
> 是日天本晴丽,风和星爽,忽于晌午后大雨震电,风雹交作,逾刻而止,即其时也。是时松筠庵左中议者尚数十百人,咸未稔用宝之举,但觉气象愁惨,相对欷歔,愤悒不得语,盖气机之感召然耶?是夕议者既归散,则闻局已大定,不复可救,于是群议涣散,有谓仍当力争以图万一者,亦有谓成事不说无为蛇足者;盖各省坐是取回知单者又数百人,而初九日松筠庵之足音已跫然矣,议遂中寝,惜哉惜哉。

按此说法,康有为发起的上书于5月2日胎死腹中。夭折的原因是举人们认为"局已大定,不复可救";地点是在松筠庵而不是在都察院。也就是说,康有为在1895年5月下旬还承认,作为他后来自编年谱中所描绘的"公车上书"历史事件并不存在,顶

《公车上书记》书影

多只能称作"公车集会"或"公车拟上书"而已。

根据翁同龢5月2日日记,这天天气晴朗。早上光绪召见军机大臣一个半小时,已"幡然有批准之谕"。他们讨论了如果外国斡旋能否挽回局面的可能性后,军机大臣们"战栗哽咽,承旨而退",在午前结束办公,各回自己的衙门去了。申初(下午3时左右),雷从西北来,甚震,雨一阵旋过,风雨自然与是否用玺无关。此时最高层即便看到了官员士大夫反对签约的上书,也不会成为决策的依据。但需说明的是:皇帝在《马关条约》上盖印的确切日子,是5月3日,因此,所谓都察院2日声称"既已用宝,无法挽回"云云,全然不知从何说起。

进而我们还可以怀疑松筠庵集会。假如确信真有一次流产的"公车拟上书"事件,举人们究竟是哪天在松筠庵集会的?"湫隘"的松筠庵，能够挤进上千人吗？按康有为和"未还氏"的说法，康是在一千二三百人的集会后才开始撰稿的，那么当他写罢公呈，是否又邀集这干人马前来松筠庵第二次集会？抑或仅是征集签名？这些疑问，迄今为止，似乎没有人能够说得明白。由于现存的关于"公车上书"的所有材料均为康有为及其弟子门生所撰，且又说法不一；同时代在京的大小官员士大夫，乃至进京应试的举人，在他们的书信、笔记、文稿中均未提起如此重大的事件，这确实值得打一个大大的问号。

另外，参与此事的人数，康有为及其门生的说法也是大相径庭的。康本人除了说一千二百人外，又说有三千人。梁启超有时说一千三百人，有时说千余人，有时说三千人或数千人。《公车上书记》所刊题名，为六百零二人。人数的上下悬殊，是否也暗示了他们在这个问题上，本来就是不严肃、不负责、随心所欲的呢？因此有人猜测，《公车上书记》上刊载的题名录，可能仅是参加松筠庵集会的签到名单，究竟有多少人在上书上签过字，则是一笔糊涂账。

可以说，"公车上书"是康有为对历史的一次成功的大欺骗。他后来在《汗漫舫诗集》中煞有介事地说："东事战败，联十八省举人三千人上书，次日美使田贝索稿，为人传抄，刻遍天下，题曰《公车上书记》。"又吟诗称：

> 抗章伏阙公车多，
> 连名三千毂相摩，
> 联轸五里塞巷过……
> 美使田贝惊士气则那！
> 索稿传抄天下墨争磨。

凭空把没有上奏的万言书的社会影响说得如此之大，似乎已到洛

莫谈时事逞英雄

阳纸贵、神州传颂的地步,并将美国公使搬出来唬人,目的只有一个:抬高自己的身价。

据当代学者考证,《公车上书记》其实是康有为及其门生避开北京,拿到上海租界里自行出版的一本小册子,此书初版广告刊载于当年7月10日《申报》,从时间上说,距松筠庵会议不过68天,速度可谓极快。其广告曰:

新出石印《公车上书记》○盛世危言

寄售上海四马路古香阁书庄

中日和约十一款,全权大臣传电至京,举国哗然。内之郎曹,外之疆吏,咸有疏争。而声势最盛、言论最激者,则莫如各省公车联名同上之一疏。是书系粤东康长素先生主稿,洋洋洒洒,万八千字,皆力言目前战守之方、他日自强之道。近闻美国公使已将是书翻译至美,前《新闻报》曾按日排登,然未得全豹,不及十分之一,凡迁都、练兵、变通新法诸说,皆缺如焉。兹觅得全稿,并上书姓名,石印成书,以餍众目而快人心。每部实洋两角。

为了推销此书,代销商在《申报》上又刊登过六次广告,宣传声势在当时堪称绝无仅有。但只过了五十多天,《申报》又登出如下"告白":

原本《公车上书记》大减价

本坊前售都门友人石印此书,因存数尚多,兹自七月十一日(按,即8月30日)起减价发兑:每大本洋四分,每小本洋二分。要者请即购取。

此布

四马路古香阁告白

这本售价洋二角的小书,已经成为特价书了。

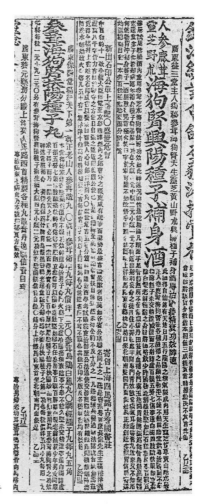

当年刊登在《申报》上的《公车上书记》广告

德国哲学家波普尔曾说，在社会科学研究中，要证明一件事很困难，因为缺乏足够的材料，但要证伪却不难，因为往往只要一两条材料就够了。奇怪的是，证明康有为在"公车上书"事件的记载中弄虚作假，自相矛盾的材料比比皆是，但几乎所有的教科书、通史类著作、辞书，以及绝大多数研究专著论文，却都陈

莫谈时事逞英雄

《申报》上刊载的《公车上书记》减价广告

陈相因，重复着错误的说法，并加以大量定性的评论。许多现代知识分子将"公车上书"看成是近代知识分子觉醒的嚆矢，倾注了大量的感情。可惜他们没有去细读原始史料。

康有为为什么要杜撰出所谓的"公车上书"事件呢？这要从中国官场制度和知识分子入仕之途说起。

作为一个想有作为却无背景的知识分子，在封建时代的出路，唯有先通过科举改变地位和身份，然后顺着官场的阶梯慢慢地攀援而上，直至熬到一定地位，再来实现"治国平天下"的宏愿。中国的科举制度为布衣晋身卿相留出了巨大的空间。北宋汪洙所撰儿童启蒙读物《神童诗》曰："天子重英豪，文章教尔曹"，"满朝朱紫贵，尽是读书人。"这在世界古代历史上是绝无仅有的。但是，科举制度尽管为平民入仕打开了一扇门扉，而整个官场，却沿循着资历等级、逢迎阿谀、明哲保身等原则，来消磨人的意志和锋芒，待到位极人臣，往往已经没有办事的魄力了。

清代有人作《一剪梅》四首，讽刺官场弊端：

其 一

仕途钻刺要精工,
京信常通,炭敬常丰。
莫谈时事逞英雄,
一味圆融,一味谦恭。

其 二

大臣经济在从容,
莫显奇功,莫说精忠。
万般人事要朦胧,
驳也无庸,议也无庸。

其 三

八方无事岁年丰,
国运方隆,官运方通。
大家赞襄要和衷,
好也弥缝,歹也弥缝。

其 四

无灾无难到三公,
妻受荣封,子荫郎中。
流芳身后更无穷,
不谥文忠,也谥文恭。

虽是戏谑文字,却把为官之道揭露了个淋漓尽致。

这种弊端的核心是"中庸之道",反映的是整个官场的集体堕落。到了清代,中国的封建专制已臻完善,根本不允许有独立于体制之外的政治家和政治反对派。所有的政策只能由皇帝来决定，所有的争端只能由皇帝来裁决。而一切有思想有见解的高级官员，也只有在获得最高统治者的支持或特许后，才谨慎地发表一些不同于传统的见解，并且还要时时忧讥畏谗，以免遭遇不测。于是，一方面是专横的皇权统治，皇帝对于他所发现的一切腐败和弊端，采用极为严厉的惩罚措施；另一方面，官场对于底下发生的一切问题，能掩盖的就竭力掩盖，后任对前任的亏空，能弥缝的都竭力弥缝。面对一个同乡、同年、师生、姻亲及其他种种利害关系编织起来的错综复杂的官僚利益集团，谁又能保证自己将来不碰到什么麻烦呢？

对于这种末世的悲哀，有识之士看在眼里，但他们又能有什么办法？龚自珍只能写诗作文含蓄地批评一下；曾国藩在他没有手握实权拥兵自重之前，也仅仅只在咸丰帝登基时，应诏说了一次，其余时间，依然坚奉"沉默是金"为圭臬。

康有为的风格做派就完全不同了。他到北京后，双管齐下，一面入仕，一面从政，办媒体、兴学会，开拓出官场以外极为活跃的政治舞台，成为不依附自己官员身份的职业政治家。这是晚清政治出现的前所未有的变化，显示着一种新生力量的兴起。

毕竟时代在变。

腐朽沉闷的中国社会快要走到尽头，确实需要冲击一下了。康有为应运而生，是个天才的宣传鼓动家。尽管未曾上书，他所写的那篇文字，仍然是当时所有反对和约的文件中最精彩最有分量的。他借松筠庵做自己政治上崛起的第一个舞台，表演起来驾轻就熟，四两拨千斤，不费多大劲，就取得了极好的效果。我甚至隐隐觉得，他在起草上书时，就已经准备拿到上海去出版，而不是送到都察院递交的。有没有真正上过书，在他看来并不重要。

摄影术是可以假造的。这张收录《中国百年摄图录》中的光绪皇帝与康有为、梁启超的合影,就是通过简单特技伪造的照片。因为梁启超从来未曾见过光绪帝。

在历史上,使用伪造照片来达到政治目的的著名事件,是1907年"丁未政潮"中,粤人蔡乃煌将伪造的两广总督尚书岑春煊与康有为、梁启超、麦孟华合影(或说与康有为,与梁启超的单独合影),通过李莲英进呈慈禧太后,袁世凯遂达到扳倒岑春煊之目的,蔡乃煌则得上海道台之肥缺。慈禧太后不知照相是可以拼接的,所以上了大当。但在时尚人士中,这却不是新奇的秘密。再往前追溯二十年,李鸿章创办轮船招商局,以马建忠为总办,沈能虎副之。马为倾轧,伪造沈与妓女合影照片密呈李鸿章,李鸿章见沈能虎,斥责之,沈当场不敢辩解,回头告诉旁人:"苟以傅相(李鸿章)影加于其上,无不合也",一时传为笑柄。

1916年5月22日,蔡乃煌在广州被龙济光、岑春煊逮捕枪毙。罪名曰:"蔡乃煌无罪可科,国人皆曰可杀。"这也是中国司法史上最别开生面的判决词了。

莫谈时事逞英雄　　157

他是极富想象力的，三年以后，他还策划了鼓动言官入大内乾清门伏阙痛哭，以请变法的表演，尽管没有实现，但同样显示出他所刻意追求的轰动效应，使人想起明朝嘉靖三年（1524年）七月，二百二十九名京官为反对以旁支入承大统的嘉靖皇帝尊本生父献王为皇考的"大礼议"时，在左顺门伏阙力争的往事。而松筠庵，正对他的胃口。据说康有为就是坐在谏草堂里起草万言书的，他是否觉得自己很像杨继盛？他行事从不"中庸"，甚至可以说是不择手段，怪不得翁同龢在向光绪皇帝举荐他之后，又说他"居心叵测"，阅历丰富的翁同龢显然没有看错。

在封建时代，品评士大夫的操行是有严格标准的，我们今天可以不从道德的角度去评论康有为在宣传"公车上书"时的所作所为，但不能不对中国资产阶级政治家登台亮相的第一幕演出刮目相看，叹为观止，拍案叫绝。

于是我又想起了杨继盛。

杨死后七年，严嵩方败。又越五年，才获昭雪。也就是说，他至少先行了时代七年。杨继盛是君子，他怎么想就怎么说，耿直、刚毅、愚忠，不回避责任、不玩政治游戏，只反贪官不反皇帝，为了皇帝不惜牺牲自己的生命。这样的品行，容易为士大夫甚至统治者接受。假如文学家艺术家多编些戏文的话，他今天的知名度应当在海瑞之上。

与其对比，康有为无疑更是先知，他的维新变法思想和行动，大大领先于时代，在中国历史上的分量，也大大超重于杨继盛。但康有为不以启蒙思想家为满足，他是属于自负极高、行动性极强的那类人物，懂得抓舆论宣传、抓上层关系甚至抓武装力量的重要性。手里握着多种方案，为了达到目的，可以随时更换。他善于"作秀"和"造势"，有极强的鼓动性，说的和做的常常不是一回事，有种不同于普通思想家的"霸气"。他天生就把现代政治家的阳和阴、优点和缺点、理想主义和机会主义、公开操作和私下交易，糅合在自己的身上。这样的人物，在近现代史上还可举出数位，他们一登台亮相，就能吸引全场的关注。他们是英雄，是天上下凡的星宿，历史在他们手里，总是发出灿烂的光彩。在没有光彩的时候，他们还会营造出光彩，召唤着追随者一同前进。于是，人们对于他们的另外一面，就往往佯装没有看见。

不是一两句结论，就可以概括历史上的许多复杂事件。研究政治史的学者，是否应当对这种现象实事求是地反省一下呢？你所回避的消极面，对于民国以后的社会政治，对于后来许许多多期望从政以改造社会的善良知识分子，究竟带来了哪些负面影响呢？

1995 年初稿

2005 年修订

附　记

拙著《被调整的目光》出版后，我在网上读到孤云的文章《偶像的黄昏》，接着是暨南大学袁钟仁教授的文史小语《孙中山、梁启超的"自白"》（《羊城晚报》2003 年 1 月 27 日），都同意我对"公车上书"事件的考证。袁教授指出，梁启超 1921 年在天津南开大学讲授《中国历史研究法》时说："吾二十年前所著《戊戌政变记》，后之作清史者记戊戌事，谁不认为可贵之史料？然谓所记悉为信史，吾已不敢自承。何则？感情作用所支配，不免将真迹放大也。"不过，梁氏究竟把哪些"真迹放大"，以致所记不成为"信史"，没有讲清楚。1996 年，姜鸣在上海出版《被调整的目光》一书，其中《莫谈时事逗英雄》提出：光绪二十一年四月八日的"公车上书"，历史上没有此事，完全是康、梁二人所伪造。姜鸣以大量史实论证这是欺人之谈。梁氏所谓"将真迹放大"，原来如此。

我也读到了戊戌变法史研究专家汤志钧先生的批评。汤文《公车上书答客问》先发表于1999年7月17日《光明日报》，后又收录于新近出版的《戊戌变法史》（修订本）。惟汤文举各地举人纷纷上书反对签约为例，得出结论"怀疑康有为'发动''公车上书'，而说甲午战后没有'公车上书'，似欠妥当"，令我大惑不解。因为我说的是，当时确有大批公车上书，都察院并不拒收公车上书，但康有为所描绘的"公车上书"历史事件不存在。这个观点，汤先生其实并没有找到史料予以反驳。

去年，茅海建教授以其大作《"公车上书"考证补》手稿见示。茅海建运用大量档案文献，从政治决策高层的角度，重新审视"公车上书"的背景、运作过程及其影响力，指出由广大举人参与的"公车上书"，其实是由高层政治人物翁同龢、李鸿藻、汪鸣銮等人发动，京官组织，目的为了阻挠《马关条约》的签订。茅海建认为，康有为组织举人联名上书，是一次流产的政治事件，但被康、梁派一次又一次地涂抹，色彩越来越靓丽，情节越来越戏剧化，从而成功地书写了他们的历史，并被许多历史学家所接受。《公车上书记》的刊行，是康有为及其党人聪明且效果彰显的重大决策，是政治上的巨大成功，也使得康有为名声一震。而这一时期递至御前的31件公车上书，此时正默默地在军机处的箧柜中睡觉。

2005年2月

阅世空有后死身

访宣南重话"戊戌政变"

从前,城墙尚未拆掉的时候,北京城包括内外城两个部分。

内城是明初永乐帝朱棣在元大都的基础上改造而成的,以皇宫为中轴,将城区分成东、西两半,也就是现在地铁环线所包围的整个区域。到了清朝,旗人全住内城,王公贵族的府邸自然也就建在内城里。外城紧挨着内城的南部城墙,修筑于明嘉靖年间(1553年前后)。由于是新城区,商业区和各种娱乐业、餐饮业在前门一带有较大的发展。居民住宅则集中在靠近前门和宣武门、崇文门一带。因此,历史上北京有"东富西贵,南城禽鱼花鸟,中城珠玉锦绣"的说法,不是后来人敷衍出来的"东富西贵,南贫北贱",更不是现在某些北京人津津乐道的所谓自古以来南城"风水不好"云云。

清代汉族官员和士大夫大多住在外城,尤其住在宣武门以南一带区域。在他们的笔下,常把这里称作"宣南",而自称"宣南寓客"。那时候,因为外城空地较多,房价不贵,所以也成为各省会馆集中的地方。进京赶考的举人和一些京官,多借寓会馆暂居。嘉庆、道光年间,一些官僚士大夫在此组织过著名的"宣南诗社",观花饮酒,赏碑吟诗,潇洒而风雅。

宣南虽说是个笼统的地域概念,但也是可以大致匡算一下的。

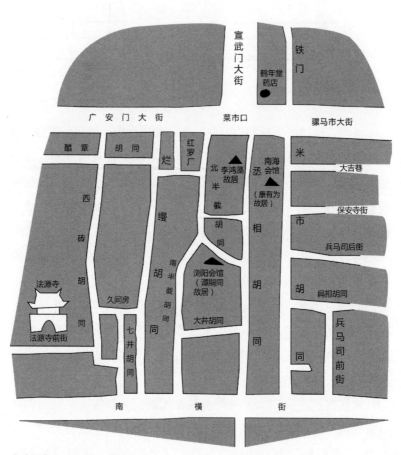

晚清的菜市口以南胡同略图

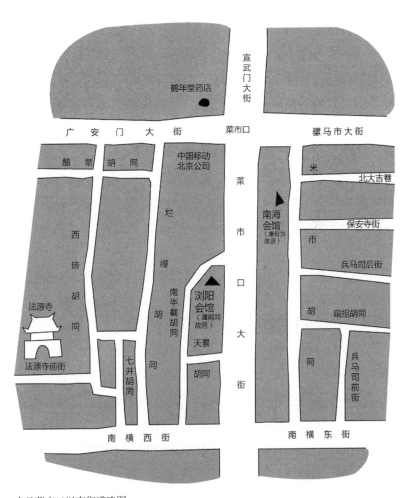

今日菜市口以南街道略图

当年外城房地产开发缓慢而有限,从宣武门向南一千七八百米直线距离(即今枣林前街至南横东街一线)之外,便没有营造街区和住房,因此可说宣南的南限到此就终止了。它的东西方位,沿着宣武门外大街左右展开,进深也不很大。

这一带的崇效寺、法源寺,以培植牡丹、丁香等花卉著称于京师,是文人雅士爱去的"花之寺",也是人们谈论宣南旧事时常常会提到的地方。关于"花之寺",我是在沈渭滨师的大著《一八四〇年》手稿中叙及林则徐早年在京活动时,首次读到的,因此更增添了对这一区域的浓厚兴趣。

"流寓"过宣南的名人真是灿若群星。可惜现在难以找到这些旧居遗址分布状况的系统资料。光绪年间,李若虹编撰的《都市丛载》,记载了当年384个会馆的名称地址,这些会馆,如今悉数无存。

1988年底,为了寻找康有为的故居南海会馆,我去宣南做过一次踏访。南海会馆地处米市胡同43号,在它附近的135号,是清末军机大臣潘祖荫的祠堂;64号原安徽泾县会馆,则是"五四"时期李大钊、陈独秀、胡适等人创办的著名杂志《每周评论》编辑部。若再往前追溯,明代权相严嵩的别墅"怡园",也在这条胡同。米市胡同西面的菜市口胡同,明代叫绳匠胡同,清代演化为丞相胡同。清末协办大学士军机大臣李鸿藻的府第在胡同的7号,另一位军机大臣孙毓汶的府第在斜对门的12号,所以称它丞相胡同确不为过。"戊戌六君子"之一的杨锐也住在这条胡同。再早些时候,1841至1844年,曾国藩也曾在这里住过三年。胡同里,还有明清时代北京规模最大、匾额最多的安徽休宁会馆。丞相胡同南部与北半截胡同相交,张佩纶、张人骏叔侄曾住在北半截胡同,想来张佩纶去拜访李鸿藻,是极其方便的。丞相胡同与北半截胡同的交会处,有个破烂的大杂院,就是当年极有名气的广和居饭庄。

如今,随着城市的发展,这里已属于城市中心地段。岁月的风霜和人口膨胀的压力,使得几乎每一个四合院落,都面目全非了。但是,只要有点儿历史知识,熟悉宣南的沿革掌故,在这一带小胡同里转悠,看着一块块红地白字细长条的胡同名牌的时候,仍会如同遇到久违的故人,产生一种亲切熟悉的感觉。那些写在书中的名字,仿佛都站立起来,化作一个个长袍马褂,顶戴花翎的血肉之躯;他们入值访友乘坐的骡车似乎正从胡同里辘辘驶过,家人手里提着的灯笼,也在风中晃动着火苗;而一扇扇或启或闭的门扉里,主人正和朋友议论朝政、切磋学问、闲谈风月……

南海会馆曾是分四路前后四进的大型院落。北跨院的中间院子,从前叫做"七树堂",以院中的七棵葱葱郁郁的老槐树而得名。康有为是广东南海人,他历次进京赶考,乃至组织强学会、创办《中外纪闻》、策动戊戌变法,都住在七树堂的三间西屋。康有为曾浪漫地把南海会馆想象为海,自己乘着一叶轻舟在海里作汗漫(漫无边际)游,故把居室命名作"汗漫舫"。

站在"汗漫舫"的门口,我轻轻叩门。

屋里传出老太太的声音:"谁呀?进屋吧。"

"汗漫舫"的正房很黯淡,墙皮剥落了,积着厚厚的灰尘。门的一边,放着液化气灶。另一边有口大水缸,缸上用三块木板做盖,这在北京是很少见到的。墙角里堆着几棵大白菜。一位老妇人斜坐在破藤椅上,缓缓地用调羹搅和着搪瓷茶缸里的麦片糊。

我说明来意:想看看康有为的故居。

老妇人对于这样的访问毫不意外。她介绍说,三间西屋,北

菜市口胡同7号李鸿藻故居　姜鸣1996年摄

作者与李鸿藻之孙李宗儁1996年在李鸿藻旧居前合影

面那间已另住一家,在外面自开门户进出。南套间是她家的卧室,中间有小门相通。

卧室凌乱不堪,没有一件像样的家具。床上僵卧着瘫痪的男主人。男主人八十多岁了,名叫关胜勋。他的祖父关文彬是光绪二十九年(1903年)的进士,排名二甲89名,位列后来编撰《光绪朝东华录》的朱寿朋先生之前。关太太记得刚来关家时,整个南海会馆共有十三个院落,住着八户人家。她说:"他家的老太太就像《红楼梦》里的贾母一样有福气!"

关太太沉浸在往事的回忆中,轻轻地絮叨着:康有为搬走后,区棠亮的父亲住在这里,然后便是关家。直至50年代,七树堂依然雕梁画栋,林木茂盛。回廊的墙上,镶着镌有苏东坡"观海棠帖"的刻石。如今南海会馆挤挤挨挨地住满八十几户人家,树木假山统统不存,每一寸空地上都搭起平房,尽西头康广仁(康有为弟,"戊戌六君子"之一)故居前的通道,搭建得只容一人进出了。

关太太如今年过花甲,患有半身不遂。女儿和老人不住在一起,只能两三天来一次,帮着买点东西,洗洗涮涮。平常全靠她挺着歪歪斜斜的身子,凑合着料理家务,照顾卧床不起的老伴。我没有细问他们从前的经历和人生故事,但觉得他们真像退潮后被遗留在海滩上的鱼,只能相濡以沫,一起艰难地走向生命的终点。

告别了汗漫舫,我又来到米市胡同西首的第二条胡同——北半截胡同。这里的41号,以前是浏阳会馆。谭嗣同的故居"莽苍苍斋"就在会馆的第一个院子里,五间坐西朝东的厢房,距离康有为的寓所非常之近。

浏阳会馆也沦为污秽的杂院。莽苍苍斋的现主人上班去了,门上别着把挂锁,我只好在院子里转悠。住在会馆山门搭出的小屋里的刘保利对我说:"来这儿考察的人多着呢,人人都叹息,但谁也解决不了问题。对咱老百姓来说,最关心的就是什么时候能够搬走。咱家在这里已住了五代,我曾祖父当年是会馆看门的,曾为谭嗣同收尸。咱总不能在这破门房里住第六代吧。"

毛泽东的秘书田家英生前十分钦佩谭嗣同,他把自己的室名取作"小莽苍苍斋"。我不知道他是否来过浏阳会馆。

此后我再也没有重访过宣南。但我的脑海里却常常会想起在密如牛毛的胡同里穿梭奔波的康有为。

康有为初登政治舞台时的许多重要活动都是在宣南进行的，这些活动更是与戊戌变法直接关联，所以人们总把康的名字同戊戌变法放在一起。我到宣南凭吊康有为、谭嗣同的故居，其实也是来缅怀这段逝去的历史，缅怀为了中国的富强和进步而浴血奋斗的志士。但是后来，当我阅读了有关戊戌政变的基本史料后，我对康有为在当时的作为产生了一些新的看法，同时更觉得应当对康、对当时的许多历史事实进行重新考订。

康有为是一个很有特点的人物。史学圈子以外的人大多只知道他是个改革家，而圈子里的朋友，除了承认他的改革家地位外，却每每对他颇有微词。前些时候读过一篇论文，题目叫做《康有为由狂入怪论》。这类立论的角度，除了对康，在其他历史人物研究中，真是不多见的。当年，御史文悌曾上奏严参康有为，说他常常晚上来访，车中携有衾枕，行踪诡密。经向康的随仆打听，是跑到住在东城锡拉胡同的户部侍郎张荫桓家去投宿。康为自己辩诬，说他在内城活动时，晚间借寓金顶庙。庙中没有铺盖，所以只能自备行李，而绝非住在张家。这个解释也有点儿勉强。因为金顶庙属于出租房舍的"庙寓"，在那儿投宿的人很多，难道都是带着被褥去的？就算庙里没有被子，康也可购置后放在那儿。一个正六品的"处级干部"，老是带着铺盖卷儿四处周游，确实招人生疑，至少也表明他是个行事怪僻的人。

行事怪僻是个人习惯，但康有为的怪僻更表现为他的极端固执，这对一个政治家来说，是个致命的缺陷。这个缺陷导致他政治上的偏激、狭隘和不成熟，也注定他不能从善如流，把握时机，领导维新变法绕过重重险滩暗礁走向胜利。1898 年在中国近代史

南海会馆七树堂旧照

南海会馆大门　姜鸣1995年摄

米市胡同南海会馆中的康有为旧居汗漫舫　姜鸣1995年摄

浏阳会馆莽苍苍斋谭嗣同故居　姜鸣1995年摄

康有为

上,是承上启下的重要年代,在中国迫切需要一个领导改革走向胜利的领袖人物的时候,却无人足以担此重任,这不能不说是中国历史的不幸。

近半个世纪以来,人们已经习惯把康有为看作变法的策动者,把光绪帝看作变法的支持者,把慈禧太后看作变法的反对者。这种简单化的结论其实来源于康有为自己对历史的解释,和后人对康有为之说的轻信。然而事实却并非如此。许多研究康有为的学者早已发现,在进行政治宣传和历史回忆的时候,康有为是很不尊重事实且又擅长吹牛造假的。但学者们出于种种善良的考虑,没有对康有为的作伪加以辨析和批判,除了少量专业论文外,在主要的通史著作和中学教科书中,反而为他隐讳,结果又造成对中国近代史基本叙述的偏差,这不能不说是中国历史教科书编者和读者的不幸。

如果不带偏见的话,应当承认:作为改革思想先驱,康有为提出的整体变法主张,在最初实施时,其实是获得皇帝和太后共同支持的。皇帝颁布改官制、废科举、办学堂、兴工商、设邮政、裁军练兵等措施，事先全都征得太后同意。从宫闱的角度论，慈禧不算是个有懿德的贤后，但在治国上，她还是个通达的女人，60年代兴起的洋务运动，就是在她的领导下进行的。甲午战争之后，中国面临瓜分危机，必须变法以求生存的客观形势，她也了解。她不搞"引蛇出洞"，明明不同意的事也先同意，让维新派表演一番再来收拾。当然，对于变法，她的认同是有界限的。康有为引入的立宪法、开国会等激进的西方政治主张，她就不能接受，但皇帝同样也未必会接受。所以光绪和太后在对待变法的态度上，并无本质区别。过于贬斥她反对变法，并不符合实情。

苏继祖《清廷戊戌朝变记》称：

> 皇上自四月以来所有举办新政，莫不先赴太后前禀白，而后宣示，虽假事权，并未敢自专也。每有禀白之件，太后不语，未尝假以辞色；若事近西法，必曰："汝但留祖宗神主不烧，辫发不剪，我便不管。"

可是太后和光绪帝之间，却有权力之争，也就是对治国的大政方针究竟谁最后说了算的问题。三十多年间两度垂帘听政，使太后成为实际上的女主。光绪亲政后，她名义上退居二线，但她强烈的权力欲和控制权力的能力，使得本非皇位继承人，又从小在她监护下成长起来的光绪依然有名无实。当光绪感到痛苦，想通过变法向太后索回权力以"独振乾纲"的时候，这种斗争就变得激烈和残酷。

光绪发现，他身边的大臣，都是太后安排的。他需要建立自己的班底。人们以为，皇帝的班底就是"帝党"，领衔者为翁同龢，其实不然。翁是书生，不是权臣。说他想藉帝师的声势主持朝政升大学士则有之，说他为皇帝为自己在政治上勃兴而与太后

光绪皇帝

争权则未必。——当时所有高级官员,即便彼此在政见上有重大分歧,却都懂得把太后伺候好,尽量不卷入太后与皇帝之间的纷争,久居官场的翁同龢,又岂会引导皇帝去与太后搏击?时人说他"周旋帝后,同见宠信,亦颇不易",可见晚清政坛上未必有真正可靠的"帝党",光绪只不过是个可怜的孤家寡人。

1898年春夏之际,光绪帝亲政有十年了。经历了甲午战争的失败和《马关条约》割台赔款的屈辱,经历了德国强租胶州湾和俄国强租旅顺口事件,中国的国运越来越坏。光绪帝强烈地想要有所作为。他开始起用新人。康有为以其炽热的变法言辞吸引了光绪的注意。康是想通过依附皇帝来施展自己的政治抱负,他的介入,使帝后关系中大大地增加了复杂的因素。

9月初,礼部尚书怀塔布、许应骙拒绝转递该部主事王照建议皇帝奉太后出访外国,并以日本为访问第一站的奏折。公开的理由是日本多刺客,从前俄国皇太子和李鸿章在日本都曾遇刺,没有说出来的想法显然是对本部下属这种耸人听闻、标新立异的主张不以为然。光绪认为二人阻挠言路,将他们连同另外四个侍郎

荣禄

一同革职。而以王照"不畏强御,勇猛可嘉",赏给三品顶戴,以四品京堂候补,连升四级,以示激励,史称"礼部六堂官事件"。这事极大地象征了光绪帝广开言路、起用新人的变法决心,也是他借题发挥,为自己树威的一个举措。但处理过严,于法无当,激起老大臣的强烈不满。他们纷纷跑到颐和园向太后哭诉。太后感到了皇帝隐隐发来的攻击力量,她对光绪变法的支持,在干部问题上首先出现了转捩。

此时主政的大臣,总体上都具有洋务倾向。毕竟已是19世纪末叶了,积几十年与洋人打交道的经验,他们对于世界大事也有所了解,只是观念还比较保守,要他们拿出新思路也比较困难。但冲突的真正焦点在于,皇帝驱使不惯这批老于世故的官僚,注定要搞自己的班底,而大臣们看不惯康有为和一批资历尚浅的后进,觉得小臣的得势预示着自己的没落。变法图强的宏愿最终变为纠缠不清的人事纷争,从太后与皇帝的权力再分配传递为老臣和小臣的权力再分配。

带着情绪,军机大臣荣禄曾对人说:"康有为立保国会,现

懋勤殿其实是位于乾清宫西侧的庑廊,看不出宫殿的样子,现在改作故宫博物院陶瓷馆　姜鸣2003年摄

放许多大臣未死,即使亡国尚不劳他保也。其僭越妄为,非杀不可。"这种想法,对其他感到大权旁落的枢臣,是极易得到共鸣的。而康有为认定老臣必然是改革的阻力,当面向荣禄发出挑战说:"杀二三品以上阻挠新法大臣一二人,则新法行矣。"

双方如此杀气腾腾,矛盾又怎么会不激化呢?

9月14日,光绪帝去颐和园请安,并向太后请示开懋勤殿以议新政之事。懋勤殿是乾清宫西侧的一座配殿,同治年以后,一直空关着。康有为授意宋伯鲁、徐致靖、王照上折,呼吁仿照康熙、乾隆、咸丰三朝事例,开懋勤殿,选一批"通国英才"如康有为、梁启超、康广仁、黄遵宪等通达时务者和外国政治专家在此办公,日夕讨论,以做皇帝的顾问。也就是把维新变法以来实际上依然无法接近光绪的康有为、梁启超送进宫去(至于皇帝选择谁进入懋勤殿辅佐自己则是另外一回事)。富有政治经验的慈禧一眼看出这是维新党人在建立制度局、议政处的设想被否决后，藉祖宗成法打压当权元老的新举措，当即对光绪处理礼部六堂官的做法提出了严厉的批评。这恐怕是变法以来光绪帝十二次上颐和园请示懿旨第一次听到太后的反对意见。所以他感觉不好，次日在召见军机章京杨锐时，发出如下密诏：

> 近来仰窥皇太后圣意，不愿将法尽变，并不欲将此辈荒谬昏庸之大臣罢黜，而用通达英勇之人令其议政，以为恐失人心。虽经朕屡次降旨整饬，而并且随时有几谏之事，但圣意坚定，终恐无济于事。即如十九日之硃谕（按即罢免六堂官之谕），皇太后已以为过重，故不得不徐图之，此近来之实在为难之情形也。朕岂不知中国积弱不振，至于阽危，皆由此辈所误；但必欲朕一旦痛切降旨，将旧法尽变，而尽黜此辈昏庸之人，则朕之权力实有未足。果使如此，则朕位且不保，何况其他？今朕问汝：可有何良策，俾旧法可以全变，将老谬昏庸之大臣尽行罢黜，而登进通达英勇之人，令其议政，使中国转危为安，化弱为强，而又不致有拂圣意？尔其与林旭、刘光第、谭嗣同及诸同志妥速筹商，密缮封奏，由军机大臣代递，候朕熟思，再行办理。朕实不胜十分焦急翘盼之至。特谕。

密诏反映出光绪在观念上激进而在行动上受到太后掣肘时的焦虑。但并不是告急文书，"朕位不保"的前提是"将旧法尽变，尽黜昏庸之人"这一假设，皇帝是咨询"良策"，而不是授权救援行动，况且他还要"熟思"，方案要"不致有拂圣意"，且光绪帝指名"妥速筹商"的，是四位军机章京。康有为充其量也只能列入"诸同志"之中，证明在此时皇帝心中，决非不可或缺的股肱。后来康有为在流亡中，篡改密诏，欺骗外国人和华侨，伪称密诏内容是：

> 朕唯时局艰难，非变法不足以救中国，非去守旧衰谬之

> 大臣而用通达英勇之士，不能变法。而皇太后不以为然，朕屡次几谏，太后更怒，今朕位且不保，汝康有为、杨锐、林旭、谭嗣同、刘光第等可妥速密筹，设法相救。朕十分焦虑，不胜企盼之至。特谕。

这就面目全非了。他将自己的名字加入所谓"密诏"，到处招摇和集资，更显示其行事的不择手段。

真正使康有为感到惊讶的是，17日光绪帝明发了一道上谕，促其离京：

> 工部主事康有为前命其督办官报局，此时闻尚未出京，实堪诧异。朕深念时艰，思得通达时务之人，与商治法，康有为素日讲求，是以召见一次，令其督办官报，试以报馆为开民智之本，职任不为不重，现筹有的款，着康有为迅速前往上海，毋得迁延观望。

这道上谕的真实含义是很费思量的。按康的说法，这天御史杨崇伊到颐和园递折请太后训政，皇帝感到形势紧迫，为了保护他而公开示警。但排比日期发现，杨氏奏折要到18日才递，17日并无征象表明局势会有大的变化。因此亦有人理解为光绪在杨锐的建议下，想用促康离京来缓和矛盾，作为继续变法的一种妥协；或是光绪在慈禧太后压力下，被迫以此方式，表白自己与康并没有什么更深的联系；甚至有人认为，光绪对康有为在京过于招惹是非已有不满，想把他赶走，省得整天听他聒噪（康在变法期间，平均两三天上一道奏折，广泛涉及政治、经济、军事、文教、社会风俗等各个领域，有些言论过于激烈，大有毕其功于一役的气势，极为引人侧目），在给杨锐的密诏中未列康的名字就是一个佐证。

康有为对于光绪用严峻的语气促他出京肯定大不受用。为了给自己长脸,他在流亡到上海时,对英国领事班德瑞(Frederick S. A. Bourne)信口编造说皇帝还有给他的第二份密诏:

> 朕今命汝督办官报,实有不得已之苦衷,非楮墨所能罄也。汝可迅速出外,不可迟延。汝一片忠爱热肠,朕所深悉。其爱惜身体,善自调摄,将来更效驰驱,共建大业,朕有厚望焉。特谕。

根据康有为《自订年谱》中的说法,18日早上,林旭向康和谭嗣同出示了光绪的密诏,旋召梁启超、康广仁、徐致靖、徐仁铸、徐世昌同读。众人"痛哭不成声","经画救上之策","乃属谭复生入袁世凯寓所,说袁勤王,率死士数百扶上登午门而杀荣禄,除旧党"。又说袁答"杀荣禄乃一狗耳",建议"天津阅兵时,上驰入吾营,则可以上名诛贼臣也"。

这是整个戊戌变法史上最为关键的谎言。何以见得呢?

其一,所谓18日早上与林旭、谭嗣同同读密诏。按照军机四章京的值班日程,杨锐与林旭一班,入值为15日、17日;刘光第与谭嗣同一班,18日早上谭嗣同应当去宫中处理公务,岂能与康有为等人聚读密诏?

其二,如前所述,"勤王"之说是以假诏"今朕位且不保"、"妥速密筹,设法相救"为前提的,该假诏在18日尚未伪造出来,因此,维新党人倘若聚读密诏的话,得悉的只能是皇帝在期待他们想一个两全其美的办法,就密诏内容而论,虽令人震惊,尚没有理由抱头痛哭。按正常逻辑,读完密诏,他们应该回书房去写奏折提建议。

其三,康有为说,同读密诏者中还包括袁世凯的幕僚徐世昌,这也仅是孤证(戴逸先生引徐世昌日记,说徐本日行踪为"出城,料理回津。晚又回城",即是去南海会馆读密诏,旋陪谭嗣同去见袁世凯,似属推测,证据并不充分）。如果徐世昌早上即读真诏，则明确知道皇帝没有授权救援行动，但密诏提到"欲朕一旦痛切降旨，将旧法尽变，而尽黜此辈昏庸之人，则朕之权力实有未足。果使如此，则朕位且不保，何况其他？今朕问汝：可有何良策，俾旧法可以全变，将老谬昏庸之大臣尽行罢黜，而登进通达英勇之人，令其议政，使中国转危为安，化弱为强，而又不致有拂圣意？"这样耸人听闻的话语，他必然要设法立即转告袁世凯，岂会将剩下的大半个白天继续厮混在康有为处？如果他真的留在康处，则是完全介入了军事密谋，到了晚间，谭嗣同再去袁世凯处游说，则袁对康的整个谋反计划已经一目了然，他的算度，显然就不再是站在帝后之间的选择，而是站在太后和康有为之间的选择。这样的话，袁世凯后来在戊戌日记中大可正面指出，谭嗣同诱迫他杀荣禄完全是矫旨政变，他完全可以不背"欺君告密"的罪名。问题在于，袁世凯当晚无法辨清密诏真伪，所以他还犹豫，还同康党虚与委蛇，甚至还要回天津与荣禄商量，这样的话，徐世昌也参与跪读密诏的说法就难以令人信服了。

可是，康有为却预感要出事了。这恐怕是他已经获悉了本日御史杨崇伊奏请太后重新训政的情报。尽管四天前光绪给杨锐的密诏和上一天命令康有为出京的上谕各有不同的背景，但在18日早上读来，却真是别有一番滋味在心头。何况康有为早就酝酿要采取军事动作，密诏坚定了他实施政变冒险的决心，于是他不再奉诏设计方案，并在没有皇帝授权的情况下，策划当夜游说袁世凯，准备发动政变，进行军事冒险。

康有为后来在国外说，光绪给他的密诏原文，他已经烧毁了。他以为这样就无可对证。他没有想到，密诏原文在杨锐手中。杨锐死后，他的儿子杨庆昶趁扶柩出京的机会，将密诏缝在同县举人黄尚毅的衣领中带回四川原籍。宣统元年（1909年），光绪和慈禧都已作古，他们将密诏交呈都察院，也就是交给大行皇帝的弟弟兼新皇帝的生父摄政王载沣。康有为伪造密诏的真相由此大白于天下。1910年，资政院议员陈宝琛又上《请宣布杨庆昶所缴景庙手诏并昭雪戊戌冤狱折》，指出"幸而杨锐奉有先帝手诏，于孝钦显皇后顾念人心、慎重变法之至意，与先帝承志不违、委曲求全之苦心，皆已昭然若揭"。

话说回来，假如光绪真的给了康有为密诏的话，无论站在"忠君"的道德立场，还是看在江湖好汉的哥们义气上，康都应该严守秘密、保持缄默，因为此时光绪待在北京，处在慈禧的直接控制下，透露他们之间的关系，绝对只会加剧慈禧对光绪的仇恨和虐待。这是政治家的基本人格。然而康有为不，他明明没有密诏，却偏要伪造密诏，并大肆宣扬光绪皇帝对他如何如何之好，由此他发誓在海外一定要"保皇"！以此来募集捐款，提供他的生活和活动所用。他后来果然凭此向华侨募集了很多钱财，则得以周游世界，广置产业，过着优哉游哉的富裕生活。

在康有为，采用军事手段来对付慈禧太后，其实并不是9月18日才想出来的急智。事情还要向前追溯。

这年6月间，太后提出秋天到天津去阅兵。康有为研判她是去搞"兵变"来废黜皇帝，从这时起，他就萌生出"武力废后"的基本思路。太后有没有兵变计划呢？迄今未见证据。从她后来发动政变的实际动作看，则证明完全无须跑到天津去干，也无须动用军队。所以有人认为她不过是想借机会到外面玩玩罢了。做皇帝做太后其实都是缺乏行动自由的，清朝皇帝，只有乾隆最为潇洒，六下江南，留下许多传奇佳话。但这也是劳民伤财的苛举，乾隆之后就完全停止了。太后性格上爱玩爱热闹，活到六十多岁，除了早年去过热河避暑山庄和祭扫祖陵外，整天只能待在皇宫、三海和颐和园，自然寂寞。到天津阅兵，算是桩支持富国强兵的新政，谁也不好反对，可是此行却被猜测去搞政变。所以，康有为在策动王照前往天津游说驻守芦台的淮军将领聂士成而为王照拒绝后，又积极建议皇帝重用正在小站训练新军的袁世凯，袁于9月14日应召到达北京，引起官场的震动和种种猜测，直接加剧了北京的紧张气氛。

宫廷政治总是充满着阴谋，政变是这种阴谋的最高形态。诸如运动军队、废除太后（或是皇帝）、捕杀大臣、改变年号，这在中国古代历史中不绝如缕，对于阅读过《资治通鉴》、二十四史的饱学之士，更是耳熟能详。虽然手无缚鸡之力，但他们比军人更爱议论军队与政权的关系。作为后人，我们无须对政变这种方式作出是非或道德评判。从当时整个局势的发展来看，康有为显然十分明白，到了斗争的最后关头，双方狭路相逢，总是要白刃相见的。既然如此，不如未雨绸缪，先发制人。

可惜在实际生活中，心想事成的机会实在太少。康有为不是日本的"维新三杰"，更不是法国的拿破仑，他手中没有可供调遣使用的军队。他想借用湖南会党首领毕永年。毕永年于9月12日到达北京，旋即住进南海会馆。在汗漫舫，康有为多次与他谈论了包围颐和园，逮捕乃至处死太后的打算。但整个计划由于缺乏操作性，毕永年不以为然。

康有为最后想借助袁世凯的军队作垂死一击。按毕永年的《诡谋直纪》所述，9月18日白天，但见康氏兄弟等纷纷奔走，午饭时，同住会馆的钱维骥告诉他康有为要杀太后。毕答，我早就知道了，康有为就想要我去干呢。晚上，康、谭前往法华寺走访袁世凯（在康有为和袁世凯的回忆中，这天夜间的谈判仅谭嗣同一人前去）。次日，毕永年从谭嗣同处获知袁世凯没有允诺，知道事机已经败露，立即搬出了南海会馆。

18日夜间谭、袁会谈的真相究竟如何现在难以搞清楚了。回过头来总结，既然没有军事夺权的可能，康有为在最初算度双方力量、构架变法策略时，就不应该走极端化的路线。若干年以后，曾是维新激进人士的王照批评说：

> 太后先年原喜变法，此时因不得干政，激而阴结顽固诸老，实不过为权利之计耳。余为皇上计，仍以变法之名归诸太后，则皇上之志可伸，顽固党失其依赖矣；而张荫桓之为皇上谋，与此意相反。南海（按即康有为）袒张，谓撤帘已久之太后，不容再出。

这是一个很有意思的见解。它指责康有为和皇帝都操之过急，偏于极端，不仅没有与太后结成统一战线，相反先要封杀太后，将其归入顽固党中，扩大了打击对象，犯了盲动的错误；而后人又偏信了康有为对于维新失败原因的一面之词，而忽略了康的错误判断给历史发展带来的重大挫折。

康有为是19世纪90年代的知识分子。在他身上，既有关心国家命运、希望变法图强的强烈愿望和奋不顾身地投入现实运动的实践精神，又有急功近利、虚荣自负、狭隘偏激的性格缺陷，这就是历史给予中国的不成熟的改良维新运动的领袖形象。

接近9月下旬时，北京的政局变得越来越微妙了。太后凭着丰富的政治经验，感觉到了威胁的阴影——皇帝不听话的迹象当然很多，从"礼部六堂官事件"，到任命杨锐、刘光第、林旭、谭嗣同四人为军机章京，参与新政事宜的任职安排；以及开懋勤殿、召袁世凯入京觐见等种种迹象中,她看出皇帝的政治主张趋于激烈。加上那几天日本前首相伊藤博文又来访华,皇帝预定20日在宫中接见他,一些大臣谣传皇帝欲聘他为懋勤殿的改革顾问,从而以外国人来压太后,这都触犯了她的大忌,是她绝对不能容忍的。就凭这些,足以使得太后翻脸,暂时放下她对维新的支持,甚至借用维新派的人头,来恐吓皇帝和皇帝的同情者。于是老太太也准备发动一场政变,从皇帝手中收回最高权力。

19日白天,康有为试图争取英国公使和日本前首相伊藤博文的支持,没有成功。他手里所有的牌全都打光了。

傍晚,太后从颐和园回到宫中。她宣布此后新章京所签拟的各项文件,都要交她先看。这样一条规定,就使皇帝扶植自己羽翼的努力轻而易举地失败了。这里需要说明的是,光绪命杨锐等四人为军机章京,参与新政事宜,其工作职责只是处理司员士民上书的时务条陈,拟写签语以便皇帝阅读,并不接触更不替代原先由军机大臣和军机章京处理的日常朝臣奏折业务。刘光第、谭嗣同从入值起到被捕止,甚至没有机会见到光绪。康有为明明知道这些情况,却说四章京"实宰相也,即以群僚所上之折,令四

林旭

谭嗣同

刘光第

人阅看拟旨,于是军机大臣……实伴食而已",故意夸张他们的权限,也使后人对于当时中枢的权力结构产生误解。当然,即便四章京的实际权力不大,慈禧太后此时仍作限制和防范;光绪天性懦弱,本来就没有采用政变方式来处置太后的打算;康有为虽然已到不惑之年,但在宫廷政变的想象力上,只有"扶皇帝登午门",或皇帝在阅兵时"驰入"袁世凯营中、下诏命袁诛贼臣之类程式,与精明干练、深谙政治运作方式的太后相比,他仿佛是一个旧小说旧戏文看得太多的土乡绅。

20日这天在平静中度过。早晨,皇帝在宫中第三次召见袁世凯时,康有为离开了生活数年的南海会馆,悄然"奉旨出京"。中午,袁世凯乘火车回天津。与此同时,皇帝接见了伊藤博文。在这两场活动进行之际,太后的影子始终就在皇帝的身边。由此可知,所谓袁世凯当晚向直隶总督荣禄出卖维新党人,荣禄又连夜赶赴颐和园报告之类说法,都是蛇足,可不必再论。

21日太后重新训政,下令捉拿"结党营私、莠言乱政"的康有为、康广仁兄弟。24日,宣布将张荫桓、徐致靖、杨深秀、杨锐、林旭、谭嗣同、刘光第革职治罪。26日,上谕派御前大臣会

康广仁

杨深秀

袁世凯

同军机大臣、刑部、都察院审讯此案,限三日具奏。同日荣禄进京。27日,慈禧太后召见荣禄。

据当时担任兵部司官的陈夔龙回忆,28日清晨,御前大臣庆亲王奕劻特在家中密嘱他和工部司官铁良代表其参与审讯,同办案官员商量设法解脱杨锐、刘光第。这说明连庆王都未闻政变之说,而且已接到一些方面的营救请求,开始做疏通工作。假若此时听说谋害太后的"大逆案",他是决不会插手营救的。约9时,陈、铁出庆王府。旋闻早晨某京堂封奏,请毋庸审讯,即由军机大臣刚毅传谕刑部,将谭嗣同等六人一体绑赴菜市口正法。被杀者,史称"戊戌六君子"。

人们相信,袁世凯在戊戌政变中是告了密的。即便政变不因告密而起,但21日他在天津,还是把有关情况泄露给了荣禄。问

中南海
瀛台抱爽亭

题在于,他回到天津时,尚不知道太后会在次日重新训政。根据常识,训政之后的告密,在太后看来,虽然也属揭发,但更是大势所趋下的"坦白"。坦白固然欢迎,未必会被认同,反而会归入"脚踩两只船"、"首鼠两端"的另册。袁世凯日后的境遇是受到信任和提拔,则他的告密应当在训政之前。比如袁世凯戊戌日记里就没有交代他19日的动向,而这也正是他获悉了康有为政变计划后的第一个白天,他去见过什么人呢?有人判断袁在20日回津之后即向荣禄汇报,22日通过杨崇伊将消息从天津带回北京,23日告知慈禧太后,但这种推论没有史料支持,而在24日捕拿新党人物时,也没有将谭嗣同特别列出,谭在抓人谕旨中的排名,位居四章京第三,不过是作为新党人物同案被捕而已。难道这个告密直到27日才由荣禄当面报告太后吗?这似乎能解释迟至29日,上谕中出现了康有为"纠约乱党谋围颐和园,劫制皇太后"的罪名,但没有细节,也没有涉及谭嗣同。近百年来,人们翻遍了故宫档案，迄今没有找到一件关于此案的人证物证，因此也就无法真正回答袁世凯何以得到宠信的缘由。

或说在政变后的某天，消息才传到北京，京津道上，往来之人固然很多，与太后取得联系的中转渠道，可能会是庆王，但我从常识推测，假如庆王听说了围园劫后的"大逆案"，又岂能分清谁是真正的参与者，28日他敢布置人开脱杨锐、刘光第？

其实杨锐是张之洞的人，而非康党人物。他在入值后的私信中说："现在新进喜事之徒，日言议政院，上意颇动，而康梁又未见安置，不久朝局恐有更动。每日条陈，争言新法，率多揣摩迎合，甚至万不可行之事。兄拟遇事补救，稍加裁抑，而同事已大有意见。今甫数日，即已如此，久更何能相处？拟得抽身而退，此地实难久居"，就是一个证明。而张之洞在听说杨锐被捕后，致电正在北京的湖北按察使瞿廷韶，要他请军机大臣王文韶、裕禄出面营救，指出杨与康党无涉，是另一个证明。杨锐死后，盛昱作《杜鹃行哀杨生也》。诗中有"翻云覆雨骤雷霆，竟与逆人同日死"；"茂陵遗稿分明在，异论篇篇血泪痕"之句，说的都是当时熟悉内情的士大夫的看法。这些旁证，使我产生一个疑团：光绪的密诏为何在他手中从15日压到18日？这期间，杨锐是否对皇帝密诏提出的问题已有建言，比如赶走康有为换取太后的谅解，所以他要看一下皇帝的态度，直至见到17日的明发上谕，他才把诏书抄给林旭。同时，他似乎也应当对朝中大臣有所沟通和作出铺垫。让大老们确定他与康党的区别。他有没有向谁泄露过这封密诏？

此类猜测还可以提出许多。经过百多年来历史学家的细致考证，戊戌政变的种种细节，有的开始澄清，有的依然扑朔迷离，给我们留下很大的想象空间。这正是历史研究永远吸引后人的原因，所以我们还可以一代又一代地继续探究事实真相。当然，有些真相恐怕是永远也无法搞清楚了。

北半截胡同的北口外，是著名的菜市口，清朝著名的行刑地。那天我出了浏阳会馆后，在菜市口流连了许久。

菜市口地处宣南的交通要冲，当年就很热闹。史书记载菜市口刑场"东至铁门（胡同）南口外起，西至丞相胡同北口外止，每逢秋后朝审，在京处决犯人众多时，由东向西排列。刽子手亦由东向西顺序斩决"。这是一种严酷的治术。而那时的居民，并不因为挨近刑场而感到晦气，大家都愿意观赏杀头的红差。这又是什么样的心理？

在中国近代史的浩瀚人物中，谭嗣同是我景仰的英雄。他是在这里死的。谭嗣同一直被认为是康有为的忠实追随者，也是个亦儒亦侠的传奇人物。但从前些年发现的毕永年日记《诡谋直纪》中，我们获知谭嗣同其实并不支持康氏搞政变的那套想入非非、一厢情愿的思路。而最令人感动的是，当局势恶化之后，康有为走避了，梁启超走避了，他却和林旭相约不走。

站在过街天桥之下，我不由默念起谭嗣同的著名遗言：

> 各国变法无不从流血而成，今中国未闻有因变法而流血者，此国之所以不昌也。有之，请自嗣同始。

这是多么高尚的气节和献身精神！

在一同殉难者中，林旭是前南洋大臣沈葆桢的孙女婿（沈是林则徐的女婿），也是个激进的青年才子，死时年仅23岁。林夫人闻其死讯，亦自杀殉夫。杨锐是张之洞的门生，在改革观念上更趋持重。但临危受命，正气浩然，目击者说他就刑之时，血吼丈余，"冤愤之气，千秋尚凛然矣"。刘光第遇难后，尸身不倒，观者惊叹，皆焚香罗拜。他的嗣子,伏尸痛哭一日一夜而亡。更有御史杨深秀,在慈禧重新训政,朝中形势突变,维新言论万马齐喑,大小官员正准备调整自己立场倾向的9月23日,上奏诘问光绪被废原因,要求慈禧撤帘归政。这份梗直和勇气,令我肃然起敬。

戊戌变法失败的原因可以继续探讨,为变革流血牺牲的烈士却是不可轻慢,更不可以忘却的。"戊戌六君子"是在民族危亡关头挺身而出的仁人志士,他们永远值得后人怀念。

如今菜市口的丁字路口,飞架着一座过街天桥。宽敞的马路上,车流和人流匆匆来往。路东,当年监斩官歇脚并代为保管杀头砍刀的鹤年堂药店早已迁到路西,原址改为百货商场,喇叭里正播放着流传了半个世纪的时代曲《蔷薇蔷薇处处开》。关太太告诉过我:从前鹤年堂是有权用死囚的颈血做人血馒头入药的。此说使人想起鲁迅小说中的夏瑜和华老栓。中医是种古老的医术,但有许多奇怪的药引和偏方。为什么会想到人血呢?我不明白。

谭嗣同也是想到血的。

大约,在最古老最神秘的祭祀仪式中,血是巫师手中祈祷胜利与祥和的象征。

1988年12月初稿

1996年修订

2003年12月再次修订

附记一

在完成本文之后,我于1996年3月8日,利用去京开会之便,重访宣南,为本书补拍一些历史照片。在原南海会馆,我得知关胜勋先生已在几年前作古,关太太被送入敬老院。汗漫舫的门紧锁着,大杂院显得更为破落。一位邻居妇女正色地告诉我:这里属于私人住家,是不能拍照的。而更多的人,以为我是房产商,纷纷向我打听动迁的消息。他们似乎只有一个愿望:找到有钱的开发商,快把这旧房子拆了吧。

1996 年记

附记二

  2003 年 12 月,我再次踏访宣南。今非昔比,从前破旧的城区,造起了高楼大厦。本来,宣外大街到骡马市大街就打住了,形成一个 T 字形的路口。现在,南北向的宣外大街穿过骡马市继续向南,铲除了菜市口胡同到南、北半截胡同之间的大片旧宅,新辟出车水马龙的菜市口南大街,也有人把它称作"传媒大道"。从前的一些会馆房舍,消失在柏油马路之下。北半截胡同浏阳会馆借谭嗣同的光,得以保留西面的院墙,原来胡同深处的四合院,现在成了突兀的临街房子。从 1995 年摄下的照片对照今天的景观,我发现会馆外墙被贴上暗红色的墙砖,显得不伦不类。而院子里,莽苍苍斋更加陈旧不堪。浏阳会馆北面,耸立起一栋栋据说为 21 世纪"传媒人"准备的高档住宅。一个居民问,这房子什么时候拆啊?我说,这是文物,大概不会拆吧。居民说,那老百姓在这儿怎么过?我说,前面不是盖了许多高楼吗?居民说,这和我们有什么关系,我们就是拆迁,也住不到那房子去。而北京的朋友告诉我,这里由于靠近菜市口,新楼房很难出售。

  米市胡同的南海会馆还在,门前堆满了垃圾和蜂窝煤,旁边还有等待转让的小发廊。南海会馆对面的 54 号,是栋民国时期的西式两层建筑,一位在这里住了七十余年的老人说,这儿曾经

正对菜市口南大街的浏阳会馆　姜鸣 2003 年摄

是婚丧嫁娶轿子租赁铺，相当于如今为年轻人结婚提供豪华轿车的服务。这是目前米市胡同最气派的房子了，不知将来能否被有"文化眼光"的传媒大道开发商们相中，创办一个充满怀旧风情的婚庆公司？

2003 年 12 月记

落尽夭桃又秾李

从八大胡同想到赛金花

一

1990年2月的一个下午,阴霾满天,似乎将要下雪。我在瑟瑟寒风中逛了一圈琉璃厂书肆,也没有找到可意的书。这时,我忽发奇想,决定到从前的八大胡同去漫游一回。

"八大胡同"是北京前门西南隅八条胡同的统称。清末民国年间,为娼优聚居的芳菲之地,名声极大,类似南京的"秦淮河"、上海的"四马路",用一个笼统的地名作红灯区的简称。究竟哪八条胡同,就说法不一了。《清稗类钞》载:

> 京师八大胡同,……即石头胡同、胭脂胡同、大李纱帽胡同、小李纱帽胡同、百顺胡同、皮条营、陕西巷、韩家潭是也。……或谓有十条胡同,则益以王广福斜街、樱桃竹斜街是也。

《都门识小录》则引用一首竹枝词作介绍:

> 八大胡同自古名,
> 陕西百顺石头城。_{陕西巷、百顺胡同、石头胡同。}
> 韩家潭畔弦歌杂,_{韩家潭。}
> 王广斜街灯火明。_{王广福斜街。}

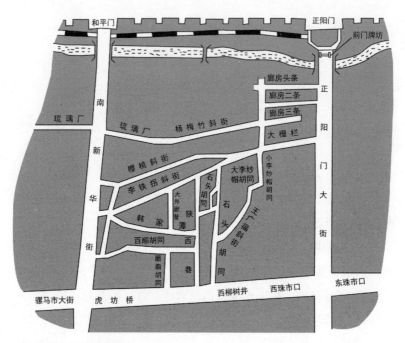

民国初年八大胡同略图

> 万佛寺前车辐辏， _{万佛寺湾系一小横巷，西通陕西巷，东通石头胡同。}
> 二条营外路纵横。 _{大外郎营、小外郎营系一巷，折为二条，北通李铁拐斜街，南通韩家潭。}
> 貂裘豪客知多少，
> 簇簇胭脂坡上行。 _{胭脂胡同。}

我从琉璃厂东街迤逦东去不远，穿过桐梓胡同，来到樱桃斜街和铁树斜街，就到了八大胡同的地面了。寻找一番，得悉不少巷名在1965年已经更改。比如铁树胡同，便是当年的李铁拐斜街；大李纱帽胡同，改称大力胡同；小李纱帽胡同，改称小力胡同；韩家潭，改称韩家胡同。我不由想起王广福斜街，在更早的时候，是叫过王寡妇斜街的。当年清人评论说：改动数字，"地名稍雅，而失其真矣"。但在今人看来，保留这类地名之"真"，似乎并无意义，且看洋洋洒洒百余万字的《北京名胜古迹辞典》，就是不设"八大胡同"辞条，读者不难体察个中端倪。

这里是非常普通的旧城区。道路狭窄，街道两侧都是灰暗斑驳的围墙。透过漆皮剥落的院门看去，院里没有什么花草点缀，也没有影壁游廊的痕迹，见缝插针般挤满了低矮的红砖或灰砖平房，显得密不透风。那平房，多半也是简易式的，似乎没见到卷棚顶或硬山顶的大房子。与走在鼓楼、西四一带的小巷，没有特别的差异。间或有几幢二层楼的半中半西砖式建筑，由于年代久远，也已残破不堪。对比刚刚走过的按照清代街面风格"穿靴戴帽"，粉饰一新的琉璃厂东、西街仿古建筑群，再遥想当年笙管弦歌、缠头争掷的风流景象，今日的八大胡同便更显得寥落和残败，犹如一具早已僵死的爬行动物遗蜕下来的躯壳，看不到半点温柔乡、销金窝的风韵。我料想，这里的每个院子，都有自己悲欢离合、如泣如诉的往事，踌躇许久，终觉不便串入某家，去细询昔日金粉勾栏的详尽情况。

落尽夭桃又秾李

昔日的八大胡同之一：陕西巷，这里的各种服务网点紧跟上时代的发展 姜鸣2003年摄

昔日的八大胡同之二：韩家胡同（原来称韩家潭） 姜鸣2003年摄

昔日的八大胡同之三：百顺胡同，胡同里悬挂的标语上写道："秩序好，发案少" 姜鸣2003年摄

二

有学者认为，妓女是人类历史上除了祭司或巫师之外第二项最古老的职业。中国的妓院史可以上溯到两千年前。但在清朝咸丰、同治年前，朝廷禁律较严，士大夫涉略花丛、挟妓冶游，例须革职。道光十八年（1838年），庄亲王奕賫、辅国公溥喜、镇国公绵顺等王公大臣，到东便门外的灵官庙去吸鸦片狎妓女，被当场抓获，成为轰动一时的丑闻，道光帝下谕革去他们的爵位。因此，这一时期京师的女闾业并不兴盛。文人相聚，无可遣兴，常招"像姑"唱曲侑酒。所谓"像姑"，是指那些二十岁以下唱青衣花旦的男伶，语义上，是"像个姑娘"的简称。也有用其谐音，叫做"相公"的。——北京人的缩略语常使人纳闷，眼下时兴把每乘坐十公里付十元车价的"大发"面包出租车（的士），说成是"面的"，便同"像姑"有异曲同工之妙。——在当时，大多是文酒之欢，称作"好色不淫"。作为一种时尚，未必均是后人理解的断袖之癖。像姑们的居处，就在八大胡同一带，而以陕西巷、韩家潭为最盛。稗史中说，像姑悬牌门前，称"某某堂"，并悬一盏角灯。庭中花木池石，室内鼎彝书画，陈设颇为雅致。客至，瀹茗清谈，诗酒流连。"韩潭月上，比户清歌"，堪称当年的"KTV"。

光绪中叶，社会日趋失控，禁网渐弛，内城的口袋底、砖塔胡同，出现了唱曲的女子歌班，其中多数暗中卖淫。八大胡同也飞出了莺莺燕燕。庚子之乱后，像姑烟消云散，妓院完全占领了八大胡同。时值"新政"，设立警察，妓院纳税，充作警费，妓院得以公开亮牌，称为"官妓"，与警察局相得益彰。但堂名悉数改称"清吟小班",或某某"茶室",兴隆了二三十年。近年来,许多人出国观光,发现国外妓女纳税,妓院只要开在指定区域内,也属合法。红灯区甚至可作对外开放的旅游景点,并有一套"公共厕所"理论,便大为叹服。殊不知,在这方面,北京人早在本世纪之初,已同国际接轨。

妓院自然是出卖灵肉的地方,但仅仅看作色情场所,也是不够的。美国历史学家罗伊·唐娜希尔在《历史中的性》(Sex in History)一书中认为,对盛行多妻制的中国丈夫而言,私家经营的青楼,是躲避家庭责任和纠纷的避风港。这里能提供宁静和松弛,精美的食物与饮料,音乐和舞蹈,当然,也可以提供夜间的殷勤款待。她认为,只提供性满足的妓院一直是很少的。上海社科院历史学者许敏在讨论晚清上海社会生活时也说,租界中的早期妓院还包括社交聚会、美食餐饮和演艺娱乐场所的功能。他说,妓女实际上是第一批在社会上自谋生存的 working girl,当时能在社会上抛头露面的女子也惟有她们。只是随着整个近代城市生活从各个方面的逐渐展开,早期妓女的各种社会功能才随之分解和专门化,最后更集中于性服务。

长期以来,人们把妓女看成私有制社会妇女遭受摧残蹂躏的畸形产物,但往往忽略了对她们从社会学角度进行全方位的考察和思考。妓女是融合了女人各种特质的复合体,她们把女人的美丽、温柔、善于和男人和谐相处的优点发挥到了极致;同时又将男人琢磨透了,有时利用姿色,有时利用柔弱,巧妙地控制男人,将自己的生活完全寄生在男人身上,从而将女人最美和最恶的两极融会一身。至少在八大胡同,号称"卖嘴不卖身"的清吟小班,门前香车宝马,结交公子王孙,仅靠色相而无公关能力,没有一二手动人心弦的表演技能,不懂得点诗书棋画,恐怕是难以打

赛金花旧照

动恩客的。其中出名者，还在一定程度上卷入上层政治。而不少政治交易和幕后活动，也确是在妓院进行的。

三

晚清八大胡同最出名的妓女，当推赛金花。

赛金花的出名，首先在于她的传奇经历。

据赛自述，她本姓赵，原籍在徽州。因为太平天国征战，父亲逃难到苏州。后来娶了苏州太太，她也出生在苏州。以后家道中落，她被人诱骗到花船上"出条子"，成了"清馆人"。十四岁（实际为二十三岁）嫁给了正在家乡守制的内阁学士兼礼部侍郎洪钧。虽说是第三房姨太太，但因洪钧是同治戊辰科的状元，所以赛金花也就被人称作"状元娘子"了。

台湾作家高阳曾写小说《状元娘子》，讲的是洪钧尚未中试前与山东烟台风尘女子李蔼如的爱情悲欢,读来扣人心弦。书中的洪钧,是个薄情寡义的负心郎,金榜题名后,不愿娶妓女作自己的正牌夫人,朝中提携他的以军机大臣沈桂芬为首的南派势力,也想把新科状元塑造成纯洁贤达的公众偶像,因而鼓动他抛弃了曾在逆境中鼎力扶持他进取的蔼如,把蔼如母女逼上投圜自尽的绝路。这个蔼如,便是小说《孽海花》第三回中提到的"新燕姐"。用《孽海花》最初的作者,笔名"爱自由者"即金松岑的说法,"赛之前生为烟台名妓,洪文卿游幕烟台,眷之。洪欲入得试春官而无资,妓助之五百金。即贵而弃之,妓缢。阅十七年……洪纳一小家碧玉于苏,入门则貌固俨然一烟台之妓也。弟于《孽海花》开宗,即影射此事。"前生云云,当属无稽。有无此妓,亦可存疑。但高阳却以此敷衍出一部三十余万字的长篇历史小说,把烟花女子企图通过婚姻改变命运的心情,刻画得丝丝入扣,这番本事,确实令人十分钦佩。

赛金花婚后数月,洪钧服满,被简派为大清帝国出使俄、德、奥、荷四国大臣。大太太不愿出国,洪钧便携带新婚燕尔的小妾(家里人称她"新太太")上路,在欧洲做了三年外交官。赛金花也就在欧洲的社交界做名正言顺的公使夫人,晤过德皇威廉二世和首相俾斯麦,游历过柏林、圣彼得堡、巴黎和伦敦。虽说在她之前,中国首任驻英公使郭嵩焘就带着侍妾梁夫人出使,第二任公使曾纪泽的夫人还在伦敦使馆生过孩子,但她们的名气都没有赛金花响亮。这恐怕同小说《孽海花》所作的夸张渲染有很大关系。尤其是洪钧任满回国不久病逝,赛金花不愿为他守寡,跑到上海,重做冯妇,挂牌开书寓,成为轰动一时的新闻人物。那会儿,赛金花年过三十,风韵犹存,据她自己晚年回忆:"出去时头戴一根大簪,三排小簪,每排都是四根,全都是翡翠的。梳着五套头——当时最时新的样式——颈上挂金链,戴着珐琅银表。冬天穿狐裘都是按着颜色深浅递换。我耳朵上的那副牛奶珠坠子就值几千两。"

1898年,赛金花北上天津,弄了五个南边姑娘,开"金花班"。次年又进北京,就住在八大胡同李铁拐斜街的鸿升店里。她常常男装打扮,被人称作"赛二爷"。从此南班妓女进入北京,北京妓院分作南北两大流派。

所谓妓院的南北特色,《清稗类钞》中曾有形象的概括:

> 大抵南帮活泼,而不免浮滑;北帮诚实,而不免固执。南帮仪态万方,应酬周至,若北帮则床笫外无技能,偎抱外无酬酢。顾亭林论社会情况,以"闲居终日,言不及义,好行小惠"评南人,以"饱食终日,无所用心"评北人,观南北两帮之妓女亦犹如是也。

赛金花的命运历尽坎坷曲折。1903年,她在陕西巷开妓班,花六百两银子买了个叫凤林的姑娘,不想她以前曾在小李纱帽胡同茶室里混过,有个熟客想帮她脱籍未成,结果被卖到赛家班,又不堪赛金花的逼迫凌辱——想必赛金花也是个凶神恶煞般的鸨母——不久服鸦片自尽。赛金花虽然手眼通天,熟人极多,被解入刑部大狱后,官场中的相好为她奔走关说,但也花了大量冤枉钱,弄得几乎倾家荡产,最后才被解回苏州原籍。以后,她曾两度为妓,又嫁过两个男人,都先她而去,大约命中克夫。

晚年,赛金花过着贫寒的生活。1934年,曾在北大以讲授性学出名的哲学博士张竞生在上海为赛募捐,收获甚微,他写信通知赛金花:"我们对你是极愿意帮助的,然而为力甚微弱。无阔友,有也管不及了。"又说,"华北又告警了,你尚能奋斗吗?与其空念弥陀佛,不如再现身救国,一切慈善事均可加入的,看护妇也极可为。若能领率一班女同胞作有规模的社会运动,更是再好不过的。你打绒线工作吗,当多多打出,为无数贫民作纪念呵",很有点小白脸的油腔滑调。1936年12月3日,她在北平天桥附近的香厂居仁里16号与世长辞。死后连薄皮杉木棺材以及一应丧葬费用,都是别人捐助的。她被葬在陶然亭锦绣墩,如今墓地早已不存了。

四

时下在北京还能看到的与赛金花相关的遗物,一处是在陶然亭公园慈悲庵陈列室,内有赛金花墓碑,潘毓桂撰文,喻长霖撰额,吴炳麟手书,中国石公司镌赠,是黑色大理石制品,高约二米。这块墓碑,是北平沦陷后落水文人所营建的,如今记得此事的人已经不多了。陈列室中还有清末遗老樊增祥著名的前后《彩云曲》,以及张大千画的"彩云图",都刻成石碑,在赛金花活着的时候,就已嵌在陶然亭的北墙上。另一处则是中山公园里那座漂亮的汉白玉蓝琉璃瓦石牌坊,也就是当年十分著名的"克林德碑"。

克林德男爵(Baron Clemens Ketteler)是德国驻华公使。1900年6月20日上午,他乘轿前往总理衙门,试图交涉保护在京外交使团安全问题。途经东单总布胡同,被巡街的神机营章京恩海用枪击毙。

在此之前,北京的义和团发展得如火如荼,团民们到处攻打一切与"洋"字沾边的东西。义和团是一场以农民为主体的反帝运动。它的掀起,同19世纪末中国严重的民族危机直接相联。甲午战争后,列强纷纷在华划分势力范围。特别是德国强占山东胶州湾(即青岛)后,修筑胶济铁路,开发沿线矿产,以及大批外国商品的涌入,破坏了农村的自然经济,造成农民和手工业者生活日益艰难。外国传教士到处传教,教民以信教为护恃,为非作歹,也加剧了社会矛盾。相当多的人认为,他们生计的急速恶化,是因为外国人在修路、开矿、架设电报线时,伤了"风水"、"龙脉",所以,他们便以义和拳这种秘密会社的形式进行反洋教和排外的活动。各种"特异功能"大为盛行。人们确信,义和团的老师和大师兄能用法术搬请各路神仙人物附体。喝了符水,洋鬼子的子弹就打不进自己的身体。这自然是一种愚昧。但既然洋务派的"自强"举措没能顶住帝国主义的扩张侵略,维新派的变法也遭到顽固保守势力的血腥扼杀,中国农民就重返历史前台,以盲目排外的极端手段,来进行反抗西方侵略的悲壮搏斗。而更可悲的是,这场斗争又被朝廷内的顽固保守势力利用,掺杂着慈禧太后企图废除光绪皇帝帝位的宫廷黑幕,结果,被煽动起来的狂热民众,成了不可控制的街头政治力量,天天在北京追杀洋人和"二毛子",抢劫商店住宅,焚烧教堂医院,外国人只得躲进使馆,并在使馆外筑起街垒。

6月17日,六个国家在华的军队组成联军,攻打大沽口炮台。19日,慈禧太后决定向各国宣战,总理衙门宣布不再保护使馆,限外国人二十四小时内离京。克林德事件进一步恶化了局势,也是后来八国联军推选德国人瓦德西(Conut Alfred Waldersee)出任总司令的原因之一,还成为辛丑议和时德方勒索的主要理由。

辛丑议和时,男爵夫人一心要替丈夫报仇,提出要慈禧太后或光绪皇帝抵命赔罪,使得和谈陷入僵局。这时,做过中国驻德国公使夫人,又和联军统帅瓦德西是旧相识的赛金花出场斡旋。她告诉克夫人,要把太后列为元凶是不可能的。建议为克林德竖立一座牌坊,类似欧洲人的石碑或铜像,算是中国向德国赔罪的一种象征。这个建议推动了谈判的进程,并被写进《辛丑条约》的附件。

牌坊于1901年6月25日破土兴建,1903年初竣工,位置在克氏饮弹的总布胡同西口,四柱七楼,式样仿明十三陵牌坊,但规模较小(后者为六柱十一楼),用拉丁、德、汉文刻有清帝"惋惜凶事之旨",是中国近代国耻的象征。十五年后,德国在第一次世界大战中败北,北京市民兴高采烈地涌上街头,捣毁克林德碑。1919年,协约国出面,要求德国将被拆毁的克林德碑修好,移至中央公园(今中山公园),将坊额改为"公理战胜"四字,意思是"公理战胜强权"。集会那天,还把赛金花请去,站在前排,摄过一张合影。1952年,在北京召开的亚太地区和平会议,又决定把这个牌坊改为"保卫和平"坊,如今的坊额上,留下了郭沫若先生题款的手迹。我在中山公园徜徉时,曾拿着"克林德碑"的历史照片仔细对照"保卫和平"坊,发现了两个建筑间存在着明显区别:后者在四根立柱顶上作了重新处理,取消了较低矮的四组紫蓝色琉璃瓦挑檐,这样,整个牌坊就变成四柱三楼式了。

如何评价赛金花,是个复杂的史学课题。如何从折冲樽俎的角度评价赛金花关于修建克林德碑的提议,更不是本文的题目。何况关于赛金花的经历,关于赛金花与瓦德西的关系,历来还有不同的说法。一方面,樊增祥在流传一时的《彩云曲》中,大肆渲染赛与瓦的性关系,津津乐道地说当时中南海仪銮殿联军总部着火,"此时锦帐双鸳鸯,皓躯惊起无襦裤。"另一方面,有人认为,赛金花压根儿不认识瓦德西。关于赛的种种故事,都是无聊文人的杜撰和赛金花本人的吹嘘。1933年,北京大学教授刘半农和他的学生商鸿逵曾经采访了蜗居天桥、垂垂老矣的赛金花,根据她的口述出版的《赛金花本事》,也被看成真伪参半,扑朔迷

克林德纪念坊落成典礼

昔日竖立在北京东单西总布胡同口的克林德纪念坊

八国联军统帅瓦德西

中山公园里的"保卫和平"坊 姜鸣2003年摄

离。这种争论，被称作"赛瓦公案"，将来只要有兴趣，还可以继续考证下去。从前读《清实录》、读《东华录》、读各种各样的地方志，每每读到皇帝旌表某某妇人贞节的记载。能够获得这种荣誉的，大多守寡在四十年以上。我在安徽歙县岩寺镇附近的村庄里，还参观过一座石刻的贞节牌坊。这类"丰碑"，自然与赛金花无缘。但一些老北京市民，对于赛金花在八国联军进京烧杀掠夺时，出来维持秩序，保全地方安宁颇有好的传说，却是我在北京采访时多次听到的。所以，赛去世后，北平某报作挽联曰：

救生灵于涂炭，救国家于沉沦，不得已色相牺牲，其功可歌，其德可颂；

乏负郭之田园，乏立锥之庐舍，到如此穷愁病死，无儿来哭，无女来啼。

这副对子的下比，对名噪一时的赛金花最终穷愁潦倒地死去，极具同情。上比对赛的溢美，则有点儿过分。但不管怎的，我每每会从赛金花联想到法国作家莫泊桑笔下的《羊脂球》。

1936年，夏衍先生创作的话剧《赛金花》，也是取材于《赛金花本事》，作为国防文学的范本，借古讽今，影射国民党官吏连妓女都不如，以至影剧明星蓝苹小姐极想出演这位有声有色的女性，而与另一位名头更大的明星王莹小姐发生抢戏风波。到了70年代末，江青事败，世人再提江青这段往事时，轻蔑的语气，不过是觉得这位三流戏子怎么还抢着想演婊子。却大多淡忘了或根本不知道那年11月19日至28日，上海金城大戏院日夜连演十九场，场场爆满的空前盛况；淡忘了或不知道此剧是由尤竞、史东山、洪琛、凌鹤、孙师毅、应云卫、司徒慧敏、欧阳予倩组成八人导演团集体执导，王莹（饰赛金花）、金山（饰李鸿章）、张翼（饰瓦德西）、蓝兰（饰克林德夫人）等六十多名演员联袂出演的"悲壮哀艳

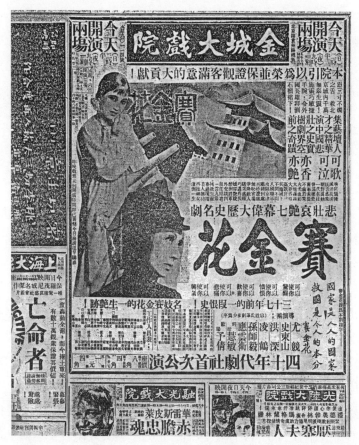

刊登在1936年11月20日《申报》上的七幕话剧《赛金花》演出海报

七幕伟大历史名剧"。当时《申报》上刊载的广告称作：

  集艺坛人才之精华 演中国悲壮之史诗
  树剧界空前之奇迹 餍戏迷已久之渴望

  凭三寸不烂之舌，救北京城内千万无辜生灵！
  施敏捷灵巧手腕，令外国英雄拜倒石榴裙下！

又说是：

  可以使你惊醒 可以使你愤恨 可以使你欢喜 可以使你悲痛 可以使你兴奋

  据魏绍昌先生考证，当年发生的"争演风波"，其实是业余剧人协会内部部分人员反对王莹主演赛金花引起的，由此引发王莹、金山另组40年代剧社专排此剧。而业余剧人协会则打算推出一个更为强大的阵容，其中除了赛金花一角由不太出名的徐悟英主演外，拟由赵丹饰李鸿章，郑君里饰瓦德西，英茵饰克林德夫人，舒绣文饰顾妈，蓝苹饰妓女。魏绍昌说，争演是两个剧团之间的矛盾，但他没有指出"部分人员"的名字。

  在那些日子里，赛金花如同重新出土的古董，被传播界猛炒了一番。上演《赛》剧的戏院经理，为了票房上的需求，还计划邀请赛金花来沪宣传，后因赛的身体原因而作罢。但其策划构思的内容——"弟欲藉此机会，请她南来，亲自登台，当能鼓动观众热情，将营业收入，提出若干，作为她养老之资，更提出若干，为劳军之用。观众必极踊跃。在她可以名利双收，在我侪亦可尽一些救国与救美人的工作"，充满了上海商人精明的生意经。为支持此剧，赛金花亲笔写了题词："国家是人人的国家，救国是人人的本分"，被印在报纸所刊的戏码广告上，似乎比今天大牌明星的广告语"我只用××"，或"××我喜欢"还高级一点儿。

> 国家是人人的国家
> 救国是人人的本分
> 赛金花

赛金花给话剧《赛金花》的题词

鲁迅是这年10月19日去世的。临去世前,他曾尖锐地批评说:

> 果然,在我卧病期中,全是精华的刊物已经出得不少了,有些东西,后面虽然仍旧是"美容妙法"、"古木发光",或者"尼姑之秘密",但第一面却总有一点激昂慷慨的文章。作文已有"最中心之主题":连义和拳时代和德国统帅瓦德西睡了一些时候的赛金花,也早已封为九天护国娘娘了。

此处鲁迅是指发表于当年第四期《文学》杂志上的《赛金花》剧本原作呢,还是泛指当时新闻界大捧赛金花的风气,我们不得而知。在鲁迅看来,在民族危亡之际,宣扬一个妓女和德军统帅的交往如何保全了北京市民的安危,本身并不足训,这个观点还是正确的。但对夏衍来说,在发表《包身工》的同时,"讽刺一下当局的屈辱外交"(夏衍语)也未尝不可。后来,《赛》剧到南京演出,当演到清朝官员向瓦德西叩头的情节时,国民党分管意识形态的中央委员张道藩——就是那个被徐悲鸿的前夫人蒋碧薇女士称作"面容清癯,身体显得有点单薄,一对炯炯有神的眸子,闪烁着智慧过人的光芒"的张道藩——领头发出尖叫,他的手下,则向舞台扔痰盂,便证明这种讽刺确实是有力量的。

赛金花死在《赛》剧演出结束后的第五天。

又过了九天,西安事变发生了。

五

雪花轻轻地飘舞下来，在地表和屋顶上渐渐积起一片白色。没有风。

我在韩家胡同伫立了很久。身后的那片围墙里，不知是否就是清初名士李渔所营建的芥子园？然后，我穿过陕西巷去虎坊桥。巷中有个农副产品集市，小贩们正在起劲地吆喝，买者依稀。

当日，大白菜每斤一角，花菜每斤八角，西红柿每斤一元，黄瓜每斤一元五角，韭菜每斤一元六角。

蔬菜上，也盖上一片淡淡的白色，淡淡的。

1991年1月初稿

1995年修订

2003年12月再改

人言是丹青

詹天佑铜像前的遐想

一

70年代,北京的市内交通费很便宜。花四元钱买一张学生月票,就可以游遍全城和部分郊区。有一天去八达岭,为了使月票的作用发挥到极致,我和同学葛文恩君决定乘公共汽车到南口转火车。这样,在八十二公里的总行程中,只需支出十八公里的火车票钱。指点我们去走这条经济路线的"老北京"说,知道这种玩法的人屈指可数,因此,路上就不致太拥挤。

我们先从德胜门坐上去昌平的汽车,再从昌平倒车。到了昌平,才发现开往南口的车很少,而打这种节省路费主意的人却很多。顶着炎炎烈日,大伙儿在尘土飞扬的昌平街头鹄立了半个多钟头,才瞅见一辆红色的老式单节公共汽车"吭哧吭哧"地开来,于是争先恐后地拥了上去,前胸后背,贴得紧紧,几乎不能动弹。因为谁都明白,误了时辰,便会错过班次更少的过路列车。

九点半,我们在南口顺利地搭上了开往内蒙方向的火车,放心地喘了口气,开始留神起窗外的景色来。铁路蜿蜒,在军都山的峻岭里转悠,逐渐爬坡登高。机车呻吟着,像一个负重的老人,走得很慢。大约用了五十分钟,才停靠到青龙桥,这就是我们的

京张铁路"人"字形火车道

本书作者1975年
摄于青龙桥詹天佑
铜像下　葛文恩摄

下车站。

青龙桥是个三等小站，四周被葱郁的群山环抱。长城在远远近近的层峦叠嶂间伸延，黛绿色的山峰和青灰色的城墙经过两千年的风滋雨润，早已融为一体，雄奇壮阔，令人心醉。但我的视线却被站台边耸立的一尊雕像吸引，情不自禁地走了过去。

那是詹天佑的铜像。詹氏穿着燕尾服，一手握着工作手套，另一手斜插在裤袋里，从高高的基座上，深沉地俯瞰着南来北往的列车和喧哗熙攘的行人。铜像落成于1922年4月24日，经历了半个多世纪的岁月洗礼，呈暗黑色，显得十分庄重。立铜像悼念亡故的名人，本是西方人的习惯，直到本世纪初，才在风气开通的上海，竖立过李鸿章、盛宣怀等洋务人士的铜像，后来也被毁弃了。至今保存完好的，有南京、广州等城市的孙中山铜像。这座詹天佑像是否可称国内现存最早的铜雕人像（佛爷除外），我没有把握，但无疑是可以归入珍贵的早期作品之列。

我最初是从1961年发行的"纪87"号邮票"詹天佑诞生一百周年"上，知道詹天佑这个名字的。后来又从好友刘壮兄悄悄借给我看的"文革"前杂志《电影文学》上刊载的《詹天佑》剧本中，了解到詹氏生平，所以对詹天佑怀有深深的敬意。在青龙桥看到他的铜像，真是个意外的收获。听说这铜像在"文革"初期曾遭破坏，此时刚刚恢复，所以我觉得，即便不看长城而专程前来瞻仰这件文物，也是很有意义的。

二

在《南京条约》签订后的第五年，1847年1月4日，十九岁的广东青年容闳，乘坐"女猎人"号帆船从广州黄埔起程，穿过撒落着珍珠般岛屿和珊瑚礁的南中国海,横渡浩渺无垠的印度洋,在圣赫勒拿岛凭吊了去世二十六年的一代雄杰拿破仑,又顺着大西洋湾流,于4月12日来到仅有二十五万人口的美国东部城市纽约,成为中国到新世界的第一个留学生。

后来,容闳学成归国,为曾国藩购买机器创办江南制造局。又通过曾国藩和江苏巡抚丁日昌说服清政府,批准从全国招收一百二十名幼童,分四批前往美国,准备用十五年时间,从小学读至大学,为中国的现代化培养和储蓄人才。詹天佑便是这个计划中的第一批幼童之一,1872年出国时年仅十一岁。

清政府为这项破天荒的教育方案,划出一百二十万两白银的预算,其中包括在康涅狄格州首府哈特福德的克林街建造了一座三层楼的华丽建筑,内有教室、餐厅、卧室、浴室及各种附属设备,以供幼童学习和生活。随后,学生们还住进美国家庭,受到很好的照顾。许多人后来都考入名牌大学。容闳的朋友特韦契尔牧师(Joseph H. Twichell)曾于1878年4月10日在耶鲁法律学校肯特俱乐部演讲说:

> 这一计划是要借用美国优良的教育组织:学院、大学以及部分专门学校为这些学童提供方便。等他们的才智逐步增长后,再派他们攻读各种专门课程,如物理、机械、军事、政治史和经济、国际法、民政原理与应用以及一切对现代行政有用的知识。经过这一番教育过程,要使这些学生牢记:他们属于他们的祖国,而且他们必须属于他们的祖国;他们是为了祖国,才被选拔来享受这种稀世殊遇的。……他们注定会在本国政府和社会中占有重要地位。除缺少经验外,他们受过各方面的良好培训,足为中国解决那些当务之急。比起同辈中任何其他一百个中华儿女来,他们会以更为自觉的

青年时代的容闳

第一批留美幼童1872年出发前在上海轮船招商局前的合影

1876年5月18日《哈巴周刊》所刊留美幼童在康州学习的情形。上图人像为容闳,中图为中国老师在给幼童上传统文化课,下右图的建筑物是1877年清政府在哈特福德建造的幼童出洋肆业局大楼

爱国责任心来激励自己的工作。

但在上个世纪,对中国人来说,公派留学决计不是诱人的美差良机。詹天佑的父亲詹兴洪,就曾在"兹有子天佑,情愿送宪局带往花旗国肄业。学习机艺回来之日,听从中国差遣,不得在外国逗留生理。倘有疾病生死,各安天命"的保证书上画过押,似乎签署了通往另一个世界的卖身契。由于受到朝廷内部顽固势力的阻挠破坏和美国出现的排斥华工浪潮,这个计划在1881年夭折。容闳和特韦契尔牧师做了大量工作,甚至通过美国著名作家马克·吐温去游说前总统格兰特（Ulysses Grant）也无法挽回。所有留学生被迫中止学业,遣返回国,并受到歧视。国内的官员以为,西方人的奇技淫巧就是"船坚炮利",要使这些在国外读过洋书吃过面包的人"学以致用",唯有去干水师。于是,学工程的詹天佑和相当多的同学都被分配在福建船政局的军舰上,另外一些留学生被派到电报局。他们经过很长时间的痛苦磨砺,才随着中国现代化事业的推进,重新崭露头角。比如唐绍仪,出任中华民国政府的第一任国务总理;梁敦彦,当过清末的外务部尚书;沈寿昌、陈金揆、黄祖莲,作为北洋海军军官,壮烈牺牲于中日甲午战争;唐国安,担任北京清华学校的首任校长;而詹天佑,则成为中国的铁路之父。

詹天佑毕业于耶鲁大学,属幼童中真正在美国完成高等学历教育的少数几个人之一。他生平最杰出的贡献,是1905—1909年独立主持京张铁路的勘察、设计和施工,使得他的专业知识在祖国发挥了作用。这个工程最为艰巨的关沟路段,就是南口至八达岭一线。为了解决高差带来的爬坡难题,詹氏提出用两辆机车推挽列车,并设计了"之字拐"展线方案,在青龙桥附近的山坡修筑了多层铁路,使列车在回旋褊狭的山区不断爬坡升高。我们正是沿着这条铁路来到青龙桥的,因此也就亲身体验到设计之精妙和工程之艰巨。

1988年,我和妻子赴京度假,重访长城。这次我们是从展览路乘旅游车前去,不再经过青龙桥。在八达岭北门停车场附近,新建了一座二层楼纪念馆,专门陈列詹氏生平事迹。展厅里有许多珍贵的照片,最吸引我的,是当年幼童在美国康州留学时,组成的"东方人"棒球队的合影,詹天佑站在后排。他们都穿着白衬衫和球裤,戴着领结或领带,辫子则已剪去,个个英姿勃勃,在茵茵的绿草地上灿烂地微笑,充满着自信。难怪冬烘先生们痛心疾首地说:"外洋风俗,流弊多端,各学生腹少儒书,德性未坚,尚未究彼技能,实易沾其恶习。即使竭力整饬,亦觉防范难周,极应将(幼童留学肄业)局裁撤。"用现在的语言来说,就是这些孩子年龄太小,世界观尚未定型,容易受到资产阶级思想的侵蚀。即使加强传统教育,也难以奏效,不如将其召回国罢了。谁能想到,就是这伙青年,在旧金山等船回国时,曾与奥克兰棒球队比赛并大获全胜。因为他们拥有耶鲁大学校队投手,能掷出高质量的低手球,以使全场观众大哗。用一个幼童的话来说,在那时,"又有谁看过东方人玩棒球呢?"

女作家陈丹燕告诉我,她在美国旅行时,有一天,和陈峰、公婷等几个朋友从耶鲁驱车去哈特福德,探访马克·吐温和斯陀夫人的故居。路上,听说附近有一个墓园,里面有容闳的坟墓,于是便停车去找。在火红的槭树、金黄的银杏的婆娑树影和茂盛的绿草丛中,是一片片灰白色的古老墓碑和雕塑。但他们没有找到容闳的墓碑,只得怏怏而去,引为遗憾。容闳的晚年是在哈特福德度过的,他支持康有为的维新变法,也支持孙中山的革命。他活到1912年,看到了辛亥革命的成功。

留美幼童唐绍仪（右）和梁如浩。唐绍仪后来成为民国政府的第一任国务总理。梁如浩则担任过清末的邮传部副大臣。两位可爱的小伙伴，成年后还结为儿女亲家——梁的儿子娶了唐的女儿　钱钢提供

留美幼童组织的棒球队，摄于哈特福德城克林街

后排左起：蔡绍基（后任北洋大学校长）、钟俊成（后任职美国驻华使馆）、吴仲贤（回国后任驻朝鲜领事，袁世凯小站练兵时任军火处长）、詹天佑（后为铁路专家）、黄开甲（1904年任美国"圣路易国际博览会"中国馆副监督，日俄战争后作为中国代表出席朴茨茅斯和会）。前排左起：陈钜溶（回国后转入福建船政学堂，毕业后去世）、李桂攀（回国后又返美完成学业，早年死于纽约）、梁敦彦（后任清政府外务部尚书，民初任交通总长）、邝咏锺（回国后转入福建船政学堂，毕业后分在"扬武"舰，在马尾海战中牺牲）。从照片看，这群中国孩子已经完全西化了

三

铁路是工业时代的象征,也是东西方沟通的象征。

中国第一条铁路,淞沪铁路上海至江湾路段,于1876年6月30日通车,与当时世界上第一条铁路——利物浦至曼彻斯特铁路的诞生,相距四十六年。

在当时,那个冒着黑烟"呜呜"作响的怪物带给中国人的并不是喜悦。朝廷以为,外国人修筑铁路侵犯了中国的主权。士大夫认为,火车打破了传统秩序的宁静。而老百姓,则抱怨铺设铁路损坏了田庐,妨碍了风水,乃至惊扰了在坟墓中安息的先祖亡灵。

通车后不久,有个人在轨道上行走,被火车轧死了,这成了一桩严重的事件。上海道台冯焌光提出"以命偿命",即判处火车司机死刑。外国人则怀疑死者是受地方官吏唆使,因为反对铁路的人曾经企图卧轨。其实,官方唆使百姓自杀并不可信,火车轧死人也实在算不得罪行。英国第一列火车通车时,下院前议长赫斯基森先生(William Huskisson)站在轨道附近,和惠灵顿公爵讨论铁路未来的美好前景。兴奋之际,没有发现身后驶来的机车,竟在大批观众众目睽睽之下被撞身亡,首开火车轧死人之纪录。但是,淞沪铁路终究被清廷以二十六万五千两白银买回,并于1877年10月21日停行,然后拆除了。

八个月后,在大洋彼岸,詹天佑考入耶鲁大学雪菲尔德工学院(Sheffield Scientific School)土木工程系,学习铁路工程。

1880年底,亦即距詹天佑大学毕业前一个学期,台湾巡抚刘铭传向朝廷提出修建铁路的建议,并得到李鸿章的支持,但也再次遭到保守势力的反对,被攻击为"直欲破坏列祖列宗之成法也,乱天下也"。在这场争论中,曾经担任中国第一任驻德国公使,算是见过西洋世面的刘锡鸿,上奏反对修筑铁路,洋洋洒洒,列举"势之不可行者九,无利者八,有害者九"。其中论证说:

  西洋专奉天主耶稣,不知山川之神,……我中国名山大川,历古沿为祀典,明禋既久,神斯凭焉。倘骤加焚凿,恐惊耳骇目,群视为不祥。山川之灵不安,即旱潦之灾易召。

又反对以发展交通带动旅游事业:

  或曰火车行则千里若近邻,凡夫探望戚友、寻赏幽胜者,无跋涉之劳,自必咸乐远出;往来人众,沿途之饮食住宿,船马剥载,土物购带,生理自然增多,其为利于民不少也。不知此惟洋人好游为然耳。……我中国方当禁民惰游,何为利此?

直到1888年6月1日,户部尚书翁同龢重读刘锡鸿此奏,仍在日记中写下如此观感:"看刘云生奏路不可修,言言中肯。"

为了推行修筑铁路计划,李鸿章只能直接求助于最高当局的支持。他建议在慈禧太后居住的西苑(即北、中、南三海)建造一条小铁路,由法国商人赞助全部费用。1888年底,小铁路竣工。铁轨从中海紫光阁、时应宫、福华门入北海阳泽门北行,至极乐世界东转,抵达终点镜心斋,全长约一千五百米。法商还提供了一台机车和六节车厢。这一新鲜玩意儿使得从未见过火车的慈禧太后、光绪皇帝以及王公大臣们开了眼界,从而使得太后转向支持修筑铁路,可以说是一次极为成功的广告策划。但可笑的是,慈禧太后讨厌宫闱大内中火车的声响,所以列车不用车头牵引,而是由太监们拉着在轨道上滑行,堪称世界铁路史上的一大奇观。

当时有人作《清宫词》曰:

  宫奴左右引黄幡,轨道平铺瀛秀园。

日午御餐传北海，飙轮直过福华门。

中国走向现代化的道路，真是充满了苦涩——苦涩的曲折和苦涩的幽默。

四

中国人最早与铁路打交道的地方，其实不是在自己的祖国，而是在大洋彼岸的美利坚。不是在康涅狄格州纽黑文的耶鲁大学，而是在加利福尼亚通往东部的崇山峻岭。

远在詹天佑还未出生时，就有许许多多华工开始在美国投入修筑铁路的工程。

那是在1860年代。美国东部已经有三万英里的铁路，富饶的加州却还被险峻的落基山脉所阻挡。一辆马车从密苏里河驶往旧金山要花六个月，比广州横渡太平洋到旧金山的帆船航程还要慢一半。修建贯通东西的大铁路，便成了连接这个国家的当务之急。从萨克拉门托通往东部的中央太平洋铁路，由于工程艰巨，招不到合适的工人，进展极为缓慢。于是，开始试招华工，效果出奇的好，以至后来工地上经常保持上万名华工，1800英里工程的百分之九十，全由华工承担。铁路公司董事克罗克（Charles Crocker）认为，一个修建了万里长城的民族，肯定能修铁路涵洞。在美华工，基本上来自广东。因家乡的战乱、灾荒和沉重的人口压力，加上受到新世界淘金热的鼓舞，他们不远万里，横渡大洋。19世纪50年代的中国移民达到三万五千人。可是，金矿很快被开采殆尽，大批华工便转向修筑铁路。为了打通长达1695英尺的唐纳隧道，九千华工奋战了整整九个月。他们的工具是镐、锹、锤子和撬棒，但也能巧妙地使用诺贝尔父子发明未久的硝化甘油炸药。

华工参与修筑横贯新大陆的美国铁路

1869年5月10日，铁路在犹他州奥格登以北的普罗蒙托里，与从奥马拉往东修来的联邦太平洋铁路接轨。四个华工扛来用加利福尼亚月桂树制成的最后一根枕木。克罗克在当天的纪念活动中说：

> 我愿意提醒各位注意，我们建造的这条铁路能及早完成，在很大程度上，要归功于贫穷而受鄙视的、被称为中国人的劳动阶级——归功于他们所表现的忠诚和勤奋。

从1848年到1882年，有三十万华工进入美国，平均每年一万人。他们从事采矿、筑路、农业，乃至开洗衣店、餐馆，对繁荣美国经济起了很大作用。但是，也就在同时，美国许多城市出现了排华骚动和暴乱。欧洲白人移民认为，勤奋廉价的华工夺走了他们的面包，抱怨他们是不信基督的异教徒。当南北战争完成了解放黑奴的历史进程后，反华运动也达到了顶峰。1881年11

1869 年 5 月 10 日，美国中央太平洋铁路在普罗蒙托里与联邦太平洋铁路接轨。铁路公司董事克罗克发表演讲

月 11 日旧金山的《窝斯比画报》(WASP) 曾刊登一幅漫画，画着该市海口竖立起一尊类似纽约自由女神的塑像，但高举火炬的是一个梳着长辫的华人，他的左手上握着一杆鸦片烟枪。漫画的说明用讽刺的笔调写道："纽约正在筹建港口的自由女神像（按：该像于 1875 年开始建造，1886 年落成），象征着美国的自由移民国策。三藩市华人泛滥，也来一个华人的塑像吧！"显示出当年白人的狭隘偏见。1882 年，美国国会通过了《排华法》，禁止华工十年内入境，并且拒绝中国留学生进入陆海军学校。这些事端也促使清政府下决心召回包括詹天佑在内的留美幼童，以示抗议。——事实上，《排华法》直到 1943 年才被废除，因为中国在二次大战中是美国的盟国，新法律规定每年可有一百零五名中国移民加入美国籍。每当我读到以热爱自由人权而自豪的美国人在近一个世纪中对华

《窝斯比画报》(WASP)刊登的反华漫画:我们港口的神像。神像背光上的文字是:污秽,不道德,疾病,毁灭了白人的工作机会

上海衡山公园旁的中国铁路工人纪念塔 吴兆东2003年摄

工的种种苛虐和暴行的记载,便想到美国的黑奴——有多少政论文章和文学作品描述了黑人的苦难,但为什么遗忘了那三十万饱经沧桑的华工呢?

终于,在公元1991年,上海衡山公园旁边的一块街头绿地上,竖立起一座用数百枚铁路道钉堆串起来焊接在角铁和水泥基座上的锐利向上的雕塑。水泥基座上的铜质铭牌镌刻着铭文:

中国铁路工人纪念塔

中国铁路工人所作的贡献是连接美国东西海岸并促使其国家统一的一个极重要的因素。本纪念塔用三千枚铁路道钉塑造,以表彰他们的业绩,并象征伊州人民和中国人民之间的持久友谊。

美国伊利诺伊州政府赠　州长詹姆斯·R.汤普森

塑造者:格洛尼亚·柯南

一九九一年一月六日

对于一百三十年前在内华达山和落基山的峻岭峡谷里献出汗水和生命的华工来说,虽然它来得太迟了一些,但这是一个公正的评价。

五

前不久,我从包头出差回京。在车厢里度过了一个闷热的夜晚后,列车披着和煦的晨风,稳稳地停靠在青龙桥站,使我在时隔多年后,重新看到了詹天佑铜像。而且,在铜像的后面,出现了一条四十七级的石阶,笔直地通向半山坡的詹天佑墓地。这是1982年新修的建筑,并把詹氏夫妇的骨灰,从原葬的海淀万泉庄移葬于此。墓冢很奇特,是在一块长方体浅色花岗石上,覆盖一

中年的詹天佑

个晶莹的汉白玉的半球,大约是象征着人类居住的地球吧。冢后是黑色花岗石横碑,镌刻着詹氏生平。新墓与铜像处理得浑然一体。从詹氏墓地远眺,旭日的光芒给群山披上了亮色。在明暗反差的冈峦之间,若隐若现的长城和盘曲伸展的铁路依然如故。詹天佑长眠于此,与他所营建的铁路相伴,真是一个极好的归宿。

我久久地伫立在詹天佑铜像下,思绪万千。交通是任何一个国家或地区发展的先决条件。古代是河流运输,近代是铁路运输,当代是高速公路及航空运输。我深深佩服詹天佑当年迈进耶鲁大学时对所学专业的选择,显然,他是充分明白这一选择的意义的。我们追念他的功绩,自然也不仅仅是因为他建造了京张铁路,而是怀念他在中国近代化发展的过程中所开创的划时代的事业。

中国铁路的总营运里程已近六万公里了,还有许多重要的干线正在陆续修建。辛亥革命后,袁世凯为了安抚让出"临时大总统"

职位的孙中山,任命他担任"全国铁路督办"。孙中山计划用十年时间修建二十万里铁路。他全力以赴地在地图上设计营运路线,用粗线将所有省会联结起来,又在县城之间画出支线。孙中山纸上的梦想和现实之间的距离其实是极为遥远的。比如,他设计的一条线路,从四川向西,绕过喜马拉雅山北麓,通过西藏西部,转北穿过甘肃,再进入中国内地。以至于他的外国朋友兼顾问端纳(William Henry Donald)先生不得不告诉他:"博士,绕过西藏那条铁路修不了,你只能用笔墨来修,仅此而已。铁路经过的一些山隘,高达一万五千英尺。"他们又讨论造路的资金,孙中山打算引进外国资本,而端纳提醒他,辛亥革命的导火线,正是清政府指望通过铁路国有,再转由外国资本经营的"铁路风潮"。这段往事一方面显示了作为革命巨子的孙中山,对于民族的富强,具有极强烈的浪漫主义的梦想情怀;另一方面也告诉我们,铁路建设是一件极为艰巨的事业,涉及自然环境、线路勘探、工程设计、施工工艺,以及更为重要的前提——巨额资金投入。用一个世纪的发展积累起来六万公里铁路,决不容我们骄傲。因为美国人随着高速公路的发展,已经拆除了八万公里铁路。按每平方公里铁路密度算,中国排在世界第七十位以后。而从铁路负荷强度算,每公里达到2580吨,位居世界榜首。超期服役的线路占总线路的二成,按人均拥有的铁路里程算,大约仅五厘米。中国人在赶超发达国家的激烈竞争中要走的赛程,依然是那样漫长;需要解决的问题,依然是那样地多。

火车拉响汽笛,我匆忙地上了车。可我总觉得自己的思绪仍留在青龙桥畔,与詹天佑在作絮絮交谈。

1991年10月初稿
1995年修订

万仞宫墙

孔庙·孔学

去年偕妻去京度假时,约定转几处通常观光客不去浏览的景点。所以那天下午游毕雍和宫,我们便一头钻入马路对面的国子监街。

国子监街原名成贤街,孔庙和封建时代的国家最高学府国子监都坐落在这里。书有"成贤街"路名的彩绘牌楼跨街而立,从茂密的浓荫中露出绚丽的身影。一路行去,这条不长的街上,竟连绵着四座一间式牌楼。

从前,牌楼是中国式建筑中的一种重要象征和装饰符号,更是北京街景的主要点缀,犹如欧洲城市随处可见的雕塑和喷泉,如今却成了凤毛麟角的罕物。譬如东单牌楼、东四牌楼、西单牌楼、西四牌楼,都是以当街立有巍峨的牌楼建筑而著名,以至演变为地名。如今,不要说牌楼早已湮灭,连地名也被简略,使得后人猜不透"东单"、"西四"到底算是什么意思。据说,50年代在是否还要保存北京街头的牌楼问题上,决策层曾有过争议。建筑学家梁思成为此上书周恩来总理,以文学笔法,细腻地描绘了帝王庙前景德街牌楼在夕阳西下之时,西山的峰峦透过牌楼和阜成门城楼所融会而成的绝妙景色。而周恩来回应这位梁启超大公子的,是两句著名诗句:"夕阳无限好,只是近黄昏。"以后,整个北京街道上的牌楼,除了保留国子监街上的四座和颐和园前马路上的一座外,全部拆除了——按照杨东平兄在《城市季风》一书中的统计,被拆掉的牌楼达八十座之多。

踏着霭霭暮色,我们在成贤街漫步,看着太阳给牌楼抹上金色余晖。路南"退休之家"里,老人们在京胡、小鼓和锣钹的伴奏下演唱京戏的高亢旋律不时随风飘来,心中自然涌起一番沧海桑田之感。

走过抱鼓石雕碑座并刻有满、汉、蒙、回、托忒、藏六种文字的"官员人等至此下马"碑,我们来到了孔庙。这是元、明、清三朝统治者祭祀孔子的地方。在从前,多数县级以上的城市里都有孔庙(或曰文庙、夫子庙),有的和学校合二为一而称为学宫。至今保存较为完整的,全国仍有三百多座。论规模,山东曲阜孔子故里的孔庙最大,占地二十一万平方米,南北纵长超过一公里。云南建水文庙占地达七万六千平方米,大概可居第二位。北京孔庙面积二万二千平方米,但位踞京师,是皇帝的专用孔庙,因此规格最为高贵。

孔庙类建筑,往往在正门外,有所谓的"万仞宫墙"——在曲阜孔庙是一座小小的城池,在北京孔庙则简化为一块高大的照壁。"万仞宫墙"出典于《论语·子张》,当年鲁国大夫叔孙武叔对人说,孔子的学生子贡比孔子更贤。子贡说:"不能这么说。好比围墙吧,我家围墙同肩一样高,谁都可以从墙外看到我的房屋美好。我老师的围墙有几丈(数仞)高,如果找不到门进去,就看不到里面宗庙的富丽堂皇、房舍的绚丽多彩,可是能找到门进去的人是很少的。"子贡的话说得很坦然,显示出学生对老师的由衷崇敬和得体自谦。但曾几何时,把"数仞"发展到"万仞",把门墙夸张得如此之高,高得别人无法逼视,就显然过分了。从历史上看,中国士大夫在对权威制造谀词方面,从来是不遗余力的,所以有"万岁"、"万寿无疆"之类词语可供后世应用。在现代,仅仅二三十年前,中国政治生活中又出现过无数谀词,诸如"天大地大"、"爹亲娘亲"、"光焰无际"、"绝对权威"等等,托名于"工农兵"的"肺腑之言",其实仍然是笔杆子们的炮制。这是怎样的一种文化情结,学者们是可以认真探求和反省的。

从先师门踏入孔庙,第一个院落的两厢是宰牲亭、井亭、神厨和神库。通常的孔庙,都在这里设一个叫做"泮池"的水池,池上还有石头的"泮桥"。北京孔庙不设"泮池",我起初不明就里,后来去了孔庙西侧的国子监,才发现"泮池"设在隔壁了,叫做"辟雍泮水"。迎面是大成门,此庙建于元成宗铁木耳大德六年至十年(1302—1306年),距今已阅七百载风雨。庙成后,诏命孔子加谥"大成至圣文宣王",以表彰孔子对中国文化的贡献。加号诏书石碑便耸立在大成门的东侧,如今被装在一个做工粗劣、涂着红漆的铁皮大盒子里,游人参观时,将盒子的两扇大门打开,以展示其碑。

过大成门,一条笔直的青砖甬道通向大成殿。左右两翼翠柏掩映,虬枝峥嵘,都有数百年的树龄,要两人才能合抱。最出名的,要数大成殿右前方的那株。据说当年严嵩代嘉靖皇帝来祭孔时,柏枝掀掉了他的乌纱帽。后人认为柏树有知,能辨忠奸,称作"触奸柏"或"除奸柏"。中国人主张泛神论,树草虫豸皆能成仙成精,其实寄托的是自己心中的企愿,一种弱者的白日梦。

大成殿是孔庙的主体建筑。重檐庑殿,黄瓦红墙,面阔九间,进深五间,显示出孔夫子已得天子之尊。殿中木龛里,供着孔子的牌位。正位两边,东面有配享的复圣颜回、述圣孔伋牌位,西面有配享的宗圣曾参、亚圣孟轲牌位,称作"四配"。殿堂正上方，悬挂着民国大总统黎元洪手书"道洽大同"的匾额。供案以及殿内的桌子上，灰蒙蒙地堆满了尊、爵、卣、豆之类祭器。另外的空地上，还放置着编钟、编磬、古琴、古瑟等乐器。几位日本游客，神情专注地倾听着穿上道袍的工作人员用古乐器演奏的古曲。宁静的氛围下，钟磬的奏鸣和回声显得格外地庄严、悠远和圣洁。随后，另有表演者，用陶埙"呜呜"地吹出一曲日本民歌《樱花》，赢得了客人的阵阵掌声。

历史上，每年在仲春上旬丁日和仲秋上旬丁日，都要举行大祭孔子的典礼，称作"丁祀"。每逢祭日，午夜过后，参祭的人便齐集孔庙门前。凌晨三时，钟鼓齐鸣，奏乐，迎神，跳八佾舞，跪拜，送神，至天亮而礼成。所谓"八佾"，原是周朝最高等级的宫廷奏乐舞蹈，只能由周天子享用。"佾"为行、列的意思，一佾为八人，八佾六十四人，即六十四人参与表演。当年，按周礼只能用四佾的鲁国大夫季孙氏，在庭院里用八佾奏乐舞蹈，孔子愤愤然地说："八佾舞于庭，是可忍也，孰不可忍也？"这话的后半句后来变成了著名的成语，在"文化大革命"时期使用极广，以显示对帝修反、牛鬼蛇神反动罪行极度仇恨的心情。尽管孔子本人只是鲁国大夫，但从唐开元二十七年（739年）被追封为文宣王，所以便能安享"八佾"级别待遇，从未听到其他知识分子有不满意的指责。大陆的祭孔仪式在停止了大半个世纪后，近年又在曲阜和北京恢复，但与从前的祭孔在含义上完全不同，更多地带有旅游节目的意味。套句时髦的话，叫做"文化搭台，经济唱戏"。"文化搭台，经济唱戏"的思路，滥觞于孔子故里山东，是潍坊"风筝节"带的头，可见今日山东人民经济头脑之开阔和富有想象力。但一经普及推广，弄得神州大地，到处是"酒文化节"、"茶文化节"、"豆腐文化节"、"杨梅节"、"桃花节"，乃至"孔子文化节",实在也有点儿亵渎文化,引得学者们暗暗发笑或发怵。倘若孔老夫子九泉有知,不晓得又会发表什么议论。

我们从大成殿往西走,去看陈放在孔庙和国子监之间夹道中的十三经刻石,然后再回到先师门和大成殿之间的那个院落小憩。院子里,几个小贩在卖字。他们用一种小巧的平头排笔,在红黄蓝绿各色颜料上仔细地蘸过,然后在裁成长条的厚白纸上,写出"鹏程万里"、"一帆风顺"之类吉祥字眼的条幅,每一笔画上都有数种颜色像彩虹般地排列。又将排笔中间剪去一小撮笔毛,在写字时就自然地留出了飞白。小贩在每个字上还精心地画上一些灵巧的装饰纹样,算是一种民间工艺品。这些琳琅满目的条幅,一张一张地挂在小摊儿上方的架子上,随着晚风微微地摇曳。高鼻子黄头发的老外在那儿瞅了半天,又讨价还价了半天,兴致勃勃地买了几幅,以为这便是中国的书法。我想,爱书法的中国人肯定是不会买的。

我转身去看竖立在院落两侧的元、明、清三朝进士题名碑。这里有三座元碑,七十七座明碑,一百十八座清碑,记载了六百多年中中榜的五万数千名进士的姓名、籍贯及考试名次。它是古代知识分子孜孜矻矻、宵衣旰食、皓首穷经地拼搏奋斗,终于通过国家级考试,晋身上流士大夫阶层的象征,是胜利者的丰碑。这一大片灰白色石碑群,如同一个曾经古老兴隆而后又潦倒败落的大家族,静静地伫立着。碑上镌刻着的名字,已随着自然的风化而残淡,但每个名字后面都有一串长长的故事,透过这些名字,不难想象当年科举路上的曲折和艰辛。

民国年间出版的《清朝野史大观》中说:

科举八股之弊,至明迄清坑陷天下聪明材力之士几六百年。清季废科举,士人始脱离苦海。现今名公学士,大抵皆此中过来人,谈之犹为色变。数十年后,士咸由学校出,承学术思想变迁之余,优游自得,此中甘苦,如天宝遗事,恐无人复能话及者。

这是废除了科举取士制度后知识分子的美好梦想。如今,我们只能从书本上了解科举制度的种种弊端,或从南京夫子庙江南贡院旧址的展览,去体会在那犹如监狱的考棚中应试的感受了。但中国学生真要达到"优游自得"的目标,却依然十分遥远。我们的民族,大约是一个天生喜欢考试的民族,如同当年发明了科举取士制度,并把它推向极端:八股制艺和馆阁体书法。今天,所有读书人的苦难——死记硬背、题海战术、无穷无尽的测验考试,从小学一年级开始,依然年复一年地强加给孩子,以全中国读书人的大智慧,却找不出一个好的解决办法,这在世界教育史上,恐怕也被视为奇观。平心而论,学校老师们为保证升学率所作的努力,本身是对考试制度做出的无可奈何的被动反应,但他们由此而设计的永无终止的作文模拟和层出不穷的数学题目,在本质上确是一种无用的新八股,与"子路曰有佞者"、"得一善则"二句,"柳下惠不"一句(乾隆十二年丁卯科浙江乡试题);"达巷党人曰大哉孔子","子曰道不远人至忠恕违道不远","庆以地"(光绪二十年甲午恩科会试题)之类制艺题目并无二致。用四书出题是一种对人性的折磨,用解析几何出题不也同样可以折磨人性吗?我们应当责怪谁呢?

清末激进的知识分子认为,八股无用,科举无用。他们推崇西学,以为办学校才能救中国。如今,中国的学校教育是否在异化而走向另一种极端呢?看着孔庙里的进士题名碑,我想到现代的学子,我为他们叹息。从小学到研究生毕业,所要经历的磨难,实在也不逊于古人。

如今的北京孔庙，已经改为首都博物馆。我不知博物馆的经济状况，但似能感觉到它在经费上的匮乏。比方说，为了保护十三经刻石，在安放石经的夹道上加了个灰白色的石棉瓦屋顶，犹如简陋的乡镇工业厂房，与孔庙和国子监的红墙黄瓦极不相称，惟有把它解释成一种后现代风格，才不至于大煞风景。又如，大成殿外的那些歇山重檐黄瓦朱栏的碑亭，本来四柱之间都是透空的，现在大多砌起墙窗，安上铁皮门，装上铁锁，我猜多半不是为了保护亭中的御碑，而是改作仓库堆储物品了，可谓化腐朽为神奇。但在利用馆藏文物创收方面，首博还是不乏想象力的，在进士题名碑旁，我看到了这样一块木牌：

专家咨询台

寻根问祖，查找名人——主持人：副研究员刘根生先生

孔庙进士题名碑，是中国保存最多、最完善的科举制度的珍贵文物，刻有元、明、清三朝进士的姓名、名次、籍贯。为您能光宗耀祖，我们利用这些碑开展寻根活动，为海内外的同胞查找您的祖先考中进士的情况和代为寻查历史名人，如郑板桥、林则徐等，并提供拓片。

早在1980年，上海古籍出版社已经出版过朱宝炯、谢沛霖先生编著的三卷本《明清进士题名碑录索引》，印数六千部，售价十五元一角。1987年春节，我在上海文庙特价书市（顺便记一笔，上海的这座孔庙，近年来一直是个图书市场）以一元五角购得，曾感慨过学术的没落。但有此书在手，任何懂得拼音字母或四角号码的中小学生，都能毫不费力地检索到明清两代51624名进士中的任何一人，完全不必跑到北京孔庙去查石碑。但石碑闲着也是闲着，这年头，想光宗耀祖的人，多半不曾读书，当然更不读历史。而读

书人却要设法挣钱糊口,靠山吃山,靠碑吃碑,亦是无可厚非的。像军事博物馆这样的军队单位,都腾出场馆常年展销家具和BP机,又何况首博呢?孔庙中有此服务,进士题名碑能推陈出新,值得记入青史。

无论科举,无论孔学,离开今天的青年人都已十分遥远了。记得我自己最初接触孔子,是十岁时看到表哥的初中中国历史课本上画着的那个蓄着髯须、双手叠在胸前,腰中系着一支长长佩剑的老人,得知他是中国古代大思想家和大教育家,却不能理解他的"仁"和"礼",就像不懂另一页书上介绍的墨子的"兼爱"和"非攻"。那年是1967年。

过了七年,在批判"悠悠万事,惟此为大,克己复礼"的热潮中,我第一次阅读《论语》全文,记得书名叫做《论语批注》,是北京大学哲学系1970级工农兵学员作的注本(中华书局1974年11月版)。书的前言说:

> 资产阶级野心家、阴谋家、反革命两面派、叛徒、卖国贼林彪,是一个地地道道的孔老二的信徒,他为了改变党的基本纲领和基本路线,颠覆无产阶级专政,复辟资本主义,建立林家父子封建法西斯王朝,把我国变为苏修社会帝国主义的殖民地,也把孔孟之道当作他向无产阶级进攻的反动思想武器。
>
> 林彪是混进我们党内的大儒。

我和我的同龄人就是在批林批孔的特殊历史背景下开始接触传统文化的。因为自从"五四"新文化运动后,"打倒孔家店"就一直是学术思想界的主流,尊孔读经早被摒弃。1949年以后,除了学术界的专门讨论外,国民教育中对孔子的介绍,仅限止在初中中国历史课本里的"古代大思想家大教育家"之类文字加一幅插图,决不会比外国历史课本中介绍汉穆拉比或亚里士多德讲得更多。

打开《论语》正文,开宗明义第一句话:"子曰:学而时习之,不亦说乎!有朋自远方来,不亦说乎!人不知而不愠,不亦君子乎!"倒是觉得很亲切很知性。这话怎么批判呢?哦,可以用阶级斗争的照妖镜来分析。批注写道:

> 孔丘创立的儒家学派,不仅是一个反动的思想流派,主要还是一个反动的政治集团。为了复辟奴隶制,阴谋篡夺鲁国新兴地主阶级的政权,孔丘从鲁定公初年(公元前509年)开始,便开坛设教,广招弟子,大肆宣扬他那套反动说教,大造反革命舆论,拼凑反革命队伍,积蓄实力,窥测方向,等待时机,以求一逞。"学而时习之,不亦说乎",是叫他的门徒专心致志地学习礼、乐、《诗》、《书》,把自己训练成复辟奴隶制的帮凶。"有朋自远方来,不亦说乎",是要他们拉拢来自远方的反革命党羽,扩大反革命组织。"人不知而不愠,不亦君子乎",是说不要怨恨执政者不任用自己,要善于搞韬晦之计,耐心等待有利时机到来,大干一场。

真是妙语连珠,犀利非凡,如同鲁迅小说《风波》中赵七爷捏起空拳,比划着无形的丈八蛇矛迈向八一嫂,"你能抵挡他么!"

那会儿,我没有像姜文导演的电影《阳光灿烂的日子》中的孩子那样,整天在街头晃悠和打群架,而是很认真地读过许多"两报一刊"社论、"梁效"、"罗思鼎"、"石一歌"的署名文章,但始终搞不明白为什么要把林彪和孔子结合在一起批;也不懂军人出身的林彪,给妻子儿女部下写了一些孔子语录条幅,就跃然而成了"党内的大儒",自然更无法体会孔学的精髓。当时许多人愤怒的是,"林副主席"在家中,为什么不抄录他作过"再版前言"的《毛主席语录》?可见早已背叛了毛泽东思想!而若干敏锐的青年人，却从"五七一工程纪要"中，感悟出最高层（或他们的子女）对"文革"极左路线的另一种看法。

孔学是很精深的。在历史的风云舞台上，它一直构成中华民族文化底蕴的基础。它所给予中华民族的精神营养，决不亚于基督教对于欧美民族的抚育。由"仁"、"礼"、"中庸"、"三纲五常"、"修齐治平"等等思想交织而成的政治伦理和社会伦理，在绵延两千年的岁月长河中，一直滋润着陶冶着麻痹着华夏儿女，直到19世纪40年代，随着西方殖民主义航船的东来，人们才发现孔孟之道的义理之学，完全不敌现代科技的坚船利炮，而"忠孝节义"之说，也无法继续维系社会统治和伦理关系。于是，中国出现了前无古人的变革和学习西方的潮流，直至响亮地喊出"打倒孔家店！"的口号，完全把孔学抛入历史的垃圾堆中。

但是，是否只对青年们说"仁义就是吃人"就够了呢？

公元1966年8月23日下午，文坛巨匠老舍和萧军、骆宾基、端木蕻良、荀慧生等文化名人，被首都红卫兵押到孔庙，剃成"阴阳头"，跪在大成殿前焚烧戏曲服装道具的熊熊大火前，遭到铜头皮带的殴打而头破血流身心交瘁。后来在陈凯歌执导的电影《霸王别姬》中，再现的就是这一惨烈而丑陋的历史场景。老舍忍受不了人身侮辱，次日清晨在太平湖蹈水自尽。而年轻的小将们，则坚信他们是在按照伟大导师关于革命不是请客吃饭，不是绘画绣花，不能那样雅致、那样文质彬彬、那样温良恭俭让的教诲，对封资修、帝王将相、走资派开火，是在捍卫无产阶级红色政权。此时，距离他们在明亮的教室里书声琅琅地诵念课文，仅仅不过两三个月。

我站在大成殿前，无法把那天烈火熊熊、血迹斑斑、哀号声声的现场，同眼前斜阳西照安谧幽静的庙堂庭院联系起来，感到的只是彻心的悲凉和战栗。"文革"中一直批判所谓"十七年修正主义教育路线",实际上,这代年轻人的狂热,不正是十七年中的极左路线和"革命理想主义"情怀相结合的产物吗?我的视线落在大成殿前的十一座明清碑亭,康熙、雍正、乾隆三帝把平定朔漠、青海、准噶尔、大小金川的武功碑送进孔庙,以显示武治本身便是文教的结果。而北京孔庙,连同孔子的最高封号"大成至圣文宣王",都是元朝蒙古人兴建和敕封的,这真是一种极有象征意义的展示。作为统治了广袤的中原帝国的少数民族统治者,他们对孔教的运用,显然十分高明。如今,中国人究竟应当如何去对待孔学呢?

当代中国人应当如何对待孔学,是个极大的题目,不是这篇游记用几千字便能讨论清楚的。作为一种价值形态,孔学讲"礼"、讲"仁"、讲"中庸",在中国的封建时代,它成为官方哲学被独尊了两千年。直到19世纪,随着西方文明的东来,传统的孔孟之道在交汇和碰撞中,充分显示出它的迂阔落伍和无能为力,寻求真理的中国人,才开始鄙夷其陈腐而崇尚西方。最终,从关系国计民生的经济建设、体现综合国力的基础科学研究,直到作为形而上的意识形态——无论是马克思主义还是自由人权、实用主义、各种各样的后现代派别——统统都成了西学的天下。近年来,在经历了价值观念的破灭和重构的中国知识分子中,一些人开始感到缺乏文化上的底蕴和根,于是,流行于海外学人中的"新儒家"得到国内学术界的关注并被广泛介绍。但是,恐怕没有人会真相信,三四十年代在国共纷争的历史大舞台上没有能够解决中国社会实际问题的"新儒家"圣贤,后来坐到国外书斋里,他们所重新包装的孔子学说,便能解决中国走向世界走向市场走向现代走向后现代所碰到的重重困惑。以为文化便能解决一切,期望以老内圣开出新外王,恐怕只是文化人的一种漫腾于空中的遐想，离开地面的目标其实是很遥远的。

心静下来的时候，我常常感到，中国人所需要进行的探索之路，实在还很漫长。什么才是中国知识分子能够安身立命的精神家园？我说不清楚。全盘西化，显然不行，是不是非要到孔子著作中去摘引某些章句，来解释现代生活中的困惑，才能显示我们传统的悠久和精神的充实？我也不相信。所以我只能痛苦。我自认不是先知，为了摆脱痛苦，我便不去想它，等待别人去想明白而自己先去做点俗务。偶尔去图书馆看看学界的进展，又一无所获——如今连各种大学学报也越来越看不下去了，大约许多从前做过点学问的人都和我一样，亟亟去为稻粱谋。刚才在雍和宫，我看到许多喇嘛在虔诚地做法事，这使我想起在甘肃拉卜楞寺里设有六大学院，一位年轻的僧人告诉我，他在其中最高级的闻思学院已经就读了十年，"研究哲学和逻辑学"——用宗教的语言说，应是研究三藏（论藏、律藏、经藏）、三学（戒律、禅定、胜慧）和四大教义（毗婆沙、经部师、唯识师、中观宗），从而通晓因明、般若、中观、俱舍、戒律五大部。而要读到毕业，获得喇嘛的地位，还要再读十八年。在探究人生的终极问题上，僧侣确实比世俗的学者（甚至比研究孔学的学者）更加执着。就这点来说，我们确实应该惭愧，当今真是缺乏一个或一群孔子，抱定开创未来（不是"克己复礼"）的宗旨，以广阔的世界眼光，筚路蓝缕地开启山林。

离开孔庙时，我回眸深深地再看了这片古老的建筑一眼。确实，这个宁静的庭院，旅游者是很少光顾的，但有空来走走，也会有很大的感触，激起思索的涟漪。

1989年初稿

1995年修订

附 记

　　1996年初，电视连续剧《宰相刘罗锅》上映后，首都博物馆立即推出了"乾隆、刘墉、和珅文物真迹展"，使得历来冷清萧条的孔庙出现了门庭若市的火爆场面，最多的一天，游人有一千多人次。从3月4日起，一个月间门票收入达到二十余万元，相当于平时二百五十天的全部收入。观众"想知道刘墉、和珅在历史上是不是真有其人"，评论界认为，这应当归功于电视的传播功力，也"提示了博物馆在目前条件下繁荣、发展的一种可能"。可见粗茶淡饭坚守文博第一线的首博员工，在努力盘活存量资本、普及历史知识上真是极肯探索，也是卓有成效的。

　　顺便告诉没有机会去孔庙查访进士题名碑的朋友，刘墉是乾隆十六年（1751年）中试的，名列二甲第二，也就是这年殿试的总分第五名。

1996年记

（本文插图见彩版十三至彩版十六）

随处欢席

吃"仿膳"

北京有两家以清宫菜为号召的饭馆,即北海公园的"仿膳"和颐和园的"听鹂馆"。就名气而论,无疑是"仿膳"更响亮。

所谓"膳",在宫中是特指皇室的饮食活动——吃饭叫"进膳",开饭叫"传膳",白米饭叫"白米膳",厨房叫"御膳房"。"仿膳",就是专仿清宫的宫廷菜点的意思。

"仿膳"饭庄是前清御膳房的几位厨师在20年代开设的,起初店址是在北海湖面的北岸,1959年迁入琼华岛北端的漪澜堂和道宁斋。以往我游览白塔后翻下山坡,在湖畔等候摆渡的画舫去五龙亭、九龙壁,每每在漪澜堂外的延楼里小憩,揣想"仿膳"价格昂贵,从来不敢涉足其间,想来北京人多半也未曾领教过。1988年,我们几个去北京出差的同事,曾在供应大众饭菜的北海公园餐厅吃过8元一份的"三鲜汤":少许墨鱼须、罐头笋片和肉丝,另从大木桶里舀一勺半凉的汤水,没有半点儿鲜味。我从此对北海的餐饮留下了难忘的印象。

1989年5月底的一个傍晚,中组部青干局的几位朋友招饮,地点就约在"仿膳"。遵朋友的嘱咐,对公园入口的管理员说了声"去吃仿膳",也不用买门票,便施施然踱进了园子。公园里很宁静。夕阳西斜,白塔被镀上一片灿烂的金色。游客稀少、林木森

仿膳菜单

北海仿膳饭庄　姜鸣2003年摄

森，晚风微微吹来，令人心旷神怡，脑中便想起"文革"中这个公园曾被关闭，以供江青在里面骑马的故事，那是特权所致。如今的关键，在于支付能力。

进入漪澜堂后，服务员把我引入东院挂有"晴栏花韵"横匾的精室。匾下悬着一副溥杰题写的对联：

> 当年山水娱冠冕；
> 今日樽罍乐亟蒸。

对联写得俗，字也细细歪歪的。但这是前皇弟的手泽，所以当之无愧地挂在门柱上，审视着每一个食客，也被食客审视。

在红窗棂红廊柱之间，是一片炫目的黄色——雕有金龙的屏风和宝座，明黄的桌布、餐巾、椅垫，烧有"大清光绪年制"字样的黄釉盘碟，使人产生肃穆的感觉，刹那间，似乎自己成了天子。不过天子是不用圆桌面的，也不与人共席。天子进膳，据末代皇帝溥仪回忆，每次都有七张餐桌：菜肴两桌，火锅一桌，点心、米膳、粥品三桌，咸菜一小桌，这些我们就更难比拟了。如果仔细观察，还会发现餐器边缘有冲口（自然这些器皿都是仿制品而不是真的贵重的官窑产品），未曾上浆的桌布口布，手感很差，还残留着没有洗干净的污渍痕迹，甚至那圆桌面还有点摇晃，心头就会掠过一丝阴影，但赶紧提醒自己，这只是"仿膳"而已，又何必太当真呢。

饮食男女，是人类生存的基本需求，当生活的富裕达到一定层次，就会不满足于温饱，而对餐饮质量提出更高的要求。

早在两千多年前，孔夫子就曾说过："食不厌精，脍不厌细"，这成了后世美食家的基本信条。烹调菜肴，是厨子的专职，但推动菜式乃至整个餐饮文化进化的动力，无疑却是有钱有闲或有钱

仿膳东院晴栏花韵　姜鸣2003年摄

不闲的权贵阶层、工商人士乃至士大夫文人饮宴酬酢的需求——享乐的需求、应酬的需求、炫耀的需求、奉承的需求。当今，中国四大菜系中的鲁菜、淮扬菜衰微而粤菜大盛，其原因不仅是因为有一切向南方看齐的世风，不仅是因为广式生猛海鲜味道特别鲜美，更主要的，是因为粤菜在香港工商界数十年的熏陶改良之下，无论在烹饪的色、香、味、形，还是在整个进餐的氛围、服务上，均已达到中餐的极高境界。近年风行潮州菜，潮州菜的发源地自然在潮汕地区，而真正使其"扬名立万"的，仍是香港的酒楼。同样，在四五十年前，处在中西文化交会点的工商金融中心上海，领导着当时的餐饮潮流。上海烹调本无特殊体系，以浓油赤酱、糖重色艳而自诩为"本帮菜"，有特色、可称道的菜式，

皇帝用餐时的餐具摆设

并不比杭州菜、无锡菜更多，称其"本帮"，无非是借了上海这座特殊城市的光。随着上海经济的发展和租界的特殊保护作用，殷商巨贾、政客寓公、文人戏子纷纷云集，带来全球各国的美味佳肴。法式、英式、俄式、意式、德式、日式餐馆，恐怕中国没有一个城市如此齐全；中国各地的地方菜，更是琳琅满目。直到今日，在上海仍可以吃到各地风味，并经上海厨师改造而发展，被称作"海派×菜"，使上海人引以为自豪。再往前追溯数百年，虽然富裕的扬州盐商和通夷的广东买办早已造就了精致可口的淮扬菜和粤菜，中菜的中心却是在北京。以东北满族烹饪和山东鲁菜相结合，糅合苏杭菜式而形成的清宫御膳，以及官府宴饮中形成的满汉全席，代表了我国古代烹饪技艺的高峰。

清代宫廷菜的特色，首先是取料珍贵。御膳房烹饪的原料，主要是东北地区进贡的山珍特产：鲜鹿尾、鹿舌、鹿羔（幼鹿）、石花鱼、鲟鳇鱼、关东鹅、狍子、熊掌、野猪、哈士蟆等等，尤其以鹿为重要，称之"鹿贡"。各式用鹿为原料的菜肴——"蒸肥鸡烧狍肉鹿尾"、"鹿筋鹿肉脯"、"鹿筋苔蘑拆鸭子"、"鹿尾烧鹿肉"，今天已是无法想象了。再有就是南方地区进贡的海味土产：鱼翅、燕窝、海参、火腿、香蕈、笋尖、各种水果茶叶等等，其中燕窝的消费最为惊人。吴正格在《满族食俗与清宫御膳》一书中考证，乾隆三十九年中，这位皇帝每月消费的燕窝达三十四两，即每天在一两以上。而现在国宴的燕菜席，每十人一桌的投料标准为五钱。

所谓燕菜席，按清朝人的说法，称作"酒席中以燕窝为盛馔"，"惟享贵宾时用之"。具体说来，就是：

> 客就席，最初所进大碗之肴为燕窝者，曰燕窝席，一曰燕菜席。若盛以小碗，进于鱼翅之后者，则不为郑重矣。制法有二：咸者，搀以火腿丝、笋丝、猪肉丝，加鸡汁炖之。甜者，仅用冰糖，或蒸鸽蛋以杂于中。

可见燕窝历来都是很珍贵的。但据慈禧太后光绪十年十月初七日的膳单，那天她菜谱中的燕菜就包括：

> 燕窝膺字锅烧鸭子　燕窝寿字三鲜肥鸡　燕窝多字红白鸡丝　燕窝福字什锦鸡丝　燕窝白鸡丝　燕窝拌锅烧鸭丝　燕窝八仙汤

一天之中，竟有七种之多。虽然这是慈禧太后五十大寿前三天带有祝寿意味的膳食，但天家豪奢，依然令人咂舌。

除了山珍海味，皇帝毕竟也要吃些家常菜。近年来，上海的大款大腕，吃腻了各派名菜，便流行起吃家常菜来，诸如咸菜毛豆、黄泥螺、茄子煲、炒丝瓜、梅菜扣肉等等。还有一个说法，说真正体现厨师水平的，是要看他整治家常菜手段如何。这话显然是有道理的。溥仪在《我的前半生》中，记录了他1912年3月某日早上的一张膳单，就有许多家常菜：

　　口蘑肥鸡　三鲜鸭子　五绺鸡丝　炖肉　炖肚肺　肉片炖白菜　黄焖羊肉　羊肉炖菠菜豆腐　樱桃肉山药　驴肉炖白菜　羊肉片川小萝卜　鸭条溜海参　鸭丁溜葛仙米　烧茨菇　肉片焖玉兰片　羊肉丝焖跑哒丝　炸春卷　黄韭菜炒肉　熏肘花小肚　卤煮豆腐　熏干丝　烹掐菜　花椒油炒白菜心　五香干　祭神肉汤　白煮塞勒　烹白肉

　　从名称上可以看出，清宫家常菜追求的是实在，而不是花哨。至于这些菜肴的做法是否同民间一致，我不得而知。当年慈禧太后宠爱的女官德龄，曾在《御香飘渺录》中回忆说，太后非常爱吃樱桃肉，它的做法，是将上好的猪肉切成棋子般大小的块，加上调味品，再和新鲜的樱桃一起装在一个白瓷罐里，加些清水，放在文火上慢慢地煨着，大约隔上十个钟头，肉也酥了，樱桃的香味也煮出来了，尤其是汤，简直美到极点。又说太后想吃萝卜，厨师便先用水把萝卜的气味除去，再把它配在火腿汤或鸡鸭浓汤里，味道也极好吃。如此手段，自然与众不同。《红楼梦》中凤姐戏说"茄鲞"，虽极尽夸张之能事，表述的大约也就是这种劲头。有一点可以肯定，就是御膳房的操作要求是非常严格和规范化的，每个菜，不管做多少次，口味绝不走样。

　　"仿膳"的清宫菜是否做得和当年一样我无法评价。从膳单上看，诸如香辣鹿肉、一掌山河（熊掌）、柴把鱼翅、天麻金龟的菜名，气势确实也与一般餐馆不同。不过，到此吃饭，大家更爱点些精致玲珑的小点心，当时叫作"饽饽"的豌豆黄、芸豆卷、小窝头、佛手卷、千层糕、烧麦……这些点心，每样不过拇指大小，用精致的瓷器盛放着，尤其使人喜爱。品尝之后，更觉得细腻爽口，别有风味。还有肉末烧饼，个头同上海的鲜肉月饼差不多，用手掰开后，将肉末夹入即可。据说某次慈禧太后早晨醒来，心血来潮，想吃这味点心，恰好膳桌上已摆了出来，高兴之余，重赏了厨子，从此肉末烧饼成了宫廷点心的保留节目。豌豆黄、小窝头、肉末烧饼本是大众化的民间小吃，比方豌豆黄吧，旧时每年初春，北京人把豌豆煮熟去皮，加点黄色和糖，与小枣熬成的汤打在一起过淋，把大部分水分过出去，剩下的放在砂锅里，第二天一沉淀，就成了坨儿，卖的人用独轮车推着上街，车上放块案子，再铺上一块蓝布，把豌豆黄切成菱形块儿，还一边吆喝地唱着：

哎，这两大块嘞唉，
哎，两大块嘞唉，
小枣儿混糖儿的豌豆黄嘞唉。
哎，两大块嘞唉，
唉，这摩登的手绢呀，
你们兜也兜不下了唉。
哎，两大块嘞唉，
唉，这今年不吃呀，
过年见了，这虎不拉打盹儿，
都掉下架（价）儿嘞唉。

虎不拉是一种鸟，说它困了，从架子上掉下来，是"掉价"的谐音。卖豌豆黄的这番吆喝，算是种促销的手段。慈禧来自民间，珍馐佳肴吃腻了，便会怀旧，想用些寻常点心，或是找些新

昔日的东四牌楼

彩版十三·万仞宫墙

成贤街牌楼 姜鸣 2003 年摄

彩版十四・万仞宫墙

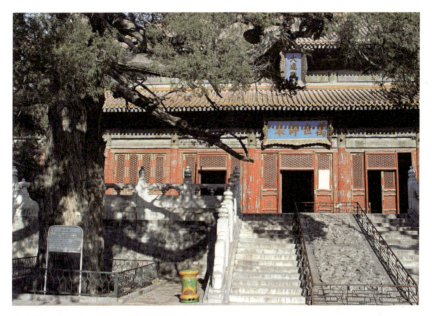

孔庙触奸柏　姜鸣 2003 年摄

孔庙里的进士题名碑曾经是科场胜利者的无上骄傲　姜鸣 1990 年摄

彩版十五·万仞宫墙

孔庙内有 14 座黄瓦红墙、歇山重檐的碑亭,全部被砌起了围墙,装上了门窗,里面是仓库吗? 姜鸣 2003 年摄

元成宗铁木耳加谥孔子"大成至圣文宣王"的石碑耸立在大成门的东侧,那个做工粗劣的铁皮盒子,如今改换了玻璃门。那民工小伙知道他骑坐在何等宝物之上吗? 姜鸣 2005 年摄

奇别致的吃食，这是人之常情，就像乾隆皇帝下江南时，对被称作"红嘴绿鹦哥"的菠菜大加赞赏一样。

由此想到，特色菜点的标准，决非仅指龙肝凤翅熊掌燕窝。从前，我在上海"小绍兴"鸡店，邂逅一位自称是当年"大鸿运"酒楼小开，父亲是酒水业同业公会头头的老先生，他絮絮叨叨地抱怨自己沦落到来吃"三黄鸡"。其实这真是大可不必难为情的。北京的烤鸭、涮羊肉不是早就用来款待国宾了吗？云南的"过桥米线"、陕西的"羊肉泡馍"也已上了正式的宴席。越有地方风情，越是别出心裁，便越受食客欢迎。被皇帝钦点过，被名流品尝过，就更有一番人文特色，能够激起进餐者浓郁的兴趣。当然，到了那个份上，需要的是更好的提高和包装。

满人入关时，饮食原是满族风味，也较简单。圣祖玄烨曾对大臣张鹏翮谈他的养生之道：

> 朕每食仅一味，如食鸡则鸡，食羊则羊，不食兼味，余以赏人。七十老人，不可食盐酱咸物，夜不可食饭，遇晚则寝，灯下不可看书，朕行之久而有益也。

这是很有道理的养生心得。但他又说：

> 尔汉人，一日三餐，夜又饮酒。朕一日两餐，当年出师塞外，日食一餐。今十四阿哥领兵在外亦然。尔汉人若能如此，则一日之食，可足两食，奈何其不然也？

这就有点儿牵强附会了。皇帝一日两餐，既是生活习惯，也是肚里油水太多。何况两餐之外，还有几顿点心，其实仍是多餐。老百姓若要实行两餐制，只能配合以晏起早睡，就像前些年北京市的星期天，机关部队大院的食堂只供应两餐。北京市的这种节粮措施，是否就是昔日康熙大帝时代的遗风，我不得而知。但无论如何，人不是蛇、青蛙或狗熊，不能冬眠，也推行不了一餐制。

即便是清廷，随着政权的稳定，宫廷餐饮也越来越奢侈。乾隆年间，内廷厨师竟达四百余名。后来，固定下来的皇帝每日用膳份例，为盘肉（猪肘子）二十二斤、汤肉五斤、猪油一斤、羊二只、鸡五只、鸭三只。宣统二年九月，五岁的小皇帝和隆裕太后及四位太妃，共用肉三千九百六十斤，鸡鸭三百八十八只。再加上宫中为这六口之家效劳的军机大臣、御前侍卫、师傅、翰林、勾字匠、有身份的太监、每天来祭神的萨满等等，一共用去猪肉一万四千六百四十二斤。这还不够，还要添菜，添得比份例还要多，这个月添肉三万一千八百四十四斤、猪油八百十四斤、鸡鸭四千七百八十六只。皇室的伙食开支自然是浩瀚无边了。

徐珂《清稗类钞》载，乾隆某次召见大学士汪由敦后问他：
"卿天没亮就来赶早朝，在家吃过点心吗？"

汪答："臣家贫，晨餐不过鸡蛋四枚而已。"

乾隆愕然："鸡蛋一枚需十两银子，四枚就是四十两。朕尚不敢如此纵次，卿怎么还说家贫呢？"

汪不敢再说，只能托辞诡辩："外间所售鸡蛋，皆残破不中上供者。臣故能以贱价得之，每枚不过数文而已。"

无独有偶，李伯元《南亭笔记》也记载了一则类似的故事：光绪每日吃四枚鸡蛋，御膳房开价三十四两。一次他问翁同龢：
"此种贵物师傅是否吃过？"

翁圆滑地答称："臣家中或遇祭祀大典，偶一用之，否则不敢也。"

御膳房能在一百多年里欺骗几代君主，而历届大臣无人揭穿，封建宫廷的黑暗真可令人一叹。皇帝自小养在宫禁，不知世情犹可，可是，由宫外嫁进宫去的皇后嫔妃们，比如早年生活清苦，

清宫太监

后来独主宫中数十年的慈禧太后，又焉能不知？对这个问题我曾多时未解，后来读太监信修明遗著《老太监的回忆》一书，才豁然开朗。

信太监说：

皇家制度，自来宽打窄用，决不能打细算盘。设如一葫芦抠一子，人多怨望，则旨意不能出禁门。……修明曾充寿膳房之末役，知之甚详。膳房及各大小他坦（意为坐落），一切用物皆内务府官坊十处备办。类如三仓六库各司官等，皆是由小差使一等一等冷桌子热板凳熬起来者，得到一个管库当家，在内务府就了不得。由内务府大臣向下说，大官使小官，一层层须打出开支之敷余，不如此不能安各人之职。到了官坊十处，再向内廷分交，一个节段打点不好，差使就交不上。类如为太监者，由小徒弟熬上一个大师傅，是一发财

随处欢席

阶级，明知道仓库的差使，来的敷余，是不能放过的。由此类推，数百年之积弊重重，根深蒂固。皇上吃老紫米，每日决吃不了一斤，每日外处交御膳房饭局掌局者若干，局外人不能知道。掌局交掌案每日二十五斤。掌案、厨役头、大火烛、二火烛四个人五日一班，两火烛一班可分十斤米，掌案及厨役头每日分皇上吃剩者。此举米之一项，以例其余。太后之份，每日用盘肉五十斤（即猪肘子），猪一口，羊一只，鸡鸭各二只，新细米二升，黄老米（即紫米）五合，江米三升，粳米面三斤，白面十五斤，荞麦面一斤，麦子粉一斤，豌豆三合，芝麻一合五勺，白糖二斤一两五钱，盆糖八两，蜂蜜八两，核桃仁四两，松仁二钱，枸杞四两，干枣十两，香油三斤十两，鸡蛋二十个，面筋一斤八两，豆腐二斤，粉锅渣一斤，甜酱二斤十二两，青酱二两，醋五两，鲜菜十五斤，秋有茄子二十个，黄瓜二十条……外人闻知，莫不惊骇，以为太后一个人何以食此巨量之物。不知仰食于此者，尚超出几多倍也。只以鸡子一项而论，原额二十个，而买办处每日交进须五百个，其他可知。皇上、太后、后妃及各大小他坦，须分润百分之五十，到了太后宫，总管首领、掌案太监再分之。掌案一职，须分五十分之五，总管首领及摆膳太监共分吃五十分之五。其次膳房全部，又分润五十分之五。余下三十五分，为买办食物之用。过一处扣一处，始能食到主人之口。然主人岂得不知，历代相传的就是帝德深如海而已。

好一个"人多怨望，则旨意不能出禁门"，好一个"帝德深如海"！信太监的话，显然比其他野史中说的皇帝居然相信鸡蛋要卖十两银子一个的说法更为可靠。我读黄仁宇先生大著《万历十五年》，就深深钦佩他慧眼独具，发现万历皇帝朱翊钧与整个文官集团之间强烈对抗却又无可奈何这样一个事实的意义，而在这里，我们又看到皇室与太监关系中的无奈。一个男孩子，被阉割了命根子送进宫去，图什么？外面的世界太悲惨了，父母亲只能以此下策来为孩子谋口饭吃。而太监们，要干政？要挟持皇帝？要反对改革？其实未必有更多的政治动机，无非也是为了保住自己的生活方式，说到底，仍是"混口饭吃"罢了。但当他们成为利益集团，并与君权相对抗时，谁也忽视他们不得。清朝是中国历史上处理太监问题最成功的一个朝代，没有出现过太监干政的局面，但皇室在御膳房的采买上还是得妥协，以"帝德深如海"换取"旨意出禁门"，这里实在有耐人寻味的凝重。一个时代的没落，不仅表现为所有的人都在欺骗统治者，更可悲的是统治者自己也不知不觉或无可奈何地参与这种欺骗，把自欺和欺人都当成正常化，并习以为然。

信太监继续回忆说：

> 太后传膳，一箸一碗而已，在万人之口中，仅能占得一口。进过膳后，赏人者曰"克食"。某王若干品、某大臣若干品、皇上的、后妃的、会亲的、总管首领的，不够角色的回事小太监私亦端一品，剩余则归膳房。膳房首领分餐一顿，仍有厨役之份例。鸡头鱼尾、头脑下碎、刀前刀后肉类，卖与二荤铺小馆及好馋人家，较市价可省一半。即大众所食之剩余，残汤剩饭，杂烩一处，另有一般小贩在神武门、东华门、西华门专包搜罗饭菜，将此残汤剩饭挑回家去，重新整理煮熟，挑到街头，十个大个钱（当十钱）能教穷人吃一大饱。德宗（光绪帝）、孝钦（慈禧太后）相继殡天，两膳房无形停办，无饭吃者，约有万人，合万人之家属，当有五万人之数。

这段话，将御膳房食物链的关系进一步放大，引申出清末北京"天子脚下、首善之区"的社会生活更为广阔的不同利益阶层，以及这些阶层的相互依赖的生态环境，可作为社会史学家极好的课题，去作一番有趣的探究。由此启发，我相信研究毛泽东1968年12月21日发布"知识青年到农村去，接受贫下中农再教育，很有必要"的"最新指示"，对整个中国食物链带来的连锁变化，也必是一个极有学术价值的课题。

聚在"晴栏花韵"堂，细细品味"仿膳"的菜点，是不能不使人发思古之幽情的。低饮浅酌间，不觉一瓶西凤已罄。乘着微醺的酒兴，我们登上漪澜堂后的铜仙承露台。黑暗已笼罩住太液池，什么也看不见了。唯有湖水拍打石岸所激起的哗哗涛声，在耳边回响不绝。略有寒气的晚风，把我们的思绪带回到现实中来。人生苦短，山珍海味、美酒佳酿其实只是过眼烟云。唯有友谊最为珍贵。大家为即将的分手而惆怅。

我们在山坡上，坐了许久许久。

1989年7月初稿
1996年修订

岁月山河

站在圆明园废墟前

在北京市诸多名胜古迹中,圆明园是给我留下极深印象的一个地方。

回想起来,我第一次去圆明园时,才 11 岁,距今快有 30 个年头了。

那是个没有阳光的灰色下午,天寒地冻的岁初时节。表姐和她的大学同学们,骑着自行车,带我前去访古。圆明园距离清华大学,骑车不过十几分钟,但在当时的北京,知道这个苑囿旧址的人远不如后来那么多,去过的人更是凤毛麟角。我们寻寻觅觅地一路询问,才找到那片凄凉荒芜的废墟。

漠漠郊野,几株老树。由于冬天的缘故,看不到丁点儿绿色。所谓圆明园,已没有丝毫亭台楼阁的痕迹,没有微波荡漾的福海、后海等等湖泊,当然更没有围墙和宫门。从前长春园西洋楼遗留下来的镂刻精美的汉白玉断柱残垣,孤寂地兀立在渺无人迹的旷地,犹如一场惊天动地的厮杀后,被遗弃在战场上的将士残骸。

直到我站在这个遗址之前,还根本不懂近代史,不知道什么英法联军,也没听说过火烧圆明园是怎么回事。但在这些断柱残垣面前,我受到了极为强烈的震撼。一下子,百年岁月早已磨蚀了、遗忘了的民族记忆,在潜意识的最底层被蓦然唤醒,在这静静的废墟前,我似乎听到了呻吟和狂笑,看到了火光和风雨。从此,圆明园深深地烙刻在我的心底了。

在后来的年月里,我又去过几次圆明园。作为一个爱国主义教育的遗址,它已被很好地保存下来了。1980年,宋庆龄、沈雁冰、习仲勋等1583人联名签署《保护整修及利用圆明园遗址倡议书》,引起国内外的广泛关注。如今,遗址圈起了围墙,景区里栽上了绿树,福海也重新引水盈湖,可以荡舟。西洋楼的断柱残垣前,总是挤满了拍照的人群。黄花阵的西面,还开出了一个叫做"匹特博彩弹射击场"的游乐场所,青年人穿上迷彩服互相追逐对射。但人们是否真正了解这个园子的过去呢?从建筑史的角度论,西洋楼遗迹的价值远比不上雅典卫城,但它却是中华民族走上现代化道路前的一段曲折历史的见证,是近代中西方关系的一种象征,我们应当把它永远地记住。

140年前,北京的西北郊,从海淀镇往北往西,是一大片华丽灿烂绵延不绝的皇家园林。其中最著名的,就是圆明园。通常说的圆明园,是指圆明园、长春园、绮春园(同治年间改名为万春园)三座苑囿,占地3.2平方公里,和现在的颐和园差不多大。圆明园本是康熙帝玄烨1709年赐给四皇子胤禛的一座面积六百亩左右的园林,胤禛解释园名谓:

圆而入神,君子之时中也。明而普照,达人之睿智也。

胤禛继位后的第三年(1725年),将这座赐园大加扩展。到了乾隆帝弘历登基,更是大兴土木,增建长春、绮春二园,以作圆明园的附园。三座园林,前后经营150余年,集天下名园和历代苑囿之大成,堪称中国古代园林建筑最辉煌的顶峰。清人王闿运后来在《圆明园词》中,将清帝的设计理念概括为著名的诗句:

作者 1968 年、2003 年在圆明园同一地点的留影,前后相隔 35 年　邵建华、柏耀平摄

"谁道江南风景佳,移天缩地在君怀。"

从前人留下的绘画作品和文字史料来看,圆明三园共有上百组建筑群落,依偎着清澈的湖面和略有起伏的平原展开,极尽中国传统文化所能想象的辉煌、绚丽、幽雅、恬适和诗情画意。由于清帝常年在此处理公务,故在园中设置了"正大光明"、"勤政亲贤"、"九洲清晏"等具有宫廷性质的殿堂和祭祀先帝的"鸿慈永祜"。此外,皆为各式各样的园林景点,如模仿杭州西湖景色的"平湖秋色"、"曲院风荷"、"三潭映月",模仿苏州园林的"狮子林",模仿洞庭湖景色的"上下天光",模仿庐山风情的"西峰秀色",模仿绍兴兰亭的"坐石临流",模仿海宁安澜园的"四宜书屋",模仿南京瞻园的"如园",类似仙山琼阁的"方壶胜境"、

岁月山河

乾隆像

"蓬岛瑶琼",具有皇家园林风范的"茹古涵今"、"濂溪乐处"、"常春仙馆",仿效北方四合院风格的"洞天深处",带有田园风光的"多稼如云"、"鱼跃鸢飞"、"北远山村",宗教寺庙建筑"月地云居"、"日天琳宇",仿古人诗文绘画意境的"武陵春色"、"夹镜鸣琴"、"杏花春馆"……从建筑类型来看,则包括殿、堂、楼、榭、轩、亭、桥、廊、阁、馆等诸多样式,用巧妙的空间组合,构成千变万化的群落。今天,我们站在颐和园万寿山佛香阁,从放眼所见的旖旎风光中,能够感受到昔日皇家园林的气派和风格,但就建筑物的总量而论,颐和园恐怕只有圆明园的四分之一,圆明园的宏大气势由此可见一斑。如今,圆明园中所有的中式庭院

圆明园海晏堂（铜版画） 清·郎世宁绘

景色都已湮灭，只剩下长春园北部一隅的西洋楼石结构建筑的遗迹，西洋楼的残垣成为圆明园的象征，以至有相当多的人以为，圆明园本是这种欧式风格的园林，而并不知道西洋楼景区在整个圆明园中，所占面积不过百分之二。

西洋楼是在1747至1760年间，由意大利传教士郎世宁（Joseph Castiglione），法国传教士蒋友仁（Michel Benoist）、王致诚（Jean Denis Attiret）等奉乾隆之命设计督造的西式建筑群。环绕三组大型喷泉（当时叫"水法"），建造了六座洋楼：谐奇趣、畜水楼、养雀笼、方外观、海晏堂和远瀛观，以及花园门、观水法、黄花阵、线法山等附属建筑，其中以海晏堂、远瀛观、谐奇趣尤为雄伟，风格为意大利和法国巴洛克式建筑的混合体。从现存的遗址上，我们可以体会到这种精致华丽的建筑语汇。虽说郎世宁、蒋友仁诸教士并不是专业建筑师，西洋楼也不代表18世纪中叶欧洲建筑艺术所达到的高度和水平——意大利在16世纪已建成了文艺复兴时期最伟大的纪念碑圣彼得大教堂，法国也在17世纪建成了古典主义建筑的顶峰作品卢浮宫和凡尔赛宫——西洋楼在功能上本来就不以公务或起居为目的，而只是供中国皇帝观赏欧洲式喷泉的园林小筑，是"万园之园"（王致诚语）中的一种风格点缀，但它却是清朝前期中西文化交流的见证，使得习惯地以为自己即是世界中心的大清皇帝，除了欣赏欧洲皇室赠送的钟表和郎世宁、王致诚绘制的油画外，还可以领略异国建筑的风情。

　　同样，随着传教士和其他访问者的报道，圆明园和其他中国园林也使欧洲人着迷。这一时期，欧洲建造了不少中国式的花园，据说凡尔赛宫中的小特里阿花园就是模仿中式风格的。1750年，英国建筑师钱伯斯（Sir William Chambers）为肯特公爵建造了名叫"丘园"（Kew-Gardens）的中国式庭园，园中有座八角十层，高49.7米的塔。而普鲁士的卡塞尔伯爵在他那叫做木兰村（Moulang）的庄园里，建起了一片江南园林，不仅把村旁小溪取名叫"吴江"（Hu-Kiang），还有穿着中国服装的黑人挤牛奶。

　　18世纪末叶，资本主义已在欧洲和新大陆初露端倪。
　　1784年，瓦特试制成功联动式蒸汽机，英国建立了第一座蒸汽纺纱厂。1789年4月30日，华盛顿就任美国首任总统。7月14日，法国人民攻占巴士底狱，8月26日，制宪会议通过《人权宣言》，接着是君主立宪派和吉伦特派的统治，1793年1月21日，法王路易十六被送上了断头台，开始了雅各宾专政。
　　世界已开始大变。在此当口，1792年9月26日，英国国王乔治三世（George Ⅲ）派遣马戛尔尼勋爵（Lord George MaCartney）前往中

马戛尔尼

国,谈判两国的贸易关系。

当时,中国同西方国家的贸易,仅限于广州一个口岸,并由指定的"行商"垄断,没有统一的税率,外国商人认为备受勒索。英国自认是西方世界最为强大的国家,他们希望与东方天子直接对话。而此时的中国,正处在乾隆盛世,完成了对西北等地区用兵的所谓"十大武功",也有一个强盛的外壳,根本蔑视一切外国。在此之前,葡萄牙在1521至1754年间,曾五次派出使团访华,荷兰在1656至1866年间派过三次使团,俄国在1656至1767年间派过七个使团,但都为北京拒绝,未能建立起双边关系。马戛尔尼使团是欧洲的第十六次尝试,他们怕再失败,便想出为高宗祝寿的理由,先由东印度公司董事长向两广总督发出如下信件:

> 东印度公司董事长佛兰西斯·培林爵士致两广总督的信
>
> 最仁慈的英王陛下听说:贵国皇帝庆祝八十万寿的时候,本来准备着英国住广州的臣民推派代表前往北京奉申祝

岁月山河 261

敬，但据说该代表等未能如期派出，陛下感到非常遗憾。为了对贵国皇帝树立友谊，为了改进北京和伦敦两个王朝的友好交往，为了增进贵我双方臣民之间的商业关系，英王陛下特派遣自己的中表和参议官、贤明干练的马戛尔尼勋爵作为全权特使，代表英王本人谒见中国皇帝，深望通过他来奠定两者之间的永久和好。特使及其随员等将要马上起程。特使将携带英王陛下赠送贵国皇帝的一些礼物。这些物品体积过大，机器灵巧，从广州长途跋涉至北京，恐怕路上招致损伤，因此他将乘坐英王陛下特派的船只直接航至距离皇帝所在地最近的天津港口上岸。请求把这个情况转呈北京，恳祈皇帝下谕在特使及其随员等到达天津或邻近口岸时予以适当的接待。

从这封信的内容看，英方完全是用平等的语气来联系马戛尔尼勋爵的访问事宜，但在署理两广总督郭世勋向乾隆帝转呈中文译稿时，已被改成下级对上级的呈文：

哎咭唎国总头目管理贸易事哂嘆谨呈天朝大人，恭请圣安。我本国国王管有呀吔嚕吨唭吔哂嗳哎等三处地方，发船前来广贸易，闻得天朝大皇帝八旬大万寿，本国未曾着人进京叩祝万寿，我国王心中十分不安。我国王诚恳想求天朝大皇帝施恩通好，凡有本国的人来广与天朝的人贸易，均各相好，但望生理愈大，饷货丰盈。今本国王命本国官员公举辅国大臣马戛尔尼差往天津，倘邀天朝大皇帝赏见此人，我国王即十分欢喜，包管哎咭唎人与天朝人永远相好。此人即日扬帆前往天津，带有进贡贵重物件，内有大件品物，路上难行，由水路到京不致损坏，并冀早日到京，另有差船护送同行。总求大人代我国王奏明天朝大皇帝施恩，准此船到天津或就近地方湾泊。我惟有虔叩天地，保佑天朝大人福寿绵长。

乾隆帝根本不清楚英国为何方国家，只是觉得外番主动朝贡，体现了天朝的威风，没有不准之理。于是，马戛尔尼就成了除传教士以外，第一批进入圆明园的西方人。

马戛尔尼勋爵是1793年8月23日进入圆明园的。从大沽口上岸后，他们乘坐的车上被插上"暎咭唎贡使"的旗子。当时，乾隆帝正在承德避暑山庄避暑。允许他们进园的原因，是让英国人在正大光明殿安装赠送的天文仪器及其他大件礼品。

英国人此行的具体目的，一是试图为英国对华贸易开辟新的港口；二是尽可能在靠近茶叶和丝绸产地获得一块租界地，供英商长住；三是废除当时实行的广州贸易体制；四是开辟新的市场；五是向北京派出常驻使节；六是情报工作，以供"对中国的实力作出准确的估计"。

乾隆帝愿意向英国人展示他的苑囿。军机处布置工部尚书金简将长春园的喷泉准备好，还考虑让马戛尔尼在清漪园的昆明湖荡舟，因此事先要求疏浚湖底淤泥。

然而双方却为了马戛尔尼觐见皇帝时的礼仪发生了争执。中方要求马氏按藩属国贡使的规矩，行三跪九叩首的大礼。马氏拒绝接受，他坚持说，他只能按照他觐见英国国王的礼仪，单腿下跪。马氏决不承认大不列颠是中国的藩属。无疑，对双方来说，是否下跪，都是涉及大是大非国格人格的重大原则问题。

接待马戛尔尼的中国官员不敢向乾隆说出真相。他们解释说，英国人用布扎腿，跪拜不便。而乾隆对于要英国人匍伏行礼看得很重，他不能容忍倔强和傲慢。在一份上谕中，他不厌其烦地布置负责接待的长芦盐政澂瑞：

> 当于无意闲谈时婉词告知以"各处藩封到天朝进贡观

光者，不特陪臣俱行三跪九叩首之礼，即国王亲自来朝者，亦同此礼。今尔国王遣尔等前来祝嘏，自应尊天朝法度，虽尔国俗俱用布扎缚不能跪拜，但尔叩见时何妨暂时松解，俟行礼后再行扎缚，亦属甚便。若尔等拘泥国俗不行此礼，转失尔国王遣尔航海远来祝厘纳贽之诚，且诒各藩部使臣讥笑，恐在朝引礼大臣亦不容也，此系我亲近为汝之言"。如此委屈开导，该使臣到行在后，自必敬谨遵奉天朝礼节，方为妥善。

马戛尔尼在觐见乾隆帝时究竟有没有跪下两条腿，现在难以查考清楚了。清人陈康祺在《郎潜纪闻》中说："西洋咦咭唎国使当引对自陈，不习跪拜，强之，止屈一膝。及至殿上，不觉双跪俯伏。故管侍御韫山堂诗有'一到殿廷齐膝地，天威能使万心降'之句。"马氏否认叩头，他说他们只是单腿下跪。随团的见习侍童小斯当东（George Thomas Staunton）说："我们单腿下跪，把头低到地上。"（We went upon one knee and lowed our head down to the ground.）后来他在手稿中又删去了 down to the ground。另一位参加觐见的当事人温得则说："我们按当地方式施了礼，就是说跪地，叩头，九下。"西方学者认为单腿下跪是无法"把头低到地上的"，英国人不过是被周围的人的榜样所带动，作了单腿下跪和低头的动作，他们的头没有叩着中国地面。

不管叩头与否，马戛尔尼使团的结局是失败而归，此行根本没有讨论双边贸易。乾隆帝给乔治三世的回信中说：

天朝抚有四海，惟励精图治，办理政务。珍奇异宝，并无贵重。尔国王此次赍进各物，念其诚心运献，特谕该管衙门收纳。其实天朝德威远被，万国亲王，种种贵重之物，梯航毕集，无所不有，尔之正使等所亲见。然从不贵奇巧，并无更需尔国制办物件。是尔国王所请派人留京一事,于天朝体制既属不合,而于尔国亦殊觉无益。

天朝物产丰盈,无所不有,原不藉外夷货物以通有无。特因天朝所产茶叶、瓷器、丝斤为西洋各国及尔国必需之物,是以加恩体恤,在澳门开设洋行,俾得日用有资,并沾余润。今尔国使臣于定例之外多有陈乞,大乖仰体天朝加惠远人抚育四夷之道,……念尔国僻居荒远,间隔重瀛,于天朝体制原未谙悉,是以命大臣等向使臣等详加开导,遣令回国。

这种回答充分显示了乾隆帝的自大与自信。法国学者阿兰·佩雷菲特评论其为"不仅是马可孛罗到邓小平时代有关中西关系的所有文件中最奇特和最重要的文章,它也是我所知道的给人印象最强烈的变态的典型。……这种变态不仅表现为自视比其他人优越,而且在生活中认为世上唯有他们才存在。我们可以形象地称之为集体孤独症"。佩雷菲特注意到,回信早在8月3日,亦即英国人刚刚抵达天津白河口,正忙忙碌碌地从船上卸下礼品的时候,已由秘书班子写妥并呈交乾隆,而此时,离开引起争议的"跪拜风波",还早六个多星期呢。

值得一提的是,佩雷菲特在研究乾隆帝答复乔治三世信件时发现,清宫里的传教士在将这封傲慢的答信译成拉丁文时,已经删去了"任何带有侮辱性的语句",而马戛尔尼在译成英文时,进一步删除了"所有可能刺伤英国人自尊心的内容",结果,英国皇室所读到的复信,实质上是一个删节本的删节本。比如,复信的第一句话"奉天承运皇帝敕谕嘆咭唎国王知悉",就被删去了。佩雷菲特在1989年出版的著作《停滞的帝国——两个世界的撞击》(Alain Peyrefitte, *L'empire Immobile ou Le Choc Des Mondes*)中,依据中国第一历史档案馆中文档案重新翻译,才使西方读者在196年后,首次读到复信的原文。由此我们可以想见,当年中英两国在第一次正式交往时,表面上是何等地自尊自负;而在实际上,又都是多么地自欺欺人。

马戛尔尼使团失败,缘于乾隆帝拒绝用平等态度与外国政府交往,因为他坚信大清帝国应当高于其他国家。他万万没有想到,49年后,他的子孙会被迫与洋人签订屈辱的《南京条约》;67年后,他所钟爱的园林会被洋人烧毁。他心目中的夷夏关系和自高自大,到了坚船利炮面前,竟是分文不值。

不列颠人确实极有耐心。他们在等待报复。当他们再次来到圆明园时,没有带礼品而是带着军队,自然更不用叩头请安。

那是1860年10月6日。英法联军在第二次鸦片战争中攻陷北京,咸丰帝奕詝闻风而逃。法国谈判代表葛罗男爵(Baron Gros)和军队指挥官孟托班将军(Cousin-Montauban)率军占领圆明园,他们先是放纵部队掳掠园内珍宝文物,几乎每个士兵和军官都满载而归,再将不能带走的东西捣毁。次日,英国谈判代表额尔金勋爵(Lord Elgin)和军队指挥官格兰特将军(Sir James Hope Grant)统率的英军,也进园加入抢劫。9日,英法联军退驻黑寺。从当时一些军官写下的片段文字中,我们对这场三天的浩劫,会留下极为深刻的印象:

> 我贪婪地欣赏着这一幕奇怪的,却又是令人难忘的情景:这一大群各种肤色、各式各样的人,这一大帮地球上各式人种的代表,他们全都闹哄哄地蜂拥而上,扑向这一堆无价之宝。他们用各种语言呼喊着,争先恐后,相互扭打,跌跌撞撞,摔倒又爬起,赌咒着,辱骂着,叫喊着,各自都带走了自己的战利品。……有一些士兵一头套着皇后的红漆

箱；另一些士兵半身都缠着织锦、丝绸；还有一些士兵把红宝石、蓝宝石、珍珠和一块一块的水晶石都放在自己的口袋里、衬衫里、帽子里，甚至胸口上还挂着用大珍珠做的项圈。再有一群人，他们手里都拿着各式各样的时钟、挂钟，匆匆忙忙地走开。工兵们带来了他们的大斧，把家具统统砸碎，然后再取下镶在上面的宝石。……这一幅情景只有吞食大麻酚的人才能胡思乱想出来。……在花园里，到处都有人群，他们奔向楼阁、奔向宫殿、奔向宝塔、奔向书室，唉！我的天呀！

应该承认的是，炮兵们在这一场合分到的东西最多，因为他们有马匹，有弹药箱，还有车辆。他们利用了弹药箱的每一个角落，而当弹药箱都塞满的时候，他们又把放炮后用来冲洗炮管的水桶也都塞得满满的，最后他们甚至把直到炮口的整个炮身也都塞满了东西。

有些士兵，幼稚得真像个孩子似的，似乎只要举足之劳就可以把这些东西都送给他们的女朋友；而有时又满不在乎地把一切不能带走的东西都砸碎、撕破或弄脏。到处是豪华的家具、丝绸和镶着金边的皇袍，由于不能带走这些东西，大家又都露出一副舍不得的样子来。至于银子，由于它们太重了，于是大家都不想要。不止一个士兵拿出价值近四百八十法郎的一块银子去换几瓶烧酒或苦艾酒。

将军们经过协商后，遂决定指派六名专员来负责挑选最珍贵的物品。每个国家为此要各出三人。……法国方面出的专员是迪潘（Dupin）上校、科尔（Cools）少校和舍尔歇（Schelcher）上尉。将军们还决定要他们好中挑好，把最有价值的东西挑出来送给远征军所属国的君主，也就是送给女王维多利亚陛下和皇帝拿破仑三世陛下。委员会立即开始静悄悄地干了起来。挑出来的东西假如说不是最贵重的话，那末也至少是外表上最吸引人的，这工作很有规律地进行着。

为了使抢劫合法化，也为了使没有机会参与抢劫的其他官兵不至于失望，"公平"地分配"战利品"，格兰特下令就地举办拍卖会。英法联军把抢来的东西堆在一起，所有参加的人都被竞争狂热所侵袭，成交的价格是"荒唐到难以置信的程度"，一般的东西要价是两三镑，一件龙袍以 120 镑成交。拍卖会的收入是 32000 元，加上法军发现的一个金库中的金银，估价作 61000 元，均作为"捕获赏金"，三分之二归士兵，三分之一归军官。格兰特爵士把分给他的那部分金钱"很慷慨地"拨发给士兵，为了表示谢意，军官们又将一把雕满花纹的赤金酒壶赠送给格兰特。这就是欧洲军队在劫掠后实行的再分配游戏，所谓文明人的规则。

10 月 8 日、12 日、14 日，清政府释放了 9 月 18 日在通州被僧格林沁扣押的英法谈判代表巴夏礼等 19 人，英法方面发现被俘的外交人员和记者中，有 20 人在狱中死去。为了报复清政府的"残暴"，额尔金决定给咸丰帝一个永久的"教训"，并且要留下"报复的痕迹"，这就是焚烧圆明园。法国方面反对烧圆明园，并不参与合作，葛罗男爵表示要烧就烧北京城里的宫殿。格兰特将军坚持己见，他在一封公文中说道：

余所以欲焚圆明园宫殿之故，今愿为左右一陈之。第一，被囚诸人，手足缚系，三日不进饮食，其受如斯野蛮之待遇，即在此地。第二，若对于中国政府所不顾国际公法之残酷行

圆明园残迹 姜鸣2003年摄

为,不予以久远之印象,英国国民必为之不满。若现即与之媾和,订约撤兵而退,中国政府必以吾国人民为可以任意捕杀无忌,在此点上必须警醒其迷梦也。皇帝避暑行宫固已被掠,然其所蒙损失,在一个月内即可恢复原状。当法军自圆明园撤退,中国官吏随即接管,行劫之中国人五名立为所斩。吾军巡逻往视时,已园门锁闭,房屋亦未被毁也。

圆明园宫殿之为要地,人所共知。毁之所以予中国政府以打击,造成惨局者为此辈而非其国民。故此举可谓为严创中国政府,即就人道以言,亦不能厚非也。额尔金爵士同余此意,并以相闻。

10月18日早晨,英军出动3500人,举烛放火,把圆明园烧

圆明园被毁当天的一张珍贵照片，罗哲文先生在美国皮博迪·埃塞克斯博物馆发现，原照背后还有这样的字句："伟大的帝王宫殿圆明园，在烧毁之前，北京，1860年10月18日"

毁。在纵火的过程中，英国人看到了马戛尔尼呈献给乾隆皇帝的马车、天文仪器和步枪。他们一面放火一面说："今晚的夜景一定非常漂亮。"果然，黯淡的月光中，火光处处腾起，在空中飞舞，照亮了西山的上空。在万籁俱寂的深夜，建筑物倒塌的轰响声不时传来。直到第二天早晨，又黑又浓的烟柱仍然笼罩着天空，经风吹动，布满了整个天穹，笼罩着北京城。阳光在黑烟里，只能露出昏黄色的光线，如同日蚀一般。熊熊大火，数日不息，绝代名园，就此化为灰烬。

圆明园被焚后，民间有人说，带头放火烧园的是中国人。比如王闿运长诗《圆明园词》自注曰："夷人入京，遂至园宫。见陈设巨丽，相戒弗入，云恐以失物索偿也。乃夷人出，而贵族穷者

长春园谐奇趣左侧之八角亭，1879 年时的景象

倡率奸民，假夷为民，遂先纵火，夷人还而大掠也。"又如杨云史《〈檀青引〉序》曰："奸民李某导联军劫圆明园，珠玉珍宝皆出……择其尤者以奉英法联军。纵火焚宫殿，火三日不熄。"再如李伯元《南亭笔记》曰："龚定盦（龚自珍）之子孝拱，生平改名者屡矣，乃愈出愈奇。曰橙，曰刺刷，见者皆笑。工诗、古文、词，潦倒名场凡二十年。后为英使威妥玛礼聘而去，或曰圆明园之役，即龚发纵指示也。"这些文字的作者，名头虽大，当时都不在现场，所录皆是传说。确切说来，圆明园被烧，有当地人士混迹其中打劫，但偌大的宫殿园林，仅凭三天大火，显然不会扫地无存，荒落到后来那种模样，只能是在无人照管的几十年里，被国人一柱一瓦搬空的。可是，圆明园不是中国人自己率先纵火，这个结论，却是不争的事实。早在 10 月 21 日，僧格林沁在给咸丰帝的奏折中已经报告："查该夷因前获之巴夏礼等三十余名，已死过

半,是以于初五(10月18日)、初六日,复又分股烧毁圆明园、三山等处。"但对于这一历史事件背后的曲折关系,大多数中国人似乎从来没有搞清楚过。

历史的耻辱柱上,应当钉上额尔金、格兰特、葛罗、孟托班这几个臭名昭著的名字。即便葛罗、孟托班等法国人反对烧园,却率先实施了抢劫。顺便指出,额尔金的父亲老额尔金(7th earl of Elgin),1812年间,曾将他在担任驻奥斯曼帝国大使时,从古希腊雅典卫城帕特农神庙拆下的大批大理石雕塑品运回英国,而遭到舆论的强烈谴责。诗人拜伦在一首题为《密涅瓦女神的诅咒》的诗中,对老额尔金进行了严厉的抨击。他的儿子,竟将圆明园付诸一炬,手段更是凶残。

美国汉学家费正清在《剑桥晚清中国史》中说:

中国的近代史就是两出巨型戏剧——第一出是扩张的、进行国际贸易和战争的西方同坚持农业经济和官僚政治的中国文明间的文化对抗;第二出是从第一出派生出来的,它揭示了中国在一场最巨大的革命中所发生的基本变化。

费氏进一步阐述说:

对西方历史学家来说,最突出的就是维多利亚时代对世界的看法;英国、法国、美国的扩张主义者就是按照这种看法,在十九世纪中期建立了不平等条约制度的。他们信仰民族国家、法治、个人的权益、基督教和科学技术,以及使用战争来为进步服务。

旧中国统治阶级对于世界的看法也是一清二楚的。它信仰经典的儒家教义和天地在整个世界中至高无上的权力;天子高居于一个和谐的、存在着等级和名份的社会秩序之

额尔金勋爵 1860 年 11 月 2 日摄于北京

巅，以它的富有教导意义的道德行为的榜样来维系自己的统治。……诚然，两种文明是冰炭不容的。

维多利亚时代是英国工业空前发展，科学、文学、艺术都取得极大成就的时期。维多利亚女王（Queen Victoria）于 1837 年继位，至 1901 年去世，在位 64 年，是英国历史上统治时间最长的君主，享国也超过了康熙和乾隆。《简明不列颠百科全书》认为，"维多利亚并不是一位伟大的君主或者才华出众的女人，幸运的是，在她统治的大部分时间里，总有良相来辅助她。她成为和平和繁荣的象征。"正是在此时期，大英帝国成为强盛的日不落帝国，吞并了印度，控制了波斯，买下了苏伊士运河的控股权，并打开了中国的大门——顺便烧掉了圆明园——给整个东方人民带来了深重的民族苦难。据说女王并不喜欢策划对华侵略的那位首相帕莫斯顿（Lord Palmerston），但帕莫斯顿所说的名言却代表了维多利亚时代英国人充满自信的沙文主义民族情绪，这种情绪，显然同乾隆的

狂妄自大有异曲同工之妙:

> 法国人说:"假如我不是一个法国人,我一定希望做个英国人。"英国人说:"假如我不是英国人,我一定希望成为一个英国人。"
>
> 古罗马人从会说"我是罗马公民"时起就知道保护自己不受侮辱。英国臣民,不论他在哪块土地上,也应当确信,英国警惕的眼睛和强健的臂膀将保护他不受侵害和虐待。

在这个时候,咸丰帝依然以为自己是世界上最为高贵的皇帝,自然只能落下笑柄了。

第二次鸦片战争的一个重要起因,是英国逼迫中国修改《南京条约》,往北京派遣常驻外交使节,却被清廷严拒。咸丰打算用免除关税为条件,来换取外国放弃在京设立使馆。他认为"此为一劳永逸之计"。英国人更加蛮横,为了把使节送进北京,他们不惜发动战争。而清政府在取得了1859年第二次大沽口之战的胜利后,便飘飘然地不把英国人放在眼里,以致在1860年8月第三次大沽口之战中失败,天津失陷。9月18日,咸丰帝派怡亲王载垣在通州同英国代表巴夏礼(Sir Hatty Smith Parkes)谈判,因巴夏礼坚持要进京亲递国书,皇帝盖玺的条约批准书亦须当场交给英国使节,这当然是咸丰帝绝对不可容忍的。怡亲王载垣遂按照咸丰帝事先的布置,命僧格林沁将巴夏礼等39人全行逮捕,还将一部分俘虏杀死,这是招致英法联军焚烧圆明园的导火索。英国人说中国人破坏了国际法,他们要进行报复。中国人也完全有理由反问:即便中国同意英国公使驻京,他又岂能带着军队冲进驻在国的首都呢?当时美国共和党的机关报《纽约每日论坛报》(New York Daily Tribune)上,曾发表评论质问:"难道法国公使留驻伦敦的权利,就能赋予法国公使率领法国远征队强行侵入泰晤士河

长春园谐奇趣南面，1879 年时的景象

的权利吗？应该明白地承认：英国人如此解释英国公使前往北京的权利是极其奇怪的。"这篇文章的作者，是侨居伦敦的德国人卡尔·马克思。

无疑，咸丰帝不愿接见拒绝向他下跪的外国使节，是从他的世界观出发的；额尔金下令焚园，也显示了维多利亚时代英国殖民者狂妄横蛮的处事逻辑。到后来，咸丰在《北京条约》签订后，干脆待在避暑山庄，不回京师，以回避英国公使递交国书时，拒绝向他下跪的那份难堪。他最后病死在承德，果然不用见洋人了。

外国公使觐见中国皇帝而不行跪叩之礼，这个历史难题还要再延续 12 年以后方才解决。1873 年 2 月 23 日，同治皇帝亲政。次日，各国驻京的外交官向总理衙门送交了一份要求觐见皇帝的联合照会。经过一番周折，6 月 29 日，日本大使副岛种臣、俄国公使倭良嘎里（А. Е. Влангали）、美国公使镂斐迪（Frederick F. Low）、

长春园远瀛观,1879年的景象。作者在本书257页上的留影,即在此景面前

英国公使威妥玛(Sir Thomas F. Wade)、法国公使热福理(F. L. H. de Geofroy)、荷兰公使费果逊(Jan Helenus Ferguson)在中南海紫光阁受到同治皇帝的接见。他们在递交国书前,向同治五鞠躬。这一礼仪是由大学士直隶总督李鸿章奏定的。他在奉旨对如何接见外国使节发表意见时,整个社会舆论仍旧认为必须要强令外人跪拜。李鸿章则指出,长期拒而不见,似乎与情未洽。因此建议变通,对各外交使节来华,可接见一次,以后不再接见;且要集体接见,不许单独接见。这一规定,冲破了外国人必须跪拜才能觐见清帝的陋规,是马戛尔尼使团之后时隔80年,中国皇帝第一次接见外国代表,在中国对外关系史上,是值得书写的一件大事。但同治帝一直因自己首开"不跪之臣"的先例,破了祖宗的陈法而郁郁寡欢。至于外国人,在经过了最初的兴奋之后发现,紫光阁是历代藩属觐见之地,因此为仍旧着了工于算计的中国人的道而耿耿

于怀——即便是在极为简单的觐见场所的选择上，中国人还是要暗暗体现出一种自负的优越感。

火烧圆明园是人类文明史上的大暴行。用任何一种理由都不能为之辩解。就在当时，法国著名作家雨果在给巴特雷上尉的信中，抨击了这场暴行：

> 在世界的某个角落，有一个世界奇迹。这个奇迹就叫圆明园。艺术有两个来源，一是理想，理想产生于欧洲艺术；一是幻想，幻想产生于东方艺术。圆明园在幻想艺术中的地位，就如同帕特农神庙在理想艺术中的地位。一个几乎是超人的民族的想象力所能产生的成就尽在于此。和帕特农神庙不一样，这不是一件稀有的、独一无二的作品，这是幻想的某种规模巨大的典范，如果幻想能有一种典范的话。请您想象有一座言语无法形容的建筑，某种恍若月宫的建筑，这就是圆明园。请您用大理石、用玉石、用青铜、用瓷器建造一个梦，用雪松做它的屋架，给它上上下下缀满宝石，披上绸缎，这儿盖神殿，那儿建后宫，造城楼，里面放上神像，放上异兽，饰以琉璃、饰以珐琅、饰以黄金、施以脂粉，请同是诗人的建筑师建造一千零一个梦，再添上一座座花园、一方方水池、一眼眼喷泉，加上成群的天鹅、朱鹭和孔雀，总而言之，请假设人类幻想的某种令人眼花缭乱的洞府，其外貌是神庙、是宫殿，那就是这座名园。为了创建圆明园，曾经耗费了两代人的长期劳动。这座大得犹如一座城市的建筑物是世世代代的结晶，为谁而建？为了各国人民，因为，岁月创造的一切都是属于人类的。过去的艺术家、诗人、哲学家都知道圆明园，伏尔泰就谈起过圆明园。人们常说：希腊有帕特农神庙、

埃及有金字塔、罗马有斗兽场、巴黎有圣母院，而东方有圆明园。要是说，大家没有看过它，但大家梦见过它。这是某种令人惊骇而不知名的杰作，在不可名状的晨曦中依稀可见，宛如在欧洲文明的地平线上瞥见亚洲文明的剪影。

这个奇迹已经消失了。

有一天，两个强盗闯进了圆明园，一个强盗洗劫，另一个强盗放火。似乎得胜之后，便可以动手行窃了。对圆明园进行了大规模的劫掠，赃物由两个胜利者均分。我们看到，这整个事件还与额尔金的名字有关，这名字不能不使人忆起帕特农神庙。从前对帕特农神庙怎么干，现在对圆明园也怎么干，只是干得更彻底、更漂亮，以至于荡然无存。我们所有大教堂的财宝加在一起，也许也抵不上东方这座了不起的富丽堂皇的博物馆。那儿不仅仅有艺术珍品，还有大堆的金银制品。丰功伟绩！收获巨大！两个胜利者，一个塞满了腰包，这是看得见的；另一个装满了箱箧。他们手挽手，笑嘻嘻地回到欧洲。这就是两个强盗的故事。

我们欧洲人是文明人，中国人在我们眼中是野蛮人。这就是文明对野蛮所干的事情。

将受到历史制裁的两个强盗，一个叫法兰西，另一个叫英吉利。不过，我要抗议，感谢您给了我这样一个抗议的机会。治人者的罪行不等于治于人者的过错；政府有时会是强盗，而人民永远不是强盗。

法兰西帝国吞下了这次胜利的一半赃物，今天，帝国居然还天真地以为自己就是真正的物主，把圆明园富丽堂皇的破烂拿来展出。我希望有朝一日，解放了的干干净净的法兰西会把这份战利品还给被掠夺的中国。

> 现在，我证实，发生了一起偷盗，有两名窃贼。

据说在下令焚烧圆明园时，受过贵族教育的英国最高级官员是有种负疚感和罪恶感的。额尔金在日记中说："对一个地方这样地抢劫和蹂躏是够坏的了，而更糟糕的是无谓的糟蹋和损坏。在那些价值一千万镑的财产中，我敢说五万镑都变卖不到。……战争是一项讨厌的事情，看得越多，越加厌恶。"格兰特在日记中说："目睹如许古旧而且伟大的离宫被毁，我不禁也戚戚然忧愁起来，并且感觉着这是一件不文明的行为。"这使我想起古罗马著名历史学家阿庇安（Appian, 95—165AD）在不朽的《罗马史》（Appian's, Roman History）一书中，描述公元前146年第三次布匿战争中，罗马执政官西庇阿（Scipio Aemilianus）率领罗马军团攻陷迦太基卫城柏萨后，又放火烧毁柏萨的情景：

> 西庇阿看到这个城市，它自建立起来，已经繁荣了七百年，过去曾经统治过这样多的土地、岛屿和海洋，有许多武器和舰队、战象和金钱，可以跟最强大的帝国相比，但是在刚毅、勇敢方面，远远地超过那些帝国，现在已完全毁灭而终结了——西庇阿看到这个情景，据说，他曾痛哭流涕，公然为敌人的不幸而悲伤。他自己沉思很久，回顾城市、国家和帝国也和个人一样，都不可避免地会遭到灭亡的……

站在大历史的宏观高度来看，人类不断创造文明，又不断地毁灭文明。罗马帝国所建立的古代文明是何等辉煌，但在公元410年，罗马城所有历史上的光荣遗迹，竟在哥特王阿拉列克（Alaric）的铁蹄下，被掳掠一空，继而火焚为废墟。不列颠通过殖民战争掠夺来的财富和文物，谁又能保证永远保存在伦敦呢？

1853年6月，马克思在谴责了英国在印度的殖民统治后，说过一段十分豁达而深刻的名言：

问题在于，如果亚洲的社会状况没有一个根本的革命，人类能不能完成自己的使命。如果不能，那末，英国不管是干出了多大的罪行，它在造成这个革命的时候毕竟是充当了历史的不自觉的工具。这么说来，无论古老世界崩溃的情景对我们个人的感情是怎样难受，但是从历史观点来看，我们有权同歌德一起歌唱：

既然痛苦是快乐的源泉，
那又何必因痛苦而伤心？
难道不是有无数的生灵，
曾遭到铁木尔的蹂躏？

英国历史学家汤因比（Arnold J. Toynbee）证明，在人类创造的28种文明中，至少有18种已经死亡和消灭了。中国文明，是在残酷的生存竞争中被保存下来的10种文明中的一种。对于一个能在烈火中涅槃，继而在烈火中更生的民族来说，关键不在于喟叹，而在于警醒和奋起，从这个意义上来说，圆明园的火焰烧红了中华大地黎明天际的霞光。

中华民族确实是在火烧圆明园后的几十年间，以无数先行者的尸骨和鲜血为代价而觉醒和重新崛起的。列强的枪炮和科学的进步，终于使中国人知道了世界的变化和妄自尊大闭关锁国的可悲。毫无疑问，跪拜礼在今天已不再成为国与国交往的前提条件了。纽约东河之畔联合国总部大厦外的会员国国旗，是按照会员国国名英文字母的顺序排列着。但在国际事务中，真正的平等远未实现，发言者声音的强弱，依然取决于各国自身的综合国力。在这个意义上来说，我们和维多利亚时代相距并不遥远。

法国军队指挥官孟托班将军在火烧圆明园后写给陆军大臣的信中说："可能，有朝一日，我们的葡萄酒也会在中国大获成功，

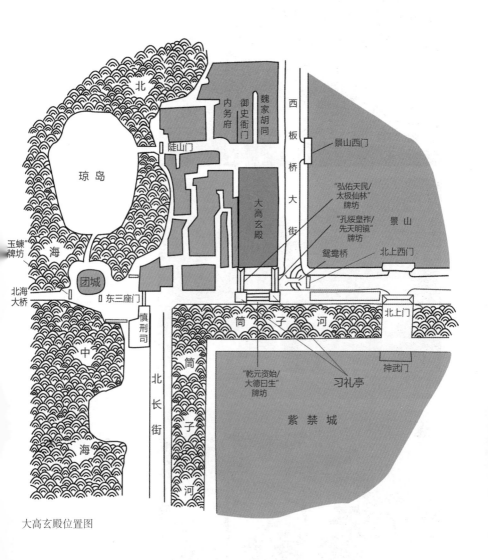

大高玄殿位置图

彩版十七·祈天忧人

景山下的大高玄殿
"弘佑天民"牌楼

大高玄殿外景
姜鸣 2005 年摄

1946 年拍摄的"孔绥皇祚"牌楼,背景是习礼亭。美国战地记者 Dimitri Kessel 摄影

开始维修的大高玄殿。面阔七间,重檐黄瓦庑殿顶。 姜鸣 2015 年摄

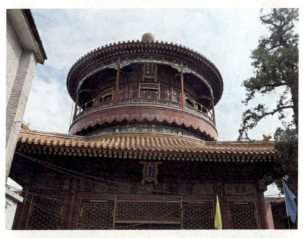

大高玄殿最北为一座两层楼阁,上层名"乾元阁",圆攒尖顶,覆紫色琉璃瓦;下层名"坤贞宇",方形,腰檐铺黄琉璃瓦,阁建于有汉白玉护栏的台基之上。 姜鸣 2015 年摄

"三座门"内军委第七会议室(通称军委常务会议室)内景。自 1954 年至 2000 年 1 月,周恩来、邓小平、朱德、彭德怀、江泽民、杨尚昆曾在此主持或参加重要会议

2005年春天,蓦然发现,大高玄殿前已经重新竖立"大德曰生"牌楼 姜鸣 2005 年摄

彩版二十·祈天忧人

然而首先就需要在这一广阔的国家中全然平静无事,这样我们就可以在港口开放后到处进行渗透。"一个半世纪后的我,站在万劫不复的圆明园旧址上抚今忆昔,真是百感交集。园外,奔驰着"凯迪拉克"、"丰田"、"奥迪"车流;路边,高压卤素灯辉煌地照射着"圆明园别墅"的房产广告牌;红男绿女们在夜总会的KTV包房里呷着"轩尼诗"、"马爹利",唱着"情网"和"驿动的心";而知识分子,开始把自己居住的星球称作"地球村"。在地球村的另一头,创建于二百多年前(相当于乾隆年间)的英国巴林银行,因为一个叫做尼克·里森的职员的投机失败,被迫宣告破产;联合国维持和平部队撤退后,索马里重新陷入内战的混乱。中外关系中更为重要的事件,是中国在1994年底未能加入关贸总协定,中美两国关于知识产权的谈判却在双方宣布的贸易报复和反报复的最后期限前峰回路转。而在宇宙中,俄国的"联盟"号飞船完成了与美国空中轨道站"和平"号的对接。

　　处在这样的时代,确实值得一问:我们究竟具备了怎样的世界眼光?我们应该怎样去迎接明天升起的太阳?

1995年初稿

2004年2月修订

祈天忧人
关于"丁戊奇荒"

在1991年初夏那段大雨滂沱,江河暴涨,从而造成华东地区特大洪水灾害的日子里,我还在机关工作。每天冒雨回家,吃罢晚饭后,便在灯下苦读《光绪朝东华录》,为完成由沈渭滨师主编《中国近代史大事记》中我所承担的1875—1883年部分做资料卡片。

由于正逢灾情,所以我对于历史上的自然灾害也就特别关注。而在我所阅读的时间段里,清朝的北方地区正在发生一场规模空前的大灾荒,以至于皇帝亲自向上天祈求下雨的记载十分频繁。

比如,光绪三年(1877年)九月初二日上谕说:

> 本年入秋以来,虽经得有雨泽,尚未沾足。山西、河南、陕西等省亢旱成灾,至今未得透雨。昕宵盼望、焦灼实深。允宜虔申祈祷。朕于本月初四日亲诣大高殿拈香。时应官著派惇亲王奕誴、昭显庙著派恭亲王奕䜣、宣仁庙著派惠郡王奕详、凝和庙著派贝勒载治同于是日分诣拈香。

《光绪朝东华录》此后的记载是:

九月初四日拈香后,十一日北京降雨雪。

九月十四日皇帝亲诣大高殿拈香报谢。

九月二十二日皇帝亲诣大高殿拈香祈雨。

十月初六日皇帝亲诣大高殿拈香祈雨。

十月十一日北京又降雨雪。

十月十四日皇帝亲诣大高殿报谢并祈雨。

十一月二十四日皇帝亲诣大高殿拈香祈雪。

十二月初四日皇帝亲诣大高殿拈香祈雪。

十二月十四日皇帝亲诣大高殿拈香祈雪。

在短短的四个月里，年仅六岁的小皇帝竟十次亲自去大高殿拈香祈雨，这不由使我对这场灾害产生了极为深刻的印象，也关注起那个"大高殿"来。

起初，我的北京朋友中没人能告诉我大高殿在哪里。我只能去查史料，从旧地图上搞清楚，清人习称的大高殿也称大高玄殿，位于故宫西北、景山和北海之间，也就是现在景山前街与景山西街的交会处。而朋友们也恍然大悟：你说的是"三座门"呀，你咋不早说"三座门"呢？这不是中央军委的所在地吗！

从前，景山、大高玄殿、三海都在皇城之内，中间却没有像现在直接相连的马路。在景山的西南角外侧，有一座小小的鸳鸯桥，过桥就到大高玄殿了。大高玄殿南面的院墙，一直延伸至筒子河。在院墙的南面和东、西两侧，耸立着三座漂亮的牌楼，东、西牌楼均为明嘉靖二十一年始建。东牌楼匾额正面镌"孔绥皇祚"，背面镌"先天明镜"；西牌楼匾额正面镌"弘佑天民"，背面镌"太极仙林"；南面的牌楼为乾隆年间复修大高殿时补建，正面匾额为"乾元资始"，背面匾额为"大德曰生"。东、西两侧牌楼的楼柱间，还有木栅栏做成的辕门，平时阻断东西向的通行。牌楼之旁，是两座白石基座、黄色琉璃瓦的习礼亭。亭有三重檐，状似紫禁城四角上的角楼，史书称之为"钩檐斗角，极尽人巧"，堪称大高玄殿前的代表性建筑。出大高玄殿西面的"弘佑天民"

大高玄殿西侧的"弘佑天民"牌楼，前方为大高玄殿东侧的"先天明境"牌楼

牌楼，再往前过北长街北口，在北海团城外，有两组红墙黄瓦的三座门建筑，叫做东三座门。

从宫里去大高玄殿，可从神武门出筒子河，过北上门后，沿北上门西连房与景山间的夹道西行。穿过北上西门、鸳鸯桥，大高玄殿的东牌楼迎面在焉。民国年间，为了打通东西城的通道，在筒子河与景山之间筑起景山前街，拆去了大高玄殿牌楼下的木栅栏和北上东、北上西二门。又在大高玄殿至东三座门间，辟建三座门大街，三座门即成为此处的地名。1955年1月，北京市拆除东三座门、大高玄殿前的跨街牌楼，1956年又拆除大高玄殿正面牌楼、习礼亭及北上门和东西连房，使得景山前街更为开阔，成为今天的道路格局。

如今大高玄殿，直接面向景山前街的，是一片土红色的垣墙和一个拥有三个券洞的门座。经朋友联系安排，我进入了这个不向外人开放的神秘高墙大院。方才知道，军委机关并不设在大高玄殿，而是在大高玄殿西侧的另一个院子里，两院内部相通。用"三座门"代称军委，只是个笼统的说法。究竟是指殿门前的三洞门座，还是指从前三座门大街所形成的对这一片地名的泛称，人们有着不同的理解。我个人倾向于前者。因为东三座门拆除后的几十年里，在军委大院进出的军人，都非老北京居民，他们上班天天看到的，就是大高玄殿的门脸儿，凭什么非说他们讲的是那个早不存在的三座门大街？2000年，位于复兴路的"八一"大楼落成后，军委搬迁过去，三座门的大院就空了起来。大高玄殿里保存完好的古建筑，有大高玄门、大高玄殿、钟鼓楼、九天应元雷坛和乾元阁。所有殿堂关闭着，里面空空荡荡，没有任何神位。殿堂外的空地上，搭建出配电房、汽车库和修理车间等简易用房。

明清时代，大高玄殿是皇室专用的道观，所以主体建筑大高

祈天忧人　285

玄殿采用了重檐庑殿黄琉璃瓦屋顶,这是其他道观——包括北京最有名的白云观——无法享受的政治待遇。在我所到过的道观中,仅记得山东泰安岱庙的天贶殿,也使用黄琉璃瓦,因为岱庙是历代帝王封禅泰山、举行大典的地方。但天贶殿只能用歇山顶,从规格上仍比大高玄殿低了一等。

乾元阁的构造更为奇特,它是座重檐楼阁,上层是一圆攒尖屋顶,铺蓝琉璃瓦;而下层为方形,覆黄琉璃瓦,反映出"天圆地方"的宗教思想。这个漂亮别致的建筑,人们在景山西街行走时,隔着红墙仍能看到它上半截的圆圆伞盖。

清人吴长元辑《宸垣识略》中说:"西苑斋宫独大高玄殿以有三清像设,至今供奉尊严。"这说明在当时皇宫和皇城的道观中,只有大高玄殿是供奉道教三位最高天尊——玉清元始天尊、上清灵宝天尊、太清道德天尊的。其他诸如上文所提到的时应宫、昭显庙、宣仁庙、凝和庙,则是皇室分别供奉雨神、雷神、风神、云神的专业道观,由此也可看出大高玄殿的特殊地位。

在农业社会,祈求风调雨顺、五谷丰登是保证社会安定的首要任务,皇帝与上天沟通的渠道,主要是进行各种隆重的祭祀活动,称作"郊祀"。例如每年正月上辛日在天坛祈年殿为民祈谷。仲春亥日,皇帝要到先农坛祭祀农神,还要亲自扶犁耕地,以表示对农业生产的重视。孟夏在天坛圜丘行常雩礼祷雨,夏至在地坛祭皇地祇,冬至在天坛圜丘祭天,等等。若遇重大自然灾害,专程前往天坛祈祷昊天上帝,也是常有的事。康熙帝就曾从宫中乾清门步祷至天坛。据学者研究,郊祀的对象是中国传统中的冥冥上天,不能简单地归为道教中的尊神。而清朝统治者的宗教思想又是多元的。除了满族人的原始宗教萨满教外,他们还同时信仰佛教和道教。因此,面对自然灾害,他们又会向道教的天神求

白塔和大高玄殿最早的照片，意大利摄影师费利斯·比托摄于1860年10月29日

助。在清朝晚期，不知是不是皇帝年龄较小，而大高殿又较贴近的缘故，这里似乎成了光绪皇帝在各种特定的郊祀之外，向上天祈祷减灾的一个最经常的场所。

我们今天已不太清楚当年的祈雨仪式是如何进行的了。

德龄女士在她的《清宫二年记》一书中，记载了1903年春天宫中的一场祈雨仪式。德龄的回忆录，往往水分较多，有时真伪参半。但这段内容，细节翔实，若非亲身经历，恐怕难以编造。

德龄说，四月初，太后因为久旱无雨而忧愁。她每天退朝后祷告求雨。这样持续了十天，毫无结果。有天晚饭后，皇后告诉德龄："太后为了求雨，宫中恐怕要禁止肉食两三天。"晚上，太后果然下令全北京城禁止杀猪，借此感动神明降雨。太后又叫每人沐浴斋戒，预备祷告。皇帝也到皇城的某个寺庙行礼。他必须不吃肉，不说话，祷告神明发慈悲心，降雨给可怜的苍生。皇帝佩一块刻着满汉文"斋戒"二字的玉牌，跟随皇帝的太监也都佩这东西，使人在祷告的时候，心情严肃。

第二天早晨，太后起身很早，叫德龄不必拿珠宝给她。她的早餐也非常简单，只有牛奶和馍馍。太后穿着朴素的淡灰色袍子，一切花饰都没有。鞋子手巾也是灰色的。大家跟着她走进大厅，那里有个太监捧着一大束柳条跪着。太后折了一小枝插在头上，皇后和随侍的女官也照样做了。然后，穿过庭院，到了祷告的地方。屋子的中间放着一张方桌，上面有几张黄纸，一块玉牌，少许银硃和两支笔。桌子的两端有两个大瓶，各插满了柳条。太后取了一块檀香木，用火炭点着投在香炉里，祷告就开始了。祷词是早晨皇后教给德龄的："敬求上天怜悯，速赐甘霖，以救下民之命，凡有罪责，祈降余等之身。"读过三遍，再三跪九叩头，仪式就算完毕。

这只是宫中的祈雨，皇帝在大高殿的活动显然要复杂得多。倘若多次祈雨依然无效，就要到天坛举行"大雩"。1759年6月5日，乾隆在举行大雩时的祝文是这样写的：

> 臣承命嗣服，今二十四年。无岁不忧旱，今岁甚焉。曩虽失麦，可望大田。兹尚未种，赤地千里。呜呼，其惠雨乎！
>
> 常雩步祷，未蒙灵佑。方社方泽，均漠弗佑。为期益迫，嗟万民谁救！敢辞再渎之罪，用举大雩，以申前奏。呜呼，其惠雨乎！
>
> 上天仁爱，生物为心。下民有罪，定宥林林。百辞卿士，供职惟钦。此罪不在官、不在民，实臣罪日深。然上天岂以臣一身之故而令万民受灾害之侵？呜呼，其惠雨乎！
>
> 谨以臣躬，代民请命。昭昭在上，言敢虚佞？计穷力竭，

词蘉诚馨。油云沛雨，居歆赐应。呜呼，其惠雨乎！

在这份充满自我批评精神，相当类似后世检讨书语气的祝文中，我们发现皇朝的君主，在上天面前只是一个卑贱的臣民。如同他在金銮殿里看到一切下属都是匍伏在地一样，皇帝对上天也是匍伏在地的。上天与皇帝之间的关系恰好是人间君臣关系的翻版。我不知道当年的君主在向上天称臣称子的时候，内心是否真的在乎那些虚拟的神祇，但在大自然忽然失去平衡的时候，位极人臣的君主其实同平民百姓一样，都是渺小的、无可奈何的。

光绪三年九月至十二月间皇帝的祈雨，是起自光绪二年，在后两年达到极为严重程度的特大旱灾中清朝统治者所进行的减灾活动的一部分。由于光绪三、四年的阴历干支为丁丑、戊寅，所以在当时被称为"丁戊奇荒"。发生灾荒的主要区域在山西、河南，波及直隶、陕西、山东，被认为是清朝历史上最大的一次自然灾害。

全面描述"丁戊奇荒"，需要相当的文字篇幅。这里我直接引用几条原始材料，为读者了解这次灾情，勾勒出一个初步的轮廓。

1877年初夏，前山西巡抚鲍源深在给皇帝的奏折中写道：

> 晋省向称财富之区，实则民无恒业，多半携资出外贸易营生。自经东南兵燹（按，指太平天国战争），生意亏折，富者立贫，元气大伤。其系种地为业，仅十之二三，又兼土非沃壤，产粮本属无多。即在丰年，不敷民食，必须仰给于邻省。……本年入春后，迄未透雨，……刻值青苗长发之际，出土仅一二寸许已就枯槁，眼见收成难望，人心咸切惊惶。……到处灾黎、遍野哀鸿，始则卖儿鬻女以延活，继则挖草根剥树皮以度餐。树皮既尽，亢久野草亦不复生。甚至研石为粉，和土为丸，饥饿至此，何以成活？是以道旁倒毙，无日无之。惨目伤心，与言欲涕。

到了年底，山西巡抚曾国荃因饥民遍地，成灾州县议已达八十余处之多，请求朝廷将江苏、湖北未提之漕米六万石拨给山西放赈。户部不同意，命将该项漕米仍全部运入京仓，"以重积储，而固根本"。为此，曾国荃和奉旨赴晋稽核赈务的工部侍郎阎敬铭联名上奏，再次报告灾情，并以社会即将出现重大不安定因素相威胁：

> 臣敬铭奉命周历灾区，往来二三千里，目之所见皆系鹄面鸠形，耳之所闻无非男啼女哭。冬令北风怒号，林谷冰冻，一日再食，尚不能以御寒，彻旦久饥，更复何以度活？甚至枯骸塞途，绕车而过，残喘呼救，望地而僵。统计一省之内，每日饿毙何止千人！……省南一带，伏莽多矣。西则界连韩、浦，刀客之啸聚靡常；东则错处修、济，枭徒之揭竿迭起。节逾大雪，寸泽未沾，来春荒象更有不堪设想者。臣等所以屡乞恩施孜孜不已者，一则为民请命，冀救垂毙之残黎，一则为国宣仁，思弭未形之隐患。

封建官场历来是尽可能报喜不报忧的。在给皇帝的奏折中采用了如此的描述文字，可见这场灾荒已到了极为严重的程度。

当年《万国公报》上曾刊一短文，记叙大饥荒的悲惨景象极为形象，读来催人泪下：

> 天祸晋豫。一年不雨，二年不雨，三年不雨。水泉涸，岁洊饥，无禾无麦，无粱菽黍稷，无蔬无果。官仓匮，民储罄，市贩绝，客巢阻。斗米千钱，斗米三千钱，斗米五千钱。贫者饥，贱者饥，富者饥，贵者饥，老者饥，壮者饥，妇女饥，儿童饥，六畜饥。卖田，卖屋，卖牛马，卖车辆，卖农具，卖衣服器具，卖妻，卖女，卖儿。食草根，食树皮，食牛皮，食石粉，食泥，食纸，食丝絮，食死人肉，食死人骨，路人相食，

家人相食，食人者为人食，亲友不敢相过。食人者死，忍饥者死，疫病死，自尽死，生子女不举，饿殍载途，白骨盈野。

1878年4月11日《申报》上更载文说：

屯留县城外七村饿死一万一千八百人，全家饿死六百二十六家。王家庄一人杀吃人肉，人见之将他拉到社内，口袋里查出死人两手。他说已经吃了八个人，活杀吃了一个，有一女年十二活杀吃了。又有一家常卖人肉火烧，有一子将他父亲活杀吃了。有一家父子将一女人活杀吃了，这就是一宗真事。

另一篇记载这次灾荒的碑石上刻着：

光绪三年，岁次丁丑。春三月微雨，至年终无雨。麦微登，秋禾尽无，岁大饥。……人食树皮草根及山中沙土、石花，将树皮尽剥去，遍地剜成废墟。猫犬食尽，何论鸡豚。落雀灌鼠，无所不至。房屋器用，凡属木器每件卖钱一文，余物虽至贱无售。每地一亩，换面几两、馍几个，家产尽费，即悬磬之室亦无，尚莫能保其残生。人死或食其肉，又有货之者，甚至有父子相食、母女相食，较之易子而食，析骸以爨为尤酷。自九十月至四年五六月间，强壮者抢夺亡命，老弱者沟壑丧生。到处道殣相望，行来饿殍盈途。一家十余口，存命仅二三；一处十余家，绝嗣恒八九。少留微息者，莫不目睹心伤，涕洒啼泣而已。此诚我朝二百三十余年来未见之惨凄，未闻之悲痛也。

以上数则都是当时人留下的关于这场惨绝人寰大灾荒的记载。

阅读有关"丁戊奇荒"的报道真是触目惊心。1878年那个干涩灼人的早春，北洋大臣李鸿章在给山西巡抚曾国荃的信中说：

清末灾民

"节近春分,天高若秋。朝廷日事祷祈,靡神不举,而片云不起。若清明前后仍不获甘霖,数省生灵,靡有孑遗,我辈同归于尽,亦命也夫!"而曾国荃在给朋友的信中也说:"茫茫浩劫,亘古未闻,历观廿一史所载,灾荒无此惨酷。"

所谓"惨酷",首先是指对生命的摧残。根据当代学者李文海等人在《中国近代十大灾荒》一书中的研究,"丁戊奇荒"所波及的居民人数达一亿六千万到两亿左右。直接死于饥荒和疫病的人数,至少在一千万人。从重灾区逃亡外地的灾民达两千万人。依户部人口清册统计,1877年山西省人口为一千六百四十三万三千人,到1883年时仅为一千零七十四万四千人,净减五百六十八万九千人,相当于三分之一强。其中太原府灾前人口为一百万人,灾后仅剩五万人。

人口的急剧减少,必然带来对生产力的巨大破坏,以及社会结构的重新组合。大量的流民,又会给其他地区社会发展带来各种影响和动荡。农业生产毁灭性的破坏，还会造成国家财政税收的减少，从而对依靠财政拨款维持的国防、驿政、皇室的花销、官员的薪俸、八旗的钱粮等诸多方面产生连锁反应。依我们现在的经验，仅仅是1991年连续时间不到两个月的华东地区特大洪水灾害，就给社会生活和经济活动造成了巨大的影响和损失，何况在数省范围之内，二三年间天不下雨，从而造成一千万人的非正常死亡呢？

奇怪的是，几乎所有的中国近代史著作从来不曾记录"丁戊奇荒"这段悲惨的往事，也不记录其他重大的自然灾害（诸如1855年8月黄河在河南兰阳铜瓦集决堤，洪水以横宽几十里至上百里的势头，奔腾扫荡豫、直、鲁三省大地，最终改道山东出海这样重大的事件）。长期以来，史学界（不包括极少数历史地理学者、科技史学者和人口史学者）除了关注人类的阶级斗争之外，几乎从不关心人类的生存环境，尤其是在科学技术落后的情况下，各种自然灾害对人类的残害；不关心人类为了种的繁衍而与自然进行的艰难斗争，因此也就无从研究自然灾害对当时政治和社会变化的影响。这对于历史学科自身研究的完备性和对人文学者的职业良心说来，无疑都是一个缺陷和悲剧。

时下学术界开始关注起灾荒史这一重要课题。李文海等先生所著的《近代中国灾荒纪年》是一个很好的开端。这本在扉页上赫然标志着由"中国·湖南教育出版社"出版的70万字皇皇巨著，印数仅有620册！这是我收集到的现代正式出版物中，印数最少的一本，堪称奇货可居。李文海先生的这本《纪年》和稍后出版的另外两部关于近代灾荒的专著，为我们展示了近代中国更为广阔的社会场景，从灾荒问题入手，可以对历史研究做出许多重要的新结论。

回想起来，我最早接触到有关"丁戊奇荒"的材料，是在十多年前研究北洋海军经费收支课题时,看到清政府谕令拨解海防经费和轮船机器各局用款给山西、河南二省办理赈灾。当时仅把这项开支看成是对海防经费的腾挪抽调,而没有深入地对"丁戊奇荒"展开研究。现在想来,这种研究方法确实是很肤浅的,我的历史嗅觉,也是不够敏锐的。对于拯救一场夺去一千万人生命的大浩劫来说,从海防经费中调拨几十来万两银子,用作购买赈灾口粮和打井经费无论如何也不过分。

《清稗类钞》记载,为了祈雨,慈安、慈禧太后曾带着小皇帝光绪在晚间露祷,长跪三四小时,仰望星河皎然,只能无奈地恸哭。按照传统的"天人感应"说,自然灾害是上天对人间统治者过失的惩戒。因此,遇灾修省,征求直言便成了每次灾害中帝王们必须要做的姿态。有时是下"罪己诏"自我谴责,有时则对重要大臣进行惩戒。比如1878年3月29日,即颁上谕指称:"此次饥馑荐臻,疮痍满目,天降奇灾,皆由政令阙失所致。军机大臣赞画枢要,实有献替之责。……惟当此灾广且久,朝廷宵旰焦劳,无时或释,而该王大臣等目击时艰,毫无补救,咎实难辞。"结果是将恭亲王和全班军机大臣"革职留任"。这是例行公事,对于被处置者,顶多是种"鞭策",算不得什么大事。到了次年,在京察(即对京官三年一次的考核)中,又以恭亲王"亲贤夙著、殚心辅弼、悉合机宜",其他军机大臣"同心翊赞、公矢公忠",而开复所受革职处分。

但灾荒毕竟为臣下批评上司乃至皇帝皇太后提供了机会,从而也增加了揭露封建官场黑幕的机会。

在"丁戊奇荒"中,李鸿章和御史胡聘之先后奏请严禁酿制烧酒以节省粮食(当时每年用于酿酒的粮食达五六百万石),被户部驳回。"清流"健将,"翰林四谏"之一的黄体芳为此上奏指出,户部拒绝禁酒，是因为每年可从各酒厂征收许可证费用，总额达三万多两银子，用作户部饭银补贴。户部辩称，议驳是担心忽然禁酒会使一千余家酒厂坐失生机，从而引发社会不安定因素。又称这笔收入并非户部独用，还帮贴过内阁、兵部、刑部解决办公费用不足。此事最后虽然不了了之，但却为我们打开了一扇观察户部陋规的提示窗口。循着这扇窗口再读《光绪朝东华录》，可以发现"清流"对于户部的黑箱运作一直保持高度的关注。到了1880年底，户部盘点宝泉局库（按，即钱库），发现当十大钱亏短甚巨，制钱则未予盘点，清议再次发出抨击，而户部依然搪塞辩解。此时，"清流"大将邓承修忽然掉转枪头，另拣题目，弹劾分管钱法事宜的户部右侍郎长叙，在康熙皇帝忌辰之日，嫁女儿给护理山西巡抚布政司葆亨之子（注意不说是葆亨为儿子娶亲），终于将长叙革职。

　　从邓承修的奏折中所写户部右侍郎与山西省财政民政首席官员联姻时"伐鼓撞钟、肆筵肃客、公卿百僚、称贺争先"的热闹场面中，人们自然会联想到仅仅两年之前，山西地区哀鸿遍野、道殣相望的凄惨场景。对于达官贵人来说，这种惨痛的往事可能早已淡忘到九霄云外了。他们更关心的，是编结相互援引相互提携的人际关系网络。封建官场错综复杂的人际联系，是我最困惑也最感兴趣的课题之一。假若从此深入发掘，我们还可以揣度葆亨的去职同后来朝廷任命"清流"头面人物张之洞出任山西巡抚一职是否有某种连带关系？甚至探究这次弹劾对长叙年仅四岁和六岁的两个女儿的心灵产生什么影响？当她们后来长大成人入选宫中，成为光绪帝宠爱的珍妃和瑾妃后，又将怎样回想父亲的褫职和大姐的婚事，怎样看待"清流"议政？如此等等地扩大思路，历史往事的研究马上就显示出丰富多彩的层次。

自然灾害史的研究还应当同生态环境、生活方式的变迁构成结合起来。

中国第一任驻英公使郭嵩焘在1878年2月20日的日记中,记载了前英国驻华公使阿礼国爵士(Sir Rutherford Alcock)在伦敦曾与他探讨"丁戊奇荒"的原因。阿礼国认为这是砍伐森林、破坏生态环境造成的大自然的报复。他说:

> 北五省灾荒,其弊由栽植树木太少。从前恭邸(按,指恭亲王奕䜣)问救旱有术乎?曰:"有。首先下诏课农民种田一亩必艺树数株。"盖树木繁密,能引天上之水气以兴云作雨,亦能留地下之水气以涵育万物。旱久而阴阳之气一交,乃结为云。云者,水气之积也。以为日气所炙,其质常热。得树木丛聚之凉气以引之,云气争趋就凉,即散而为雨。

这个观点,在今天看来似乎是常识,而在一百多年前,却是别开生面的新论。事实上,山西曾是中国古代文明发育最早的地区之一。从唐朝起,这里成为全国主要伐木区,森林日渐消失,以至原始植被完全破坏殆尽。黄土裸露,湖泊渐涸,自然景观发生了明显的变化。1988年夏,我从五台山驱车去雁北,曾站在九百多年前辽代建造的六十余米高的应县木塔(这是世界上现存最古老的木结构建筑)上四下鸟瞰,整个县城皆是干打垒的平房,竟然很少见到三层楼以上的混凝土建筑物,也很少看到绿色的树木。黄褐色的城区和城外的黄土高原连绵成一体,一直延伸到远处的嵩山脚下。县里的人告诉我,这里土地盐碱化程度是山西最高的,因此农作物产量上不去;矿产资源只有石灰没有煤,发展工业没有原材料优势;人均年收入仅有二百余元。说到这些,不胜感慨。而我,在仔细观赏这座堪称古代文明辉煌杰作的宝塔同时,强烈地体会到,生态环境对于人类的生存实在是太重要了。

张之洞到达山西任所后，则更指出种植鸦片是导致"丁戊奇荒"的祸根。他说：

> 晋民好种莺（罂）粟，最盛者二十余厅州县，其余多少不等。几于无县无之，旷土伤农，以至亩无栖粮，家无储粟。丁戊奇荒，其祸实中于此。……晋地硗瘠，产粮无多，早年本恃外省接济。自为莺粟所夺，盖藏益空，即如前此大浸，垣曲产烟最多，饿毙亦最众。近日种烟之利，以交城为最盛，而粮价亦以交城为最昂。……晋省山农多，水利少，种植莺粟之功，倍于蔬卉。偶有山溪水浒可资灌溉，悉以归之莺粟。此物最耗地力，数年之后更种他谷，亦且不蕃。

我手中没有鸦片传入中国后的栽培变迁史料，但清政府在1858年底签署《中英通商章程善后条约》，被迫允许鸦片贸易合法化后短短二十年间，罂粟就在北方地区被广泛栽种，吸烟者"四乡十人而六，城市十人而九，吏役兵三种几乎十人而十矣"（张之洞语），流毒真是极为宽广的。

中国传统的粮食作物是水稻和小麦。从宋代起，水稻生产已上升为粮食作物的第一位。而在明代，番薯、玉米等原产美洲的高产粮食物种开始被引进传播。这类粗放性作物的广泛推广，既是适应了明清以来人口大量增长对食物产量所提出的相关需求，也是为了对付各种自然灾害造成的粮荒等突发性事件，徐光启在《农政全书》中，就大力提倡推广种植。换个角度说，番薯、玉米产量在中国北方农作物总产量中所占百分比的不断增长，其实意味着这些地区生态环境的蜕化和居民生活质量的下降。到了晚清，罂粟的泛滥，更直接影响粮食的生产。而压缩粮食耕种面积，必然又会刺激粗粮播种比例的扩张。假如有人将近代罂粟和番薯的栽种消长状况作一个比较研究，相信一定能得出很有意义的结论。

重新竖立的"大德曰生"牌楼　姜鸣 2005 年摄

记不得去过多少次天坛了,这个古代皇帝向上天祈求国泰民安、风调雨顺、五谷丰登的地方。

为了写这篇关于自然灾害的散文,在读罢《光绪朝东华录》后,我又专程去了一次天坛,以体会当初皇帝祭天的感觉。

儿童们在圜丘上欢笑,老外们在回音壁旁窃窃私语,而祈年殿的三层宝蓝色华盖,使所有的参观者肃然起敬。

中国是个多灾的国家。需要不断地"与天奋斗"。过去社论里常说"人定胜天",看来,至少在现在,这个"胜天"还是很难真正做到的。从总体上讲,今天的人类,在制止自然灾害的发生上,并不比上一个世纪更有办法;而在破坏地球的生存环境上,则是大大前进了。

手头有一部美国学者彭尼·凯恩所著的《中国的大饥荒,1959—

1961》(Penny Kane, *Famine in China, 1959–1961*)，书中详尽讨论了被称为"三年自然灾害"的 1959 年至 1961 年间，中国人口的损失情况。这是中国学者更少涉足的重要研究领域。

手头还有一部刘振德的回忆录《我为少奇同志当秘书》，书中写到 1961 年春天刘少奇回家乡花明楼，亲眼看到自己的六姐刘少德濒临饿死的惨相。这促使他下令解散公共食堂。

灾荒史无疑有着更为广阔的研究课题，需要进行认真的总结。

于是要遵循客观规律，于是要努力寻找人与自然的平衡点，于是提倡保护生态环境，于是要进行各种减灾抗灾的活动。

这是当今人类与天的对话。

1996 年初稿

2003 年 10 月修订

附记一

根据我后来看到的资料，1957 年，北京市财政局、房地产管理局、文化局、园林局、道路工程局在联合上报的《关于检查现存各处拆除的古建材料的情况和处理意见》中提到：两座习礼亭及"大德曰生"牌楼拆除后，木构件材料存于房管局。"先天明境"和"弘佑天民"牌楼拆除时因限期较紧，为求迅速，其枋额的榫子多已锯掉，木料也大部糟朽，存放在北海公园，建议拨给园林局就地利用。当时的副市长张友渔批示"可以"。

2002 年我在中共中央党校金融班学习的时候，惊喜地发现"弘佑天民"牌楼耸立在校园内的掠燕湖北岸。这恐怕是当年从街道上拆除的老牌楼中唯一的幸存者。年底的时候，北京连续下了数十年未遇的大雪，我常常在雪中径直穿过结冰的湖面，走在牌楼下面。红色的柱子，彩绘的额枋，在漫天飞絮中显得分外好看。"弘佑天民"，是一句吉祥的祝语，给我们带来明天的希望。

2003年11月2日记

附记二

大高玄殿从前的产权属于故宫博物院，1950年代起由军委使用。2010年，故宫与原使用单位签订《大高玄殿移交协议书》，并在2013年5月完成了腾退移交。借用古建筑办公，在建国初期是很普遍的事，绝大多数现在都面目全非甚至古迹不存了。大高玄殿能够腾出来，主体建筑保存完好，是件令人高兴的事。目前正在修缮，不久就将向公众开放。

军委机关搬去"八一大楼"后，"三座门"的西院也空闲下来。前年，我有缘进入参观。院子的主体，叫"三座门前厅"，修建于1954年，里面是军队领导的办公室和各种会议室。就修建规格论，颇为朴素。这里曾是共和国军队建设和军事发展的重要决策地，其历史价值，在我看来，远远超过隔壁的明清皇家道观。

希望这个院子在合适的时候，也向公众开放，为国家的振兴和发展，留一份永久的纪念。

2015年6月14日记

（本文插图见彩版十七至彩版二十）

四年寻觅，重考大克鼎的出土时间

11月17日是星期六，我客寓在北京的一家酒店。吃罢早饭后有点儿无所事事，我拿不定主意到哪里去消磨上午的空闲。信步走出酒店大门，在搭上出租车的一刹那，我决定了去向——到琉璃厂一游。

初冬的太阳暖暖地照耀着大地，琉璃厂依然半古不新。我照例从东向西，将每家旧书店新书店逐一造访，但不光顾那些卖假古董、工艺品和新旧字画的铺肆。一圈下来，全无斩获，不免有些失望。忽然在顶西头，发现新开出一家装饰典雅的"文化遗产书店"。

我走进这家中国书店所属、兼带有展示文献字画各种版本书籍和出售旧书两种功能的特殊书店，不经意间，发现店堂中张挂着一件卷轴，正是我到处苦苦寻访的旁证，不由两眼发亮，欣喜若狂，差一点喊出"踏破铁鞋无觅处"来！

这是一卷裱有西周大克鼎金文拓片的挂轴，拓片下面，是晚清官僚兼著名学者李文田亲笔撰写的释文，文后有简单的跋语：

> 郑盦太保得周克鼎，命文田读之，今以意属读而已，经义荒落，知无当也。光绪十五年五月顺德李文田识

我要的，就是"光绪十五年五月"这七个字。

民国年间的琉璃厂书摊

琉璃厂文化遗产书店
姜鸣 2003 年摄

> **大 克 鼎**
> 西周孝王（公元前10世纪末）
> 1890年陕西扶风县法门寺任村出土
> 潘达于女士捐赠
> DA KE *DING* (Food Vessel)
> King Xiao Reign, Western Zhou
> (the end of 10th century B.C.)
> Donated by Pan Da Yu

上海博物馆内
大克鼎原先的说明牌

上海博物馆青铜器馆的幽幽光线，投射着一件件精美绝伦的古代宝藏。其中最显赫的位置，陈列着著名的西周大克鼎。大克鼎高93.1厘米，重201.5公斤，是商周青铜器中的重器，也是上博全部青铜藏品中之最大者。它造型敦厚，纹饰精美，体积宏大，鼎腹内有铭文28行共290字，记载了周王令贵族克出纳王命，并赐以命服、土地和臣妾的内容，为研究西周晚期土地制度提供了重要史料。大克鼎原由清代工部尚书、军机大臣、著名金石学家潘祖荫（字伯寅，号郑盦）收藏。1951年，潘氏后人潘达于女士将它连同另一件重器大盂鼎，一起捐赠给国家。现在，大盂鼎收藏于北京中国历史博物馆，而大克鼎，则是上博引为骄傲的镇馆之宝。

上博展厅的说明牌上这样写着：

大克鼎

西周孝王（公元前10世纪末）

1890年陕西扶风县法门寺任村出土

从中国大百科全书到各种金石学著作，都说大克鼎出土于1890年即光绪十六年。我对这个结论却有怀疑。那是在四年之前，当时我偶然注意到潘祖荫死于1890年，而同时又恰巧看到陕甘总督左宗棠与袁保恒讨论向潘祖荫赠送大盂鼎的信件，以及《秦前文字之语》中所载晚清金石名家陈介祺与潘祖荫谈论大盂鼎从西

鄭盦太保得周克鼎命文田讀之令以意屬讀而已經義荒落知無當也光緒十五年五月順德李文田識

大克鼎拓片卷轴全图与李文田的题跋

大克鼎　现藏于上海博物馆

安运送京师时的种种细节，于是我的眼前似乎掠过一道闪电，脑中忽发奇想，认定在19世纪的交通运输条件下，住在北京的潘祖荫要收藏一件当年在陕西出土的巨型文物，几乎没有可能。所谓光绪十六年出土之说，定有舛错。

左宗棠向潘祖荫赠大盂鼎，是向潘祖荫感谢救命之恩。这段佳话，起自咸丰九年的一个著名故事。当时，左宗棠尚未发达，在湖南巡抚骆秉章的幕府中做师爷。左宗棠是个恃才傲物的人，骆秉章对他言听计从。监司大员向骆秉章汇报工作，骆让他们向左师爷请示，他也当仁不让，隐操湖南政柄，甚至代拟的奏折不经骆秉章过目就直接向朝廷拜发。而左宗棠的功名，不过是个举人。刘成禺《世载堂杂忆》记载，署理提督、永州镇总兵樊燮谒骆秉章，骆命他去见左师爷，樊燮只好去见，但未向左宗棠请安。"左厉声喝曰：'武官见我，无论大小，皆要请安，汝何不然？快请安！'燮曰：'朝廷体制，未定武官见师爷请安之例。武官虽轻，我亦朝廷二三品官也。'左怒益急，起欲以脚蹴之，大呵斥曰：'忘八蛋，滚出去！'燮亦愠极而退。未几，即有樊燮革职回籍之朝旨。"可见左宗棠的飞扬跋扈。刘成禺又说，樊燮回老家后，书"忘八蛋滚出去"六字木牌，置于祖宗神龛之下，又为儿子延请名师，规定儿子穿女子衣裤，"考中秀才进学，脱女外服；中举人脱内女服，方与左宗棠功名相等。中进士点翰林，则焚吾所树之六字洗辱牌，告先人以无罪"。他的儿子樊增祥果然发奋读书，光绪三年中进士，授庶吉士，成为晚清大名士，又官居江宁布政使，署理过两江总督，当然这是后话。

左宗棠的举动犯了官场的众怒。有人上奏弹劾，朝廷命湖广总督官文密查，如确有不法情事，可以就地正法。当时，肃顺将情况告诉门客高心夔，高又告诉湖南名士王闿运，王告诉翰林院编修郭嵩焘。郭与左宗棠是同乡，即请王闿运求救于肃顺。肃顺表示，此事必须有内外臣工有疏保荐，我才能说话，郭嵩焘即与同值南书房的大臣潘祖荫商量，潘祖荫为此上奏赞扬左宗棠，肃顺也说"人才难得，自当爱惜"，加上胡林翼、曾国藩也纷纷保荐，最后朝廷竟命左宗棠以四品京堂候补，襄办湘军军务，以后又让他自己招募军队，去浙江作战。一场风波之后，左宗棠居然因祸得福，在浙江巡抚的任上开始飞黄腾达。民国学者费行简在《近代名人小传》中提及此事，认为潘见义勇为，不计祸福，方能解左氏之狱。他评价说："同光间朝士，朴干推文祥，精毅推阎敬铭，若好贤勤事，表里不欺，则祖荫其人也。"

同治十二年底，户部左侍郎潘祖荫因事受革职处分。时任陕甘总督的左宗棠却一直惦记着曾在自己落魄时给予帮助的朋友。他知道潘祖荫嗜青铜器如命，恰好在陕西访得大盂鼎，即命主管西征粮台的袁保恒购下赠送潘祖荫。大盂鼎自道光初年出土后，数十年间在研究金石彝器的学者中被视为难得一睹的宝物，通高102.1厘米，重153.5公斤，腹内有铭文291字。然而潘祖荫却疑为赝品，对接受这份礼物犹豫不决。所以左宗棠在给袁保恒的信中说："盂鼎拓本细玩定非赝作，伯寅侍郎疑为不类，……弟意宝物出土，显晦各有其时，盂鼎既不为伯寅所赏，未宜强之，盍留之关中书院，以俟后人鉴别。"从中可以看出潘祖荫对于收藏重器时决不轻率从事的风格。次年，潘祖荫改变主意，亟亟欲得盂鼎，左宗棠立即安排袁保恒将大盂鼎运往北京，这是左、潘友谊中的一段佳话。潘祖荫获得大盂鼎后，请著名金石家王石经篆刻了81×81毫米的巨印"伯寅宝藏第一"，以表达欣喜自得的心情。

我从潘祖荫在收取左宗棠馈赠大盂鼎时审慎的态度，推断他

"伯寅宝藏第一"印鉴

不太可能在临死之前,匆匆出资收藏当年出土的大克鼎,其实只是一种假设。为了证明这个假设,我查阅了潘祖荫庶弟潘祖年在其兄去世后不久编撰的《潘祖荫年谱》,发现《年谱》光绪十五年条下明确地记载着:

> 是年得善夫克鼎,大几于盂鼎埒。……兄嘱李仲约侍郎文田及门下士之同好者皆为释文。

同时我也发现,所谓光绪十六年出土说,源自罗振玉在其撰集的《贞松堂集古遗文》一书(1930年出版)"克鼎"条中,记载听说于琉璃厂商人赵信臣。赵信臣告诉罗,"此器实出岐山县法门寺之任村任姓家",他本人"尝为潘文勤公(即潘祖荫)亲至任村购诸器,言当时出土凡百二十余器,克钟、克鼎及中义父鼎均出于一窑中,于时则光绪十六年也"。然而法门寺的地点并不在岐山县而在扶风县,故罗氏在此项考证中先犯了一个地点错误。这种口碑传说的可靠性和准确性,是值得怀疑的。又据1934年出版的《续修陕西通志稿》卷135《陕西金石志》称,克鼎系"光绪十六年秋扶风任村任致远挖土得之,由苏子贞……运归潘文勤公。此鼎发现之处若土室,然共得钟、鼎、尊、彝等器七十余件,唯克鼎暨四喜钟最大，铭文亦二百余字"。《续修陕西通志稿》对于法门寺究竟在本省哪一个县份的问题上自然不会出错，但所称"光绪十六年秋"依然不对。因为潘祖荫本人死于该年12月。又据今人姚芳藻在《古鼎悲欢录》一文中称："大克鼎1890年在陕西扶风县法门寺出土，被天津柯氏购得，他（潘祖荫）再从柯氏那里重金购买来的"，将大克鼎的出土、转手、再转手归入同一个年份，更加令人难以置信。可见，学术界对于大克鼎的出土年份的考订，就是从这些二手材料里得来的。

搞明白这些来龙去脉后，是否就能修改大克鼎的出土年份了呢？还不行。在学术界，尽管有些约定俗成的观点本身并不可靠，但在被普遍接受之后，要将其推翻，给一个更为公正的新结论却极为困难。我不是钻研古代文物的专业人士，却知道从考据学上来说，"孤证不能立论"，要推翻一个陈说，起码要有两条过硬的证据。除了《潘祖荫年谱》之外，我必须再寻找到新的材料。

这是个有趣的挑战。为我们生活的这座城市引以为荣耀的博物馆，为这个博物馆引以为荣耀的镇馆之宝考证出准确的出土年份，成为我繁忙工作之余每每萦绕心头的一个悬念。漫长的四年中，我查找过无数史料，我想，我是在打一份无人知晓的义工，虽然没有结果，惟有心愿不变。

此刻，《潘祖荫年谱》所记载的李文田释文赫然就在我的眼前，它所标明的"光绪十五年五月"与潘谱的年份完全吻合，无言地证实了一段消逝的历史。在李文田释文右侧，还有民国学者马衡的题跋：

　　克鼎出土宝鸡县渭水南岸，大小与盂鼎相若，二器并为潘伯寅滂喜斋所藏而此尤晚出。此本李芳农释文乃系未剔时稿，墨本则较为清晰，盖同为光绪十五年事……

显然，大克鼎的出土时间，应当在光绪十五年或十五年以前，光绪十六年出土说是不确切的，这点可以成为定论。

这幅卷轴，除了李文田释文之外，另有大克鼎金文和外侧图案的拓片、潘祖荫那枚著名的"伯寅宝藏第一"印鉴。有趣的是，在卷轴的下方，有一块说明牌，上面写着：

西周大克鼎金文拓片

裱一轴　清拓本　此鼎于光绪十六年（1890）出土，为西周重器

令我哑然失笑。显然，制牌者没有细看卷轴的内容，而是从某本图录或工具书中直接抄录了解释文字，守着重要的宝贝，犯了低级的错误。

我没有带笔，赶紧走出书店，想去购买一支。然而，号称古文化街的琉璃厂，满街湖笔徽墨，竟没有可以当场写字的铅笔钢笔圆珠笔墨水笔，一直走到南新华街，在一家文具店买到圆珠笔，才一路小跑，气喘吁吁地回到文化遗产书店，郑重地将卷轴上李文田释文摘录在一张撕开的旧信封内侧。书店里很安静，几乎没有顾客，我却有点紧张，连手心也在微微出汗，心在噗噗跳动。

我把这个发现告诉了上海博物馆的朋友。作为业余兴趣，我用四年时间的不懈寻访证明了自己偶然产生的一个联想，订正了一件国宝级文物出土的时间，这真是令我感到高兴和自豪的事情！我相信，青铜器馆的说明牌不久将会有两个小小的阿拉伯数字出现变化。文物研究工作就是这样严谨地一步步向前推进。而我，则会继续留意，去追寻大克鼎确切的出土年份。

写于 2001 年 11 月 24 日

附　记

本文初发表于2001年12月4日《文汇报》"笔会"副刊。后承《历史研究》编辑马忠文先生告知,我又在潘景郑《著研楼读书记》一书中,读到"李勺农奉使浙江乡闱日记跋",内有光绪十五年六月"十四五两日为先文勤公作克鼎考释"的记载,此与李文田为大克鼎作考释的跋语日期(光绪十五年五月)有出入,估计李氏在奉使浙江乡试前,曾再次为大克鼎作考释。

2002年10月21日,上海崇源艺术品拍卖有限公司在上海万豪酒店举办拍卖会,大克鼎题跋的卷轴被拍卖。拍卖图录上说:"此幅拓片的学术价值,非但在于诸家尤其李文田公的详细考释文章,更在于所著年款为光绪十五年己丑(1889),足能纠正学界关于大克鼎出土确切年份的一大谬误。""此拓一出,铁证如山。

在"百岁寿星潘达于捐赠大盂鼎·大克鼎回顾特展"上,大盂鼎(前)重返上博,和大克鼎再次聚首　姜鸣2004年摄

> 大 克 鼎
> 西周孝王(公元前10世纪末)
> 清光绪中期陕西扶风县法门寺任村出土
> DA KE DING (Food Vessel)
> King Xiao Reign (the end of 10th century BC), Western Zhou
> Unearthed from Rencun, Famensi, Fufeng County,
> Shaanxi Province in 1880s

上海博物馆内
大克鼎改后的说明牌

况且,查《潘文勤公年谱》,知潘祖荫逝世于1890年,则即使此鼎1890年初出土,辗转至潘手又经考订校勘,岂一年间能为之?潘若逝于1890年,则鼎岂能得其考藏,所以综此二证,所谓大克鼎出土于1890年当为一大谬误无疑。"此卷轴的估价为人民币10万—12万元,显然,卷轴的价值在本文发表后已为中国书店知晓。

2004年2月28日,上海博物馆为百岁老人潘达于女士祝寿,特地从北京中国历史博物馆借回大盂鼎,举办"百岁寿星潘达于捐赠大克鼎·大盂鼎回顾特展",使得这两件国之重器得以在五十年后再次聚首。为了赶在寿宴前搞清楚大克鼎出土的确切时间,上海博物馆青铜器部主任周亚先生陪我前往苏州博物馆,调阅收藏在该馆尚未公开发表的潘祖荫《滂喜斋日记》手稿。可惜在《滂喜斋日记》中,我们仍然没有找到潘氏何时收藏大克鼎的线索,这是一个很大的遗憾。

在上海博物馆刊印的《人寿鼎盛——百岁寿星潘达于捐赠大克鼎·大盂鼎回顾特展》纪念册中,周亚先生写道:"姜鸣这一历时四年的研究成果,对于我们重新审视大克鼎的出土时间,确实具有非常重要的意义。我们认为这一研究的方法是科学的,结论

新疆吐鲁番交河故城遗址中的佛塔　姜鸣 2001 年摄

20 世纪 70—80 年代的应县木塔，背景为绵延起伏的北岳恒山

阿尼哥铜像　姜鸣2005年摄

北京妙应寺白塔　姜鸣2005年摄

北海白塔　姜鸣2003年摄

妙应寺白塔塔顶的华盖和塔刹
姜鸣2005年摄

玉泉山　姜鸣2005年摄

玉泉山景区内的"玉泉趵突"石碑。这是乾隆御笔所题"燕京八景"石碑中极少有机会被探访到的一块　姜鸣2003年摄

玉泉山华藏海石塔　姜鸣2005年摄

圣缘塔和玉峰塔旧照

2005年经过修缮后的玉泉山玉峰塔,恢复了红色的塔身 姜鸣 2005年摄

彩版二十四·说"塔"

是合理的。"经过这次特展，上海博物馆展厅里大克鼎的说明牌，已经改写为

> 大克鼎
>
> 西周孝王（公元前 10 世纪末）
>
> 清光绪中期陕西扶风县法门寺任村出土

2005 年 2 月 11 日记

西堤漫步

一

游览颐和园有三条主要路线。

从东宫门入园后，多数初游者都随着熙攘的人流，经仁寿殿、玉澜堂一带的宫廷生活区，游览七彩绚丽的长廊，登万寿山、排云殿、佛香阁、智慧海，达到公园的最高处，俯瞰银镜般闪亮的昆明湖。再沿铜亭、湖山真意、画中游、听鹂馆下山，在清晏舫换乘一叶轻舟，行至南湖岛，过十七孔桥、耶律楚材祠而归。这是游园的经典路线，能够观赏颐和园的最主要景区，一路华丽辉煌，令人目不暇接。

也有人在清晏舫北转，进入恬静肃穆的后山，从一株株高大挺拔的白皮松中穿行，踏着散落在地上软软的枯黄的松针，聆听顺着微风，从香岩宗印阁传来的悠扬的铃铎声。又看看后湖一带为皇帝游乐而建造的叫作"苏州街"的假商店群，然后在松堂或谐趣园小憩，情趣与前山迥然不同。

只有少数游人，从清晏舫绕过船坞，漫步西堤，依次跨过精致玲珑、风格各异的界湖桥、豳风桥、玉带桥、镜桥、练桥、柳桥，恍惚来到杂树生花、湖水蓝绿的杭州。

西堤是仿杭州苏堤的意境建造的。乾隆皇帝曾作诗吟道：

六桥一带谁渲染，借得苏堤画意多。
西山倒影翠犹浓，只少南峰与北峰。

乾隆爱到处题诗，也颇遭后人讥评，但这首诗对景物的描写还是贴切的。

北京人常说："颐和园？我多年没去了。那是外地人玩儿的地方。"或者说："我去颐和园，只到西堤那里走走。那儿人少，特美。"这话犹如上海人说："我交关日脚不到南京路中百公司去了，里厢才是外地人。""要去还是去南京西路跟淮海路。"领悟到其中的微妙差别，也就把当地人与外地人区别开来了。

西堤确实很美，左侧是波光潋滟的昆明湖，右侧还有一片湖泊，叫作西湖。远处，玉泉山顶的玉峰塔遥然在望，很像延安的宝塔山。一路漫步而去，清风拂面，杨柳依依。最令人愉快的，是能从以前一直只在画片上看到的玉带桥上走过。玉带桥是西堤上唯一的石拱桥，桥身拱度很高，通体洁白，线条优雅，命名为"玉带"，真是恰如其分。桥身两侧，还镌刻着对联：

地到瀛洲，星河天上近；
景分蓬岛，宫阙水边明。

螺带一痕，平铺明月镜；
虹光百尺，横映水晶帘。

沿着西堤两侧，湖水中长满了荷花。密密匝匝的碧绿荷叶中，婷婷玉立着粉红色的花朵，在微风之中摇曳。记得以前读德龄女士所著《御香飘渺录》，里面有一章"朝荷迎日"，讲慈禧太后在黎明的昆明湖上观看荷花开放的情景：千百支蓓蕾在初升太阳的照耀下，几乎同时开放，空气中弥漫着一片清香。太后坐在

本书作者 1968 年 2 月摄于颐和园门口，当时公园的名字被改为"人民公园"　邵建华摄

从西堤远眺颐和园佛香阁　姜鸣 2003 年摄

御舟上,静静地听着,似乎真能听到花朵绽放时的沙沙之声。这段描写给我的印象深极了,至今我还清楚地记得,我是在拥挤的46路公共汽车上阅读这一章的,那时我还在工厂工作,刚刚参加完1980年高考,尚不知考试结果,依然天天挤三个多小时公共汽车上下班。在等候通知的日子里,我利用点滴空隙,一下子读完当时重印的二十余部中外名著。许多书看过就忘记了,《御香飘渺录》连同昆明湖的荷花却深深地留在我的脑海里。近读法国人佩雷菲特著《停滞的帝国——两个世界的撞击》(Alain Peyrefitte, *L'empire Immobile ou Le Choc Des Mondes*),书中提到乾隆年间出使中国的英国勋爵马戛尔尼,曾对中国园林提出四点保留意见:假山太多,金鱼池太多,青铜陶瓷的龙虎太多,睡莲太多。且不论其他,仅最后一点即可反映出马先生对中国文化的趣味,显然是很隔膜的。

二

我是外地人,自然要去颐和园。我想学北京人,所以也要去漫步西堤。不过我第一次游西堤,倒不纯粹是去玩,而是为了寻找清末重修颐和园的历史资料。

颐和园原名清漪园,属京西三山五园(圆明园、畅春园、万寿山的清漪园、玉泉山的静明园和香山静宜园)中最后兴建的一座苑囿。康熙、雍正、乾隆三朝,中国实现了全国统一,清朝统治已相对稳定,经济和文化事业也取得长足的发展,是数千年封建社会历史中最为强盛的时期。从康熙年始,清王室在北京西北郊营造园林,并且在规模和艺术性上,达到了登峰造极的地步。

自古以来,中国帝王的宫殿都是附会《礼记》、《周礼·考工记》而建,体现封建时代严格的宗法等级制度和使臣下望而生畏

凝固的符号——石舫 姜鸣 2003 年摄

慈禧太后乘舟在荷花丛中穿行

的尊严。以明清所建的紫禁城而论，黄顶、红墙、白石基座构成大面积相同色块；大大小小、紧密相套的四合院，常使人产生沉闷压抑的感觉。因此，帝王在宫殿群落之外另盖别院离宫，以寻求自然的环境和优雅的氛围，可以说恰是人性的需要。当然，盖园林需要花钱，过分地追逐享乐，必然会滥耗国家财力，甚至还会激化内外矛盾，成为亡国之君，隋炀帝就是一个案例。如何掌握好合适的度，既享受到生活和权力的乐趣，又在臣民面前树立节俭勤政的道德榜样，就是帝王学中的一门艺术。

乾隆帝继位，改建和扩建了圆明、畅春诸园和承德避暑山庄后，曾经表示今后绝不"重费民力以创建苑囿"。然而他改变不了好大喜功的脾气，后来又以为其母亲孝圣皇太后祝寿的名义，在已成的四座园林之间，兴建起规模宏伟的清漪园，使得京西一带的皇家园林连绵二十里，蔚为世界奇观。如今，人们虽然已看不到昔日的烂漫景象，但只要设想将颐和园的面积再放大两倍，建筑物再增加三倍，便不难遥想当年的景象。乾隆年间，确是太平盛世，如此奢华的手笔，未见后人有何批评，国家财政也能负担。这一大片园囿，吸收了中国各地最优秀的园林景观和造园经验，它其实是天朝的一个缩影，是"锦绣中华"，或用佩雷菲特的话说，"是一个迪斯尼乐园，尽管当时还没有这个词。"

清漪园在第二次鸦片战争中和京西的另外四座园林一起，被英法联军烧毁。这是人类文明史上的一次大暴行。本来，康熙以降，清朝的各任皇帝，都常年居住圆明园和避暑山庄，既处理政务，又游宴逸乐，紫禁城不过是形式上的皇宫。如今，惯于享受的皇室在北京附近居然没有一处离宫可以消夏，这实在是一件痛苦的事情。平定了太平天国和东、西捻军起义之后，环绕重修园囿，晚清政坛上出现了大大小小的风波。

慈禧太后是在圆明园度过美好的青春时代的。选秀女时，她只被封为贵人，住在圆明园的天地一家春。当时文宗所喜爱的，据说还有杏花春、武陵春、海棠春、牡丹春等四位汉族女子（一说四春为该四女子的住处），被合称为"五春之宠"。慈禧是宫闱竞争的胜利者，因为她生育了同治；慈禧也是宫廷竞争的胜利者，因为她和恭亲王联手，击败了肃顺等八顾命大臣，随之垂帘听政，成为事实上的女主。到了1873年，同治亲政后，三十九岁的她，自然而然地想到要重修圆明园，以作为自己退休后的怡乐之处。而同治，也想将母后安置在舒适的离宫，以免干预政事。于是，母子同心，开始筹划园工。1874年8月，经同治批准，圆明园工程正式开工。

内务府是工程的积极推动者，因为浩大的工程照例提供了贪污中饱的绝好机会。头脑灵活的商人李光昭，还想出报效巨木，以骗取免税走私权的主意，成为轰动一时的大丑闻。以恭亲王为首的朝廷枢臣，认为内乱方平，西北未定，朝廷收入拮据而开销浩大，重修圆明园在财政上不堪负担，连续上奏反对。8月27日，恭亲王、惇亲王、醇亲王、御前大臣伯彦讷谟诂（僧格林沁之子）、景寿（恭亲王妹夫）、奕劻、军机大臣文祥、宝鋆、沈桂芬、李鸿藻等十重臣联名上奏，与同治发生正面冲突。

刚愎而幼稚的同治对着臣下大喝："这个位子让你怎么样？"

这一问，引得十重臣人人惊愕，文祥当即伏地大恸，昏迷不醒，喘息几绝，由人扶出殿外。以后，双方就处置李光昭一案有关人员再起冲突，同治欲惩罚恭王父子，而军机大臣拒不奉诏。9月11日，同治亲写诏书，打算以"跋扈离间母子，欺朕之幼，奸弊百出，目无君上，天良何在"的罪名，尽革十重臣之职，差点儿引发有清一代政坛前所未有的绝大风潮。最后，还是富有政治经验的两宫太后在弘德殿召见诸臣,"两宫垂涕于上,皇上长跪于下,谓十年以来,无恭邸何以有今日?皇上少未更事,昨谕著即撤销"。

在这场争论中,同治提问:"待十年或二十年,四海平定,库款充裕时,园工可许再举乎?"

恭亲王立即表示:"如天之福,彼时必当兴修。"

于是议定,停修圆明园,改修三海(即紫禁城西侧的北、中、南海),作为双方的妥协。

未久,同治于次年1月12日因患天花而崩,四岁的光绪继位,两宫太后再度垂帘听政,园工对她们已不再特别迫切,因此也就停了下来。

三

光阴荏苒。

1885年,光绪已到十五岁,亲政在即。慈安太后也已去世。曾经坚决反对重修圆明园的恭亲王亦在年前被慈禧太后收拾,逐出军机处,家居闲赋。替代他主持枢务的醇亲王,无论能力还是魄力,都不是慈禧的对手。这时,慈禧太后自然又想起修园之事。为防止廷臣反对,先援同治年旧约,重修三海。到了1886年底,又谋划复修清漪园。

我们无法知道清漪园确切的开工日期,但1886年11月19日翁同龢日记,透露出当时最高层酝酿此事的秘密:

> 庆邸(按,指奕劻)晤朴庵(按,指奕谟)深谈时局。嘱其转告吾辈,当谅其苦衷:盖以昆明(湖)易勃海,万寿山换滦阳(按,指承德避暑山庄)也。

统治术是很微妙的,处处需要平衡和交换。在后人想来,慈禧太后君临天下，自然可以恣意调动国家的资金和财富，其实并不如此简单。同治想修圆明园遭到以恭亲王为首的枢臣抗命，就是明显的例子。中国封建社会两千年的统治，造就了一套复杂的制约机制，它通过道德伦理、祖制祖训、部院规章、言官清议来平衡天子的言行，以保持制度的稳定。在这样的机制中，统治者自身往往也是制度的奴隶。但制度既然是人创立的，统治者也就可以再创新制，或者利用各种方式来交易、相互默契，以躲避束缚。慈禧为修园子找理由，确实是要动一番脑筋。

这次复修清漪园，找的是"恢复昆明湖水操"的名义，先创办水操学堂，又借口"恭备太后阅看水操"，重修园内建筑物。

所谓"昆明湖水操"，本是乾隆仿汉武帝为征服昆明国而在长安凿一大水泊，命名"昆明湖"，以训练水军的旧话。清漪园内的瓮山泊，也由此改名昆明湖。高宗此举，只是一种风雅的游戏，并无军事上的实际意义。1885年中法战争结束后，建设海军加强海防则是朝野内外的共同呼声。尤其是一些去过国外的人，常常推崇欧洲民族的尚武精神，介绍西方国家的贵族青年直至王太子，都到海军服役的故事，批评以弓马骑射起家的八旗子弟，却在长期安逸的环境中变得慵懒疲惰而无缚鸡之力。因此，醇亲王决定创建一所培养满族海军人才的军事院校。不过，海军院校不设在海边而开进清漪园，本身是件滑稽的事，带有欲盖弥彰的明显痕迹。光绪生父醇亲王奕𫍽，当时主持新成立的海军衙门，他既要保持慈禧太后对自己的宠信而急欲献媚，又希望儿子亲政后，最好离太后远远的，不要受到太多的掣肘。他还需要慈禧能支持新式海军事业。出于一石数鸟的复杂打算，他积极推动了清漪园工程。翁同龢日记中提到的以昆明湖易渤海的"苦衷"，大约就是这个意思。

后来，园工的消息还是传了出去，弄得朝野议论纷纷。为了平息舆论，1888年3月13日，光绪皇帝特发上谕，称清漪园万寿山大报恩延寿寺为高宗侍奉宪皇后三次祝嘏之所，现敬踵前规，将其改名颐和园，量加修葺，以备慈舆临幸。也作将来慈禧太后六十大寿的祝寿之处。从此，颐和园工程便公开进行了。

四

昆明湖水操学堂分为内学堂（专修轮机）和外学堂（专修驾驶）两部分。根据史料记载，内学堂于1888年1月27日午刻开学，由健锐营、外火器营选送八旗子弟入学。一个小时后，出席开学典礼的海军衙门官员又赶到万寿山排云殿，主持拱梁仪式，可见学堂与园工本是捆在一起的。后来海军衙门在一份文件中说："查该学堂演驶轮船，原为恭备拖带'安澜舻'御坐船，系属要差，自非寻常操船可比"，干脆把这批海军士官生当作慈禧荡舟时差役的奴才，这既是世界海军史上的笑话，也可看出学堂的性质。钱塘九钟主人所撰《清宫词》谓：

园子春来柳早青，郊居景物畅皇情。
轮船似报巡游信，一带长河汽笛声。

讲的就是颐和园中的小火轮。可惜作词人还不知道有这样一个驾驶小火轮的海军学堂。

我一直想知道，昆明湖水操学堂究竟在颐和园的什么地方？后来才知道，它设在当年清漪园"耕作图"、"水村居"旧址，也就是西堤豳风桥和玉带桥的西北。这就驱使我专程前去踏访西堤。从名字听，这里当有一派田园风光，就像大观园里的稻香村。前学堂有校舍一百十六间，后学堂有校舍一百零三间，规模不能算小。但我在1988年来到西堤时，发现这一带面目全非了。外学堂

正在修复中的昆明湖水操学堂　柏耀平2003年摄

正被挖为池塘,辟作收费钓鱼区;内学堂则早已成为一家造纸厂,围墙高筑,俨然是园中之园。我向一位管理员说明来意后,他领我观看挖塘过程中收集到的柱桩构件和地砖,堆在值班室后面,宛如一部无言的书。只是这段历史,绝大多数旅游者乃至颐和园的工作人员都不知道。在西堤北端的湖畔,还有三跨卷棚顶覆盖的船坞,恐怕就是当年水操学堂留下的最后遗物了。

人们常说,颐和园是挪用海军经费三千万两白银重建的。此说源起于戊戌变法失败后梁启超所撰《瓜分危言》一文。梁文说:

> 自马江败后,戒于外患,群臣竞奏请练海军。备款三千万,思练一劲旅。其后海军之捐,日日加增,积之十年,其数可想。……而颐和园之工程大起,举所筹之款,尽数以充土木之用。

夕阳西照玉带桥　柏耀平 2003 年摄

颐和园用了多少海军经费是笔糊涂账，长期以来就没有搞清楚过。梁氏之说依据何在？我不得而知，但显然不准确，带有明显的宣传色彩。根据我研究计算，大约在七百五十万两之内，此外还从其他各处筹款数百万两。即便七百五十万两，也是一个巨大的数字，可用于购买五艘"定远"级铁甲舰，对整个远东军事力量的配置可以产生巨大的影响。

但醇亲王的目的没有达到。先是由于海军经费拮据，户部奏准停止进口军舰，直接造成甲午战争中中国的失败。尤其是对比日本天皇为了在中日之间的海军竞赛中赶上中国而带头捐献内帑，更显示出中国皇室的贪鄙无耻。后来又有流产的戊戌变法，光绪反倒被当作傀儡，囚进颐和园玉澜堂。醇亲王的苦心孤诣只给后人留下批评责难的话柄。慈禧太后也由此将永远被国人视作贪图

颐和园门票2元　姜鸣收藏

颐和园门票30元　姜鸣收藏

逸乐，出卖民族利益的罪恶女人，钉上历史的十字架，这都是他们万万没有料到的。至于那个水操学堂，只收了一批学生便解散了，因为它本身就是一个装饰品。

五

前些时的一个冬日，我再游西堤。虽是中午，一派薄雾笼罩着湖面。远方的万寿山和南湖岛若明若暗地隐现，看不出明艳的色彩，只有依稀的轮廓。迷迷蒙蒙，就像古人笔下的山水，一片空灵。结了冰的湖面延伸入白茫茫的天际。冰未融，已有裂缝，几个胆大者在那儿穿越。那个钓鱼区被铁栅栏圈住，没有垂钓客，极寂寞的。这样的景色，我还是首次见到。

在淡隐了一切历史背景之后，西堤确实引人入胜。

1991年1月初稿

1995年修订

附　记

又是一个冬日。

黄昏时分，我和海军驱逐舰3支队副支队长柏耀平在西堤漫步。西堤还是那样宁静安详，凋零的老树在寒风中从容不迫地舒展着枝桠。游人依稀。我们在玉带桥旁的长椅上小坐，看着缓缓西垂的太阳把余晖洒落在灰白色的石桥上。

在耕织图景区，我们看到正在修复昆明湖水操学堂的校舍，这是新添的旅游景点。当年清廷在此建造水操学堂，是为了掩饰复修清漪园工程，所以在今天的颐和园里，给水操学堂保留一个合适的位置，显然也很有意义。

柏耀平，这位当代海军军人，把水操学堂摄入了镜头。

此次游西堤，距我上一次西堤漫步，忽忽已过十三年矣。

2003年12月记

说"塔"

从"窣堵波"到喇嘛塔

在中国各地旅行,可以看到为数众多,风格各异的宝塔。由于大多数塔,体型高大、结构宏伟,而传统的民间建筑,普遍低矮,所以塔无论建造在高山上,还是在平地上,都成为当地最为醒目的标志,进而变为城市的象征。

塔是随着佛教文化传入中国的,在梵文的佛教经典中,作stupa,最初译为"窣堵波",在梵文中是"坟冢"的意思,用以保存或埋葬释迦牟尼的舍利子,而汉字中本无确切的对应字,直到东晋,才创造出"塔"字,专指这种特殊的建筑样式。"塔"字创造得极为巧妙,从读音上,它采用了梵文"佛"字(buddha,"布达")的音韵;在字形上,它左从"土",可以联想到土冢,右从"荅",很像一座楼阁的样子。也有学者认为,"窣堵波"这个名称在流传的时候首先失去了"窣"字,"堵波"变成了"塔婆",后来又省去"婆"字,遂简称为"塔"。

印度的窣堵波,是个半球体的土冢,上置杆和伞。东汉时传入中国后,便同中式建筑结合起来,形成多层的楼阁式或密檐式的塔。印度式的窣堵波被放置在塔顶,叫做"塔刹",而窣堵波本来的面目，人们反倒不清楚了。以至到了元代，主张正本清源的人，再次从尼泊尔引进窣堵波，也就是喇嘛塔，才使得在中国早已繁衍得子孙满堂的宝塔家族中，增添了充满异邦情趣的老祖母。一种外来文化传入，旋即迅速被改造、被中国化，而母体文化仍然顽强地重新输入，受体中的部分人也热衷恢复外来文化的本来面目，这种现象十分有趣，也耐人寻味。

喇嘛塔的造型从窣堵波发展而来，塔身主体是砖砌的。内地的喇嘛塔往往通体被饰以白垩，简洁而美观。在汉族居住区，著名的喇嘛塔有五台山塔院寺舍利塔和扬州瘦西湖莲性寺白塔。五台山白塔高约56米，在体量上是我所见过的最为高大的一座。在五台怀抱、状若盆地的台怀镇，是引人瞩目的标志性建筑。扬州白塔纤巧精致，掩映在浓荫碧水的瘦西湖风景区中，有一种南方少女的秀美，尤为惹人喜爱。

藏传佛教流行的地区，如西藏、甘肃、青海，一些喇嘛塔被镏成金色。我在甘肃夏河县的拉卜楞寺，就看到一座金塔，塔的下部，同五层绿色琉璃瓦挑檐的木结构的殿堂相结合，供奉着高大的佛像，别有一番风情。金色喇嘛塔还常常作为小型装饰附件，安置在一些殿堂的顶部。在寺庙里，甚至还用纯金制作喇嘛塔，存放高僧活佛的舍利子或骨灰。窣堵波传入东南亚后，塔身之上的相轮部分被夸张地朝上拉得很长，形成一个线条流畅而别致的圆锥形。其代表作，是缅甸仰光和泰国曼谷的大金塔；在云南景洪，则有曼飞龙塔，呈现出窣堵波的另一种风情。

早期佛教中，塔是信徒的崇拜主体，建于佛寺的中心位置。后来出现了佛殿，塔在庙中的位置就渐渐下降，而另行发展出其他的用途，如安葬高僧、点缀风景、登高眺览、镇魔辟邪、引渡导航等等，因而外形也就更加趋向美观和多样化。时至今日，人们看到塔，

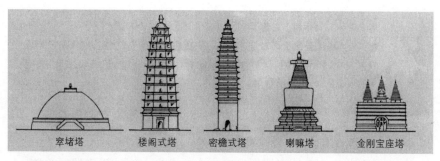

窣堵塔　　楼阁式塔　　密檐式塔　　喇嘛塔　　金刚宝座塔

塔的各种类型

往往更多地把它当作风景名胜的一部分来观赏；跑到庙里，都去拜佛，很少拜塔，甚至不太清楚塔在佛教中，究竟有着怎样的含义。

中国文人笔下，常常写到塔。李白《秋日登扬州西灵塔》中吟道："宝塔凌苍苍，登攀览四荒。顶高元气合，标出海云长。"王安石《登飞来峰》中吟道："飞来山上千寻塔，闻说鸡鸣见日升。不畏浮云遮望眼，只缘身在最高层。"苏轼《和子由渑池怀旧》中吟道："人生到处知何似，应似飞鸿踏雪泥。泥上偶然留指爪，鸿飞那复计东西。老僧已死成新塔，坏壁无由见旧题。往日崎岖还知否，路长人困蹇驴嘶。"在这些作品中，我们读到了奔放的豪情和苍凉的人生。塔，每每是一种空间的位置，一杆时间的标尺。

各地的名塔

我已经记不清究竟游历过多少座古塔了，如果细算的话，总数会在百座以上。每到一地，我对于塔都很留意，不因为有的塔破落陈旧而轻视忽略。塔是一种和佛教相联系的建筑，所以许多塔都是大有来历的，从中可以读到我们民族文化的重要历史。

比如，北京西山八大处的灵光寺佛牙舍利塔，供奉着释迦牟尼的灵牙；陕西扶风法门寺塔中，供奉着释迦牟尼的佛骨。这在佛教界，都是极为珍贵的宝物。唐朝大文学家韩愈上书反对迎佛骨入宫，导致"一封朝奏九重天，夕贬潮阳路八千"的著名事件，就是针对后一件佛骨。

又如，河北正定临济寺澄灵塔，是佛教临济宗（禅宗的一个流派）创始人义玄的衣冠塔；陕西长安香积寺善导塔，则是纪念净土宗大师善导的佛塔。浙江天台国清寺，还有一座高达59米的砖塔，相传建于隋代。直到现在，日本临济宗、净土宗和天台宗的教徒，都把这几处佛寺当作祖庭，年年前来朝拜，香火颇为旺盛。

说到净土宗的祖庭，我曾到过山西交城石壁山中的玄中寺，那里是净土宗更早的发祥地，当年由昙鸾大师创建。善导也是在玄中寺皈依净土的。净土修行，方法简单，主要就是专念佛的名号，因而流传广泛。站在玄中寺前眺望，东面山巅上，有座白色的秋蓉塔遥遥在望，周围是郁郁葱葱的苍柏，全然一派佛家圣地的感觉。在此诵念"南无阿弥陀佛"，确实使人融入阿弥陀佛净土的超然境界。

我拜谒过黄教创始人宗喀巴的诞生地青海湟中塔尔寺。塔尔寺的入口处，有八座并列的喇嘛塔，纪念佛祖一生中的八大业绩，分别以"莲聚"、"菩提"、"初转法轮"、"降魔"、"降凡"、"息诤"、"祝寿"、"涅槃"命名。这样创意的塔群，在别处是见不到的。塔尔寺的主体建筑大金瓦寺中，有座11米高的大银塔，外表镀银并镶满了珠宝。相传宗喀巴诞生时，脐带上的血滴在地上，长出棵茂盛的白旃檀树。宗喀巴入藏学习藏传佛教，他的母亲思念儿子，绕树修建一座塔。大银塔就是后来在这塔的基础上装饰加工而成的。当地人说，"塔尔寺，先有塔，后有寺"，出典就在大银塔。

还记得20年前看李连杰主演的电影《少林寺》，有一段在塔林中打斗的场面，武林高手们在高低错落的砖塔中飞身游走、腾挪跳跃,煞是好看。但后来才知道,这幕戏其实是在山东长清灵岩寺塔林中拍摄的。灵岩寺塔林有塔167座,而少林寺塔林的墓塔达到250多座,为全国最大的塔林。两处塔林埋葬的都是从唐代到清代的得道高僧。当年《少林寺》为什么把外景从河南迁到山东,我不知道,但两处建筑群都很壮观。记得我游览这两个地方都是在黄昏,夕阳斜斜地照射着,给古塔披上金色的余晖。古塔造型丰富,但多数是密檐式塔和亭阁式塔,显示出中国传统造塔艺术在中原地区的主流形态。

在新疆吐鲁番市西大约10公里的雅儿乃孜沟,我还看到过一大片坍塌的塔林。那是在交河故城的北部,塔林中心是一座金刚宝座大佛塔。四角各有25个方形小佛塔群,排列成纵横各五的方阵,总计101个,呈四组对称状,拱卫着大佛塔,它可能是唐代用来安葬高僧所用。这些古塔,同交河故城中其他所有建筑物一样,均为用黄土建成,到如今,所有的塔身都已残毁,但从残留的塔基,犹可想见当年雄姿。

而登上延安宝塔山,那著名的八角宝塔已经找不到宗教的痕迹了。它是中国现代历史中的一个标志,也曾是我们青少年时代的一个神圣的图腾。

应县释迦塔

1988年7月我去过山西应县。记得那天傍晚,当我们乘坐的"伏尔加"轿车还在恒山山脉的最后几座山头上起伏盘旋时,远远可以看到前方土黄色原野上,一座突兀的高塔和一片黄褐色低矮建筑群了。这便是应县县城,我所见到过的最贫穷、最寒碜的县城。虽说已是80年代末期,县城里的绝大多数建筑还都是用黄土抹着外墙的平房,连屋顶也是平平的,不用瓦片。整个城里,很少有三层以上的楼房。

我是专程去看佛宫寺释迦塔的。释迦塔通常叫做应县木塔,耸立在县城的西北角,雄伟而挺拔,在低矮的小县城中显得格外引人瞩目。它是完完全全用木头建造的,属楼阁式塔的经典之作。八角飞檐,高度为67.31米。不用铁钉,更不消说使用钢筋水泥。仅用柱子、斗拱和各种长长短短的木头方子,将整个建筑一层层地托举起来。从外面看,塔共五层,而在塔内,从二层到五层各层之间,还有四层结构上的平座。通过复杂的力学传递,把高大的建筑巧妙地组织在一起,绝对令人叹为观止。

释迦塔很苍老了,苍老得让人感动。外檐的柱子、栏杆、斗拱、椽子上,早些年涂上的土红色颜料,在日晒雨淋之下变得极为黯淡,裸露出千年古木的粗拙纹理。挑檐上的青瓦,也被黄土高原上卷起的尘土薄薄地覆盖。登塔的时候,楼梯、地板都发出"咯吱咯吱"的声响,渗透出淳朴而凝重的古意。说实在的,中国有许多被称作历史悠久的古建筑,其实都是清代以后,甚至是1980年以后重修重盖的,而建于辽清宁二年(1056年)的释迦塔,却是货真价实的巨大古董,它经历了近千年的自然变迁和战火兵燹,巍然如故,屹立在天地之间,是东汉末叶开始有木塔建筑记载以来,保存至今最为古老的实物,也是世界上现存最为高大的古代木结构建筑。

尤其使我惊讶的,是塔内的每一层平面上,都有高大的佛像——底层的释迦牟尼坐像高达11米,第二层是一佛四菩萨,第三层是四尊四方佛,第四层是一佛二菩萨二弟子,第五层是一佛八菩萨,其中的主佛高度也在3米左右。没有幔帐彩幡,没有香火供品,如此众多而高大的佛像(更何况是辽塑)分层排放在塔中,是我从前未曾见识过的。从这里，我似乎看到了古塔鲜活的生命：千百年来，是宗教的力量，驱使着僧侣、信徒、工匠去克服自然的局限，发挥绝顶的聪明才智，进行塔的建造和维护。就信徒来说，是在做一种"功德"，但透过宗教的信仰，我却能看到一种巨大的人的力量。这种感受，给了我猛烈的冲击力，是我在参观其他古塔时从未体验过的。

站在释迦塔顶俯瞰浑黄贫瘠的四野，塔身上挂满了历朝题写的匾额——"天柱地轴"、"中立不倚"、"万古观瞻"、"峻极于天"、"霄汉凭临"、"荡胸云外"，环绕在我的身前身后。我无法找到合适的词汇来形容自己的感觉。

确确实实，释迦塔是座伟大的建筑，对它的任何赞美都不为过。

"宝塔博物馆"

北京是我国古塔样式保存最为丰富的地方。传统的楼阁式塔，有辽代的天宁寺塔，金代的通县燃灯塔，明代的八里庄慈寿寺塔，清代的香山琉璃塔。由于元、清两代的统治者是蒙古族和满族的缘故，北京又是我国藏民居住区域以外喇嘛教最为发达的地区。据统计，清代北京地区的喇嘛寺达41座之多，因而也就成为喇嘛塔集中的地方。

西四之西，阜成门内，在一片沿街房屋后，兀出一座极具历史价值的妙应寺白塔。人们通常称妙应寺为白塔寺。这寺中之塔，是元初的遗物，由尼泊尔工匠阿尼哥设计建造，是我国现存年代最早的喇嘛塔之一。

妙应寺白塔建在一个亚字形折角须弥座上，一圈莲瓣托起了覆钵形的塔身。相轮下粗上细，锥度明显，同清代营造的北海、扬州白塔相轮上下粗细接近的风格迥然不同。相轮之上，又以一座铜质小型喇嘛塔做刹顶。专家认为是"把窣堵波这种宗教信仰的标志作了极高的表现"。塔的高度为50.9米，大大超出37.94米高的人民英雄纪念碑。1279年，元世祖忽必烈下诏，以白塔为中心，修建了一座占地16万平方米的大寿圣万安寺，面积是莫斯科红场的两倍，或等于天安门广场的三分之一。后来这座塔院历经沧桑，规模大为缩小，作为1961年即被列入首批公布的国家重点文物保护单位，妙应寺长期没有受到很好的保护，真使人叹息不止。

我在北京漫游，还看过不少喇嘛塔。比如西山罗喉岭的潭柘寺，有一片喇嘛塔塔林，共计23座，外壁未涂白垩，露出青砖结构，葬着该寺的清代高僧。虽然规模不及河南少林寺、山东灵岩寺的塔林那么宏大，但由于是一色的喇嘛塔，倒也别具特色。潭柘寺内还有一座高5丈的大白塔，叫延寿塔，是明代喇嘛塔的代表作品。此外，在香山之北、鹫峰之南的旸台山大觉寺藏经院里，有一座高大的清代白塔。甚至在卧佛寺畔，民国年间建造的直系军阀孙传芳陵墓，也是精致的喇嘛塔式样。

在北京的喇嘛塔中，知名度最高的，要数北海白塔。

北海白塔是北京城市轮廓线上的一个重要的标志。它一身缟素，婷婷玉立在琼岛之巅，以其独特的造型引人瞩目，在一大片金光耀眼的琉璃瓦屋顶之上，以其不和谐美取胜，显得那么卓尔不群，那么孤傲，那么皎洁可爱。如果说妙应寺白塔像一个饱经风霜的老汉的话，北海白塔就是一个清纯可爱的少女。

从南门进入北海公园，顺着团城的垣壁，没走几步就来到永安桥前。永安桥是座精巧的白石桥，桥的两端，一侧是"堆云"牌楼，另一侧是"积翠"牌楼，宛如两个端庄秀丽的礼仪小姐，天天迎候着八方来宾。桥东的湖面上,连绵着绿肥红瘦的荷花;桥西是游船码头,年轻人喧哗着,把一艘艘小舟划向湖心。

过了桥,拾级而上,苍松翠柏的浓荫掩映中,便是永安寺的法轮殿、正觉殿和普安殿。诸殿依山而建,呈庄严的气势,只是一律辟作销售旅游纪念品的坊肆,已无菩萨可拜了。永安寺是清顺治八年(1651年)随白塔同时建造的,所以又叫白塔寺。走到普安殿,已近琼岛的顶峰,一抬头,蓦地看见白塔近在眼前。

我特别喜欢景色如画的北海公园。每次去,我都要登上琼岛,从近处端详白塔。白塔耸立在高大的砖石须弥座上,上鼓下收的覆钵式塔身正面,装饰着壸门式焰光门,内刻梵文咒语。塔身之上,十三重相轮(又叫十三天)组成刹座。再上面是铜质华盖,悬有14个铜铃。顶部是镏金火焰宝珠塔刹。站在塔前的琉璃善因殿仰望白塔,很容易产生飘然出世的灵感,仿佛自己融入了氤氲的白云。

比喇嘛塔更为别致的塔式建筑,是金刚宝座塔。金刚宝座塔也是来自于印度的宝塔样式,外形是在高大的金刚宝座基石上,建立5座小塔:中间一座较高大,四角四座则矮小些。这种式样的塔,据说全国仅有10座,而北京却占了4座,其中最著名的,是首都体育馆背面的真觉寺金刚宝座塔(通常称作五塔寺)和碧云寺金刚宝座塔。碧云寺金刚宝座塔上的雕刻是很柔美的,各式的佛和菩萨的浅浮雕,造型极为生动精致。

所以我认为,把北京称为历代宝塔建筑博物馆,是完全合适的。

玉泉山的塔

在北京,玉泉山巅的玉峰塔是人们遥遥相望却极少有机会攀登的名塔。

记得1968年第一次游颐和园,就远远看到了玉峰塔。我当时有好几张照片,都是站在结冰的昆明湖上,以远处的玉泉山和玉峰塔为背景拍摄的。后来知道,这种借景的构图,构成绝妙的湖光塔影,在各种园林建筑的教科书上,被作为经典案例屡屡提起。走近玉峰塔,成为我的一个心愿。

玉泉山位于颐和园和香山之间。从厢红旗驱车到娘娘府,围着高墙的青山始终在公路的左侧。玉泉山占地65公顷,为清代著名的"三山五园"之一。金代在此建芙蓉殿(亦名玉泉行宫),明正德年间(1506—1521)又建上下华严寺,清康熙十九年(1680),清朝王室在此建行宫,初名澄心园,三十一年(1692)更名静明园。乾隆年间大规模扩建,形成"静明园十六景",归入京西著名的"三山五园"之列,时为静明园鼎盛时期。1860年玉泉山遭到英法联军的抢劫和焚毁,后来略有修复。民国年间,曾对外开放游览,还有人在此办过玉泉山汽水公司。1949年后,为中央机关作为别墅区使用,从此不再开放。

玉泉山园内景物繁多,最著名的,其一为玉泉,燕京八景的"玉泉垂虹",就在山脚。后被乾隆改名为"玉泉趵突",连同御题的"天下第一泉"、乾隆御制汪由敦书写的"玉泉山天下第一泉记",三块石碑迄今还在,山也因泉得名。

其二就是玉峰塔了。

玉峰塔位于玉泉山主峰,为八角七级仿木构楼阁式石塔,高47.7米(一说30余米),塔顶距地面150米,是北京地理位置最高的塔。据说此塔是乾隆皇帝下令,模仿镇江金山寺慈恩塔而建。从外形上看,两座塔的样式和风格迥然不同,金山寺慈恩塔是南方式样,塔檐的角轻巧地上翘,玉峰塔则是北派风格,出檐短,檐角也不翘起。这种造型,其实正是由它的石材性质所决定的。

2003年初，我终于有机会攀登玉泉山，亲临玉峰塔，从近处仔细观察这座名塔。

沿着山道登山，两边是茂密的树丛。有的是落叶的乔木，更多的是常青的白皮松和侧柏。凛冽的北风吹来，令人心旷神怡。远看玉峰塔，是一座灰白色的砖石建筑，走近之后才发现，塔身上曾经涂过土红的颜料，如同北京其他皇家建筑的墩墙，只是由于多年未曾粉刷，才不为人们所注意。砖石塔的这种色彩处理，在别处是很少见到的，倘若重新修缮，在玉泉山顶耸立起一座红塔来，许多人定会觉得耳目一新。

玉峰塔内部很普通。陈旧，洁净，没有特别的装饰，但石柱、石门券、石斗拱都做得很精致。塔的每个角上，悬挂着铜铃铎。据说原来最高层有洞龛，供着铜佛，现在早已不知去向。塔内有石梯盘旋而上，每层都可俯瞰周围的景色，往东看去，昆明湖亮闪闪的，像是一面透彻的镜子，万寿山佛香阁，也是个可以借用来拍照的景色。往北看，娘娘府军科院干休所院内的明景帝陵历历在望。景帝朱祁钰是明英宗朱祁镇的弟弟，"土木堡之变"后由兵部尚书于谦拥立，年号"景泰"。"夺门之变"后，景帝被英宗废去，去世后无法葬入明帝陵园，这个陵墓在当时也仅有"王"的规格，现在更是残破失修，很少有人知道。但人们因景泰年间极为盛行的景泰蓝掐丝珐琅工艺器皿，使得"景泰"成为最被后人记取的明朝年号之一，远比英宗的"正统"、"天顺"出名得多。近处，玉泉湖、含晖堂和一栋栋灰瓦的别墅小院都在眼底。寒意料峭的冬天，树冠和屋顶上白皑皑的积雪没有融化，登山途中经过的香岩寺、普门观庭院也很久未曾修饰，玉泉山给我的印象是精致而朴素的。

玉泉山内共有5座名塔。除了玉峰塔外，北面的山峰上，耸立着妙高塔,在园外驱车经过,也能看到。这是座金刚宝座塔,高约 17 米。高大的石基座上,八角形石雕仰莲瓣承托起中间高大的砖砌喇嘛塔,四角 4 座小塔,造型修长奇异,与别处的金刚宝座塔很不一样。按照我自己的看法,似嫌过于逼仄而不够丰满。

玉泉山南山坡,有华藏海石塔,这座塔全部用汉白玉砌成,八角七层密檐式。塔座为八角形须弥座,须弥座束腰部分雕有释迦牟尼从降生到圆寂的故事。须弥座上部,是石雕仰莲瓣承托塔身。塔身为实心,每一面均雕有佛像及佛传故事。塔身上部为仿木结构的石雕密檐,顶部为石制窣堵波式塔刹。整个石塔雕饰精美华丽,但在园外难以观赏。

在玉泉汨汨流出汇成的玉泉池内,有座用整块巨石雕凿的镇海塔。塔高约 2 米,七层八角形,建在玉泉池的底部,只有小半截露出水面,甚为别致。传说此塔是为"镇河眼"而建,故又称为"镇海塔"。

还有圣缘塔,坐落在玉泉山西南坡的圣缘寺内。此塔也称琉璃塔,塔身全部用五色琉璃砖瓦镶砌,据说与颐和园中的多宝琉璃塔相似,造型为八角形七级楼阁式与密檐式相结合,高约 15 米。塔身的四个正面拱门内都雕有佛像,塔身各面均布满佛龛。塔刹为铜制窣堵波,是现存清代古塔中的珍品。但可惜的是我这次没有看到。

在一座园林中集中了那么多的名塔,无怪人们要把玉泉山称作"塔山"了。

塔的生命力

毋庸讳言,在进入近代社会以前,中国人基本上没有从古罗马、古希腊、拜占庭、哥特式，乃至文艺复兴大师的建筑语汇中汲取过营养，谈到中外建筑艺术的交流，能够津津乐道的，不过是南京郊外梁代萧景墓前带有凹棱纹的神道石柱、新疆及泉州的若干清真寺的门。

此外就是塔了。

佛教传入中国，为中国人提供了一种精神信仰，也带动了石窟艺术和寺庙建筑的灿烂发展。塔是作为一种意念性的象征符号被引进的，它不像希腊的柱子，罗马的拱券，哥特的肋骨拱和飞扶壁，后者除了美学意义上的观赏价值外，更是一种功能性的技术元素。

中国古代建筑水平，主要是由帝王贵族的宫廷府邸和陵寝，以及祭祀、宗教建筑来体现的。中国建筑的最重要形式，是木构架结构，这种结构在中国延续了几千年，极为成熟也极为保守。当东汉佛塔传入之后，就迅速地被纳入木结构楼阁的范畴，看不到印度建筑的痕迹。甚至在伊斯兰教传入中国后，清真寺也被建成大屋顶式样，这可由北京的牛街礼拜寺和西安的东大寺来证明。

元代是东西方文化大交流的时期。此时，拜占庭君士坦丁堡的圣索菲亚大教堂宏伟的中央大穹隆顶早已建造了五个世纪；哥特式建筑也开始成熟，巴黎圣母院已经竣工。这些建筑技术全都没有传入中国，中国人继续固执地使用木结构建筑，阿尼哥在北京建造的喇嘛塔，其实是一种奇特造型和中国传统砖构技术的结合而已。到明清修建北京皇宫和园囿的时候，依然是传统工艺，与世界建筑发展的潮流完全脱节。即便在乾隆年间修建的圆明园中，出现了"西洋楼"建筑群落，也只是供中国皇室在园林中观赏欧洲喷泉的一个例外。

然而塔这种独特的建筑样式依然在中国特立独行地发展着。除了砖木结构的楼阁式塔外，砖石结构的塔，也开创出自己的一片天地。梁思成先生认为，中国古代建筑在用石方法上是失败的，但砖石结构塔毕竟在石建筑上积累了丰富经验，推动着中国古代石建筑艺术的递进。直至现代，发展出钢筋混凝土的塔来。

经过了两千年的风风雨雨，塔在中国建筑史上，成为一个标志性的样式和母题，也给现代外国建筑师不断带来灵感和创作冲动。在这里，我要特别提到北京大学未名湖畔的博雅塔，这是美国建筑师墨菲（Henry K. Murphy）在1924年设计燕京大学校园时，仿通州燃灯古塔、取辽代密檐砖塔样式建造的一座自来水塔，如此精妙的想象力，把塔的功能推向一个新的方向，而这件作品的设计者，竟是位外国人，这真令人惊叹不已。墨菲后来还与中国建筑师董大酉合作，在南京设计建造了著名的灵谷塔，作为国民政府纪念北伐和淞沪抗战牺牲将士的纪念碑。他对于塔的理解，完全没有宗教的限制。

最新的例子，是美国SOM建筑设计事务所设计的上海金茂大厦。SOM事务所此前曾设计过芝加哥希尔斯大厦、吉隆坡双子大楼，是个拥有世界级声誉和丰富经验的设计机构，但上海金茂大厦的造型灵感却来自中国古塔，从而给中国塔赋予了全新的生命。加上通体双层镀膜玻璃、晶莹的不锈钢外墙装饰件等建筑材料，使得金茂大厦既有中国元素的韵味，又有超现代的风情，成为屹立在陆家嘴地区的地标式建筑。

从窣堵波到摩天大楼，我们看到了建筑风格的嬗递，看到了中外文化交流的脉动。经历了两千年的风雨之后，塔在中国，依然洋溢着欣欣向荣的生命力。

2005年4月

（本文插图见彩版二十一至彩版二十四）

图片征引书目

本书图片，除注明作者之外，引征自如下著作：

刘北汜等编：《故宫珍藏人物照片荟萃》，1994年紫禁城出版社
紫禁城出版社编辑：《帝京旧影》，1994年紫禁城出版社
故宫博物院编：《清史图典·光绪宣统朝》，2002年紫禁城出版社
中国国家图书馆、大英图书馆编：《1860–1930：英国藏中国历史照片》，2008年国家图书馆出版社
胡志川编著：《中国百年摄图录》，1993年福建美术出版社
齐放等编：《老北京城与老北京人》，1993年香港海峰出版社
傅公钺编：《旧京大观》，1992年人民中国出版社
翁立主编：《北京的胡同》，1993年北京美术摄影出版社
罗哲文等编：《失去的建筑》，1999年中国建筑工业出版社
故宫博物院编：《紫禁城》，1994年紫禁城出版社
刘京川编辑：《紫禁城》，1997年北京朝华出版社
李少白：《神秘的紫禁城》，1993年紫禁城出版社
胡垣坤等编：《美国早期漫画中的华人》，1994年三联书店（香港）有限公司
潘翎主编：《上海沧桑一百年》，1997年香港海峰出版社
张爱玲：《对照集》，1994年香港皇冠出版社
方霖等：《旧梦重惊》，1998年广西美术出版社
刘半农等著：《赛金花本事》，1934年11月北平星云堂书店版
刘敦桢主编：《中国古代建筑史》，1984年中国建筑工业出版社
陈明达编著：《应县木塔》，1980年文物出版社
《中国嘉德'95春季拍卖会图录》
《上海崇源2002首次大型艺术品拍卖会古籍善本·名家尺牍》
《紫禁城》杂志
《亚洲周刊》
May Holdsworth & Caroline Courtauld, *The Forbidden City, The Great Within*, Odyssey, Hong Kong, 1995
Hedda Morrison, *A Photographer in Old Peking*, Oxford University Press, New York, 1993